中国社会科学院创新工程学术出版资助项目

中 国 金 融 论 坛 丛 书

程　炼　王国刚　主编

中国金融发展与改革

（2015）

Chinese Financial
Reform and Development
（2015）

社会科学文献出版社
SOCIAL SCIENCES ACADEMIC PRESS (CHINA)

目　录

宏观经济形势与"新常态"

货币政策与金融体系变革

利率市场化与银行业改革

宏观经济形势与"新常态"

国家资产负债表的治理信号

中国社会科学院　李　扬

党的十八届三中全会通过的《中共中央关于全面深化改革若干重大问题的决定》（以下简称《决定》），明确提出了"加快建立国家统一的经济核算制度，编制全国和地方资产负债表"的战略任务。在国家最高层面上推动国家资产负债表的研究和编制工作，这在当今世界实属罕见，这充分显示了中国政府努力"推进国家治理体系和治理能力现代化"的决心和智慧。

2012年，由中国银行首席经济学家曹远征博士、德意志银行大中华区首席经济学家马骏博士分别牵头的三支研究队伍，几乎同时展开了对中国国家资产负债状况的研究，并先后发表了长篇分析报告。在中国研究界，多支研究队伍不约而同地对一桩纯属"帝王之术"的枯燥论题展开探讨，实属罕见。那是因为，自2011年年底开始，很多国外研究机构和投资银行借中国地方政府融资平台债务问题浮出水面且经济增长率有所下滑之机，彼此唱和地唱衰中国；少数国际评级机构甚至据此调低了中国的主权级别。中国经济学家自然不能坐视不理，编制中国的国家资产负债表（特别是政府资产负债表），深入剖析中国各级政府债务的源流、现状、特征及发展前景，评估主权债务风险，我们责无旁贷。

资产负债表助力国家治理

资产负债表原本是企业实施科学管理不可或缺的基本工具。基于权责发生制，资产负债表通过一套精心设计的平衡表来实现经济评估：在负债方，反映企业某一时点的负债总额及其结构，揭示企业现今与未来需要支付的债务数额、偿债紧迫性和偿债压力大小；在资产方，反映企业资产总额及其构成，揭示企业在某一时点所拥有的经济资源、分布情况及赢利能力。将负债和资产结合起来，可据以评估企业的绩效，分析其财务弹性和安全性，考量其偿债能力及经营的稳定性。

国家资产负债表在国家治理乃至经济分析领域中的作用令人刮目相看是在20世纪90年代拉美危机之后。与过去的危机不同，拉美危机主要由过度借债引发，因而显出债务危机的典型特征。如此，资产负债表作为一种能准确刻画一国债务风险、评估其偿债能力的分析框架，理所当然地获得了国际社会的青睐。

资产负债表被引为主流分析工具之后，便迅速取得了一系列新成果。令人耳目一新的是对过去的危机的重新解释，特别是对危机在传导过程以及恢复过程中若干特别现象的解释。在这方面，日本野村综合研究所首席经济学家辜朝明的研究是最著名的。在辜朝明看来，主流经济学对20世纪经济大萧条和20世纪90年代以来日本"失去的20年"的原因的解释不得要领。他认为，危机的问题不在于货币的供给方，而在于货币的需求方。经济衰退是股市以及不动产市场泡沫破灭之后，市场价格的崩溃造成在泡沫期过度扩张的企业资产大幅度缩水，致使其资产负债表失衡，负债规模严重超过其资产规模。因此，企业即便仍然在生产经营，也难免陷入技术性破产的境地。在这种情况下，多数企业将自己的经营目标从"利润最大化"转向"负债最小化"，即企业在减少乃至停止借贷的同时，倾向于将其能够利用的所有现金流都用于偿还债务，不遗余力地"修复"资产负债表。倘若很多企业都奉行这种"负债最小化"对策，整个社会就会形成一种不事生产和投资、专事还债的"合成谬误"，这样，即便银行愿意提供贷款，也不会有企业前来借款；全社会的信用紧缩局面就此形成；危机的恢复过程，也因此被延缓。

2008年"百年不遇"的全球经济危机再次彰显了资产负债分析的魅力。此次危机，依然归因于发达国家的居民、企业和政府都负债经营或消费，金融机构则相应地进行"高杠杆化"运作。病因在此，要顺利度过危机，显然就要以"去杠杆化"为必要条件。然而，"去杠杆化"至少涉及两个问题。其一，"去杠杆化"需要大量储蓄，需要大量资金投入；而储蓄率不易提高，资金更难寻觅。其二，"去杠杆化"作为经济恢复的主要路径，将全面引发"修复"资产负债表的行动。在这个过程中，各经济主体获得新增资金后，其优先选择的不是从事消费、生产和投资等货币当局希望产生的正常的经济活动，而是将之用于充实资本，减少债务，"修复"资产负债表。因此，在相当长时期内，向经济体注入资金反而会产生消费停滞、投资不振，以及信贷市场萎缩的效果。

典型的例证发生在美国。虽然这几年来由美联储和财政部发放的美元已经达到造成美国乃至全世界流动性泛滥的程度，但美国的信贷市场却仍在萎缩，以至于美联储的量化宽松操作不断加码，其资产负债表也前无古人地扩张了三倍。

我们要特别指出的是，这一次，中国也实实在在地感受到了资产负债表的冲击。一方面，企业债务、各级政府债务不断攀升，其严重性已经达到可被居心叵测者利用的程度；另一方面，货币和信贷供给巨额扩张，但实体经济仍然感觉"贷款难""贷款贵"。诸如此类的复杂问题，我们都需要迅速回答。对编制中国的国家资产负债表首先做到"心中有数"，这显然是回答一切问题的基础和前提条件。

编制国家资产负债表的重要发现

中国社会科学院"中国国家资产负债表研究"课题组成立于 2011 年，首批成果形成于 2012 年。当时，我们已经编制完成中国国家主权资产负债表（2000～2010 年），主要成果于 2013 年发表在《经济研究》的第 6 期和第 7 期上。课题组的研究成果多次被国际货币基金组织（IMF）、中国人民银行研究局、国内外一些知名投资银行引用。此外，关于中国主权资产负债表研究的英文论文，已经被收入国际货币基金组织出版的专著中。2012年9月，课题组召开了"中国国家资产负债表分析国际研讨会"，来自中国人民银行、国家统计局、世界银行、国际货币基金组织的专家及相关领域的60余位知名学者与会。专家学者们自然不吝溢美之词，但也尖锐地提出了进一步完善的建议。这些建议指导了《中国国家资产负债表（2013）》的写作。

《中国国家资产负债表（2013）》在2012年研究成果的基础上，全面更新了数据，并增加了中国国家资产负债表的编制与分析。《中国国家资产负债表（2013）》的重要发现可概括如下。

（1）2011年，中国的国家净资产（非金融资产加上净额对外资产）超过300万亿元。2007~2011年，中国国家资产负债表急剧扩张：国家总资产从284.7万亿元增加到546.5万亿元；总负债从118.9万亿元增加到242万亿元；而净资产则从165.8万亿元增加到304.5万亿元。这三个指标在5年内均几近翻番，并且增长速度均快于同期名义GDP的增幅。

国家整体的资产负债率，即总负债与总资产之比，总体呈上升趋势，特别是在受到金融危机影响较大的2009~2010年，其上升幅度更大。此后，其在2011年虽有轻微回落，但仍旧远高于2007年的水平。这一结构变化表明，在国家资产形成中，其对债务融资的依赖有所上升，进而造成债务风险相应提高。

（2）国家净资产增加额持续小于当年GDP，表明并不是全部的GDP都形成了真正的财富积累。换言之，在我们产出的GDP中，有相当大的部分是无效的。这是因为GDP指标存在某些先天性缺陷：一些无效投资（对应的是产能过剩）甚至破坏资源环境的活动都被计入GDP了，而在财富形成中须将这些部分扣除。以2010年为例，净资产增加额与GDP的差距高达7.5万亿元，占当年GDP的18.7%。虽然不能断言这7.5万亿元都被浪费或损失了，但至少表明这一年GDP的质量大有问题。

（3）近年来，总资产中存货占比激增，表明产能过剩问题非常严重。关于存货及其变化，这既可能与企业对经济复苏的预期（更多表现为主动加补库存，可理解为一种积极型存货增加）有关，也可能同中国当下普遍存在的严重产能过剩有关（更多表现为被动累积库存，可理解为一种消极型存货增加）。我们倾向于认为，后一种解释，即产能过剩，可能是存货占比激增的主要因素。

（4）主权部门（或广义政府部门，包括中央政府、地方政府、国有非金融企业、行政事业单位、中央银行以及国有金融企业）的资产大于负债，净资产额为正。这表明，在相当长时期内，中国发生主权债务危机的可能性很低。

2000~2011年，中国主权资产和主权负债都呈扩张态势。在主权资产方，非金融企业国有资产以及储备资产的增长最为迅速。在主权负债方，政府债务（中央及地方）、国有企业债务以及处置不良资产形成的或有负债的增长非常迅速。

由于12年来我国主权资产的增幅均高于主权负债，我国政府主权资产净值的规模一直处于不断增长之中。从2011年的情况看，按宽口径计算，中国主权资产净值为87万亿元。但考虑到行政事业单位国有资产流动性很差（因为要履行政府职能），以及国土资源性资产使用权的流动性也很差，并且也不可能一次性全部转让（事实上最近每年的土地出让金只有两三万亿元），因此，窄口径的主权资产净值为21.6万亿元。

（5）2012年，中央政府与地方政府加总的债务接近28万亿元，占当年GDP的53%。如果将非金融企业、居民部门、金融部门以及政府部门的债务加总，那么全社会的债务规模达到111.6万亿元，占当年GDP的215%。这意味着全社会的杠杆率已经很高。为了给经济发展创造一个长期稳定的环境，"去杠杆"在所难免。

从总量看，中国的总债务水平低于大多数发达经济体，但比其他金砖国家（不包括南非）都高，属比较适中的水平，尚处于温和、可控的阶段。不过，鉴于中国的债务水平近年来上升较快，我们应当对此保持警惕。如果将地方债务或者更宽口径的主权债务考虑在内，中国政府的主权债务将有较大增长并带动总债务水平有较大幅度的提高。对此，我们绝不可坐视不理。

（6）进入21世纪以来，中国政府和主权部门的资产负债表均呈现快速扩张之势。在资产方，对外资产、基础设施以及居民房地产资产迅速积累，构成资产扩张的主导因素。这记载了在出口导向发展战略之下中国工业化与城镇化加速发展的历史进程。在负债方，各级政府以及国有企业等主权部门的负债规模以高于私人部门的速度扩张。这凸显了政府主导经济活动的体制特征。

（7）国家资产负债表近期的风险点主要体现在房地产信贷、地方债务以及银行不良贷款等项目上，而中长期风险则更多集中在对外资产、企业债务以及社保欠账等项目上。无论哪一类风险，都与当前的发展方式和经济结构密切相关。因此，应对或化解风险的最佳途径还是转变发展方式，调整经济结构，实现健康、高效率、高质量、可持续的增长。

（8）如果继续沿用现行养老保险体系，那么到2023年，全国范围内职工养老保险将出现资金缺口；到2029年，累积结余将消耗殆尽；到2050年，职工养老金累计缺口占当年GDP的比例将达91%。另外，到2050年，中国全社会总养老金支出（包括职工和居民养老保险）占GDP的比例将达到11.85%，这一水平与当前欧洲一些高福利国家的水平大致相当。

政策建议

通过对国家及部门资产负债表的研究，我们认为，应将促进发展方式转型作为实现国民财富持续积累、各经济部门协调发展以及应对资产负债表风险的根本手段，相应的政策建议如下。

第一，为降低对外资产负债表中的货币错配风险，应注重扩大内需，减少对外需依赖，放缓对外资产积累；同时鼓励"藏汇于民"，促进对外直接投资，推动人民币国际化。更重要的，在债权型货币错配状况短期内很难扭转的情势下，我们应更加积极主动地利用主权财富基金机制，降低货币错配的风险。

第二，减少政府对微观经济活动的干预，强化市场在资源配置中的决定性作用，降低政府或有负债风险。政府主导在赶超体制下发挥了重要作用，但也因此积累了比成熟市场经济体更多的主权级或有负债。降低或有负债风险的根本途径，是减少政府对微观经济活动的干预，进一步推动市场化改革和政府转型，将隐性或有负债转变为显性直接负债，明确负债主体并使之多元化。

第三，推动债务性融资向股权融资格局转变，降低全社会的杠杆率，缓解企业的资本结构错配风险。在中国未来的金融发展中，应认真落实中共十八届三中全会《决定》，努力"健全多层次资本市场体系，推进股票发行注册制改革，多渠道推动股权融资，发展并规范债券市场，提高直接融资比重"，推动中国金融结构从债务性融资向股权融资格局转变。

第四，调整收入分配格局，深化国有经济布局的战略性调整，应对社保基金缺口风险。这方面可考虑进一步扩大国有资本经营预算收入的规模。要进一步扩大国有企业利润上缴的主体范围，除中央企业外，还包括地方国有企业、铁路等非国资委管理的垄断性行业、国有金融企业等，要尽快实行资本分红；同时，进一步提高国有企业利润上缴的水平，动态调整分红比例。在此基础上，加大国有资本经营收入补贴社会保障的力度。此外，进一步实施国有股减持，充实社会保障储备资金。在境内证券市场转持部分国有股充实全国社会保障基金的基础上，对非上市国有企业、控股上市公司的上级集团公司、已上市非增发部分的国有股份，在合理确保国有经济控制力的前提下，都可逐步酌情减持，并将减持收益部分划转社保基金。

第五，防范和化解房地产信贷风险。防范和化解房地产信贷风险的关键是促进房价向均衡水平合理回归。为此，应重点改革土地制度和财税制度。土地制度改革的核心是厘清政府的角色定位，逐步弱化政府作为土地交易者和直接经营者的角色，强化其服务者和监管者的角色。一方面，应改行政性强制交易为市场化自愿交易，政府不再凭借强制力直接介入土地资源的交易，而应按照"依法、自愿、有偿"的原则，由土地现有使用者和潜在需求者直接谈判和交易，政府只是作为第三方，负责制定交易规则，监督交易行为，提供交易服务，维护好交易环境和秩序。另一方面，可考虑将政府系统和国有土地资产管理与运营系统分开，由单独的国有土地资产管理系统（类似土地国资委）执行所有者职能，并取得国家作为资源所有者应得的资源交易收益，政府只获取资源交易过程中产生的相关税收收入；政府也不再直接经营国有土地资产，而是由国有土地资产运营系统（类似国有土地资产经营公司）获得授权独家经营。在这种资源垄断性运营的次优安排下，政府需要强化其监管者角色，通过价格监管防止垄断定价和垄断暴利。在必要和可行的情况下，也可考虑成立若干个土地国有资产经营公司，形成适度竞争的市场格局，以避免畸高的垄断性价格。

第六，要妥善解决地方政府债务问题，关键是要通过体制性因素的调整，控制债务增量，削减债务存量。这主要涉及三个层面的改革：政府职能改革、投融资体制改革和财税体制改革。

消费结构升级是新型城镇化的基本内涵

中国社会科学院金融研究所　王国刚

2000 年以后，随着温饱型小康的实现，城镇化成为推进中国经济发展、经济结构调整和城乡居民消费结构升级的一个主要机制。党的十八大报告指出，将城镇化与工业化、信息化和农业现代化并列为实现全面小康的主要经济社会载体，强调"提高人民物质文化生活水平，是改革开放和社会主义现代化建设的根本目的"，也是推进城镇化建设的根本目的。党的十八届三中全会在《中共中央关于全面深化改革若干重大问题的决定》中专列一个方面提出了"健全城乡发展一体化体制机制"，以推进城镇化发展中的改革。一段时间以来，虽然有关城镇化建设的研究在繁荣中快速深化，但也有一些基本的理论问题需要进一步探讨。

中国新型城镇化的三层含义

"城镇化"范畴的界定，直接关系到对城镇化的理解和研究取向。从已有文献看，"城镇化"的界定主要从人口角度展开，大致可分为三种。一是指人口向城镇集中的过程。这主要表现为各城镇居住人口的增加和城镇数量的增加，通常用城镇人口占总人口的比重来表示城镇化率。二是指从事农业生产的人口减少的过程。这主要表现为，从事农业生产活动人口减少的同时，从事工业、服务业等非农产业生产活动人口增加。三是指人口在地理空间上的聚集。这主要表现为在某些特定地理空间内从事生产活动和社会生活的人口数量的增加。这些界定虽然能够从一国总人口从事生产和生活的空间特点上诠释城镇化的内涵，度量该国人口城镇化的程度，但也存在诸多有待进一步深化研究的问题。

毋庸赘述，以人口的户籍、居住地和从业等状态来界定城镇化在理论上是不周全的，在逻辑上是难以贯彻到底的。

要弄清"城镇化"的真实含义，既需从城镇与农村的差别入手，也需考虑人们各项需求的满足程度。一方面，地理区位和产业状态不是决定城镇与农村差别的最主要社会条件。在世界各国和地区中，现存的许多城镇在历史上曾是农村。另一方面，人们的需求差异也不是决定城镇和农村差别的最主要社会条件。不论是城镇居民还是农村居民，他们除了有"吃、穿、用"方面的需求外，也有教育、文化、医疗、居住、交通、通信、体育和娱乐等方面的需求。

中国的新型城镇化以人为核心。其中的"人"，不论是以人口在城乡之间的转移、户籍制度差别和就业状况等来界定，还是以人口集聚程度、收入水平高低等来界定都有失偏颇。从社会主义生产目的（即最大限度地满足人民群众日益增长的物质和文化需求）的角度和城乡居民全面发展的角度看，城镇化应以最大限度地满足城乡居民的消费结构从"吃、穿、用"向"住、行、学"升级为基本内涵，相关政策也应以此为基本取向做出安排。如果说温饱型小康主要满足了城乡居民的"吃、穿、用"需求的话，那么满足城乡居民在"住、行、学"方面的需求，就是要实现全面小康在消费结构升级方面的主要内容。

新型城镇化的"新"在哪里？与西方国家和一些发展中国家的城镇化过程相比，中国的城镇化之"新"有三层含义。第一，它以满足城乡居民消费结构从"吃、穿、用"向"住、行、学"升级为基本导向，因此，这种城镇化体现了社会主义生产目的的根本要求，是真真切切的民生工程。第二，它是中国在经济社会发展过程中主动推进的战略性举措，因此，这种城镇化体现了人类的主观能动性，是一种建立在认识世界基础上的改造世界的工程。第三，它在深化经济体制和市场机制改革中展开，不仅是一个按照市场机制的决定性作用重新配置资源的大调整过程，而且是一个对经济社会可持续发展具有决定性意义的系统工程。

切入供求缺口： 增强新型城镇化的牵引力

提高经济社会发展的可持续能力，是在新型城镇化建设中必须着力考虑的一个关键问题。根据面板数据分析，一些人认为，2000 年以来，中国服务业（或第三产业）的经济效益只有制造业的 3/4（甚至更低），由此强调随着城镇化建设的展开，中国经济的可持续能力将持续降低。一旦这种情形成为现实，不仅城镇化的进程会受到严重影响，而且经济的可持续发展也将受到严重影响。因此，该问题需要进行深入分析。

西方增长经济学主要从供给角度研究了资本、劳动和技术等生产要素在创造 GDP 中的贡献率和潜在经济增长率等问题。但在实践中，任何市场都是由供求双方的交易形成的，因此仅仅讨论供给状况是不够的。从一种产品（或服务，下同）看，假定生产的供给能力为 120，需求仅有100，在不考虑需求弹性和由出口引致的需求空间扩大的条件下，这种产品的增长空间接近 0；与此不同，如果一种产品的供给能力为 30，需求为100，则这种产品的生产供给能力的增长空间至少还有 70（虽然它可能需要较长的时间才能填平这一供求缺口）。一种产品的增长空间是如此，各种产品的增长空间也是如此。这说明，经济增长空间实际是由产品的供求缺口决定的。

"住、行、学"的主要消费对象和消费条件尚处于有较大供求缺口的市场格局中，但它的经济效益明显低于大部分产品已处于供过于求的制造业，这种状况与市场机制的内在机理之间存在逻辑矛盾。从理论上说，在市场机制作用下，供不应求的产品价格上行，供过于求的产品价格下行。所谓"供不应求的产品价格上行"，是指在成本不变的条件下，价格上行引致这些产品的供给方利润增加；由于利润较为丰厚，社会资本向这些产品的生产集中，从而增加它们的供给能力。所谓"供过于求的产品价格下行"，是指在成本不变的条件下，价格下行引致这些产品的供给方利润减少；由于利润较低，这些产品供给方将资本转投向那些利润较高的产品生产。从这种对比关系中不难看出，前者的经济效益应当高于后者。但在中国实践中，的确存在"住、行、学"的经济效益低于制造业的现象，其主要成因在于经济体制和市场机制的制约。一个突出的现象是，诸如教育、文化、媒体、医疗、保健和体育等大部分服务迄今依然以公益性为政策界定的主要指导思想，其忽视了由城乡居民多层次消费结构所需求的多层次市场供给格局的发展要求。

从高端服务业起步展开市场化运作，在缓解供求缺口矛盾的同时，展示服务业的经济效益，这一路径选择也可以考虑用于教育、文化、媒体、医疗、保健和体育等方面。在此条件下，随着高端供求缺口的缓解，市场方式的运作逐步向高中端、中端和中低端等层面展开，多层次的服务市场体系将在推进中形成。城镇化中的新的经济增长极也将展现它在支持经济可持续发展中的巨大潜力。

突破行政区划： 优化资源配置的空间布局

在研讨城镇化的过程中，许多人将目光集中在农村人口向城镇转移方面，对人口集聚过程中的城镇人口收敛机制探讨较少。2013 年 12 月的中央城镇化工作会议强调，要"全面放开建制镇和小城市落户限制，有序开放中等城市落户限制，合理确定大城市落户条件，严格控制特大城市人口规模"。但如果仅靠行政机制（包括户籍制度）限制人口在城镇落户，从 21 世纪初以来的实践状况看，在户籍制度和行政机制功能弱化的条件下，其效能是极为有限的。突出的现象是，诸如北京、上海等特大型城市的常住人口和流动人口数量远远超过了户籍人口数量，而且还有继续增加的趋势。另外，不论是从理论上还是从实践中看，人们较多地从横向角度展开比较，似乎在城镇化发展过程中各个城市是循着平面展开的路径而发展的。但从客观条件和实际进程上看，全国各个城市的城镇化是按照纵向多层次的路径展开的。因此，将研讨重心仅仅放在人口转移方面是不够的，还必须认真探讨城镇化过程中城市人口数量的收敛机制，以使得城镇化的各项政策措施与此相对应。

城镇化是一个人口流动的过程。人口流动至少带动着五个相互关联的资源流量：消费流、劳力流、资金流、物流和信息流。这些资源流量在地理空间位置上的变化，最终将主要由两个因素决定，即消费者对居住地的意愿选择和居住地的消费成本。其中，在消费者对居住地选择意愿明确的条件下，能否将意愿转化为现实的决定性因素就是居住地的消费成本。在收入水平（或家庭财富）足以支付意愿居住地的消费成本的情况下，消费者将选择搬迁到该地居住，否则，即便有意愿也难以实现。一个城市的消费成本高低直接制约着意愿在此居住的人口流入数量，由于城市的地理空间有限，随着大量人口流入，其必然在供不应求的机制作用下引致消费成本上升，由此抑制新人口的流入；同时，原先在某个城市居住的消费者，在其收入水平（或家庭财富）难以支付该地消费成本之后，就可能因生活压力而产生外移到他地生活的需要（毕竟人们的生活是受外部条件制约的）。在这种人口进出流动过程中，城市人口数量在消费成本的制约下趋于收敛。

城镇群并非简单按照地理相近而人为划定。它的内在机制是由各城镇相互间经济社会生活的紧密程度形成的。要形成有内在密切关联的经济社会生活城镇群，就必须建立城镇之间的快速便捷的交通网络，从而形成分工合理、资源优化配置和效率较高的经济圈，并以此为基础，形成多层次的社会生活体系。

要建立"一小时经济圈"，形成多层次经济社会生活体系，仅在行政区划内谋划城镇化具有明显的局限性，并且不利于优化资源的空间布局。行政区划不仅是一个空间范畴，而且与行政、财政及其他相关经济社会活动相联系。在中国现有的行政、财政格局下，省、市、县等各有自己的行政和财政界限。如果各自都按照行政区划进行城镇化建设，则无异于画地为牢，建立一个又一个功能雷同且"大而全""小而全"的城镇，既低水平重复，又不利于经济社会资源的优化配置，更难以形成多层次经济社会生活体系。突破行政区划展开城镇化建设，需要各地政府部门突破长期形成的本地利益思维，在优势互补的基础上进行统筹协调和规划区域的发展。例如，北京在信息、教育、文化、媒体、医疗、交通和高科技等方面有全国领先的优势，但又苦于地理空间有限，难以充分展开。在城镇化建设中，北京可以通过与天津、河北等地的协调，利用这些地方的地理空间，拓展相关产业的发展，既有利于充分利用和发展北京的经济社会资源优势，也有利于充分发挥这些产业在带动渤海湾地区经济社会发展中的各种作用，给天津和河北的经济社会发展注入新的活力。

要突破行政区划限制，展开城镇化建设，必须综合运用产业区域梯度推移理论、区域布局和比较优势理论以及空间经济理论等原理揭示的内在规律和机制，尊重市场经济规律的基本要求，在发挥市场决定资源配置的基础上，各地政府部门解放思想，树立大局观，统筹协调各类关系，在城镇化建设中，一方面改善"住、行、学"的供求短缺状况，提高城乡居民在这些方面的消费需求的满足程度；另一方面，有效推进城乡一体化发展，为中国经济社会的可持续发展、经济结构调整和产业升级、实现全面小康社会奠定坚实的基础。

"新常态"源流考

中国社会科学院金融研究所　王松奇

自 2014 年 8 月 4 日起，《人民日报》连续四天在头版刊登特别报道和评论员文章，聚焦"中国经济新常态"，使"新常态"一词成为眼下中国最时髦的词汇。毫无疑问，这一词汇在中国的流行，关键在于最高领导人的引用和推动。2014 年 5 月，习近平总书记在河南调研考察时说："我国发展正处于重要战略机遇期，我们要增强信心，从当前我国经济发展的阶段性特征出发，适应新常态，保持战略上的平常心态。"2014 年 7 月 29 日，在中南海召开的党外人士座谈会上，习近平总书记又一次使用了"新常态"这一概念，指出"要正确认识我国经济发展的阶段性特征，进一步增强信心，适应新常态，共同推动经济持续健康发展"。

大家知道，"新常态"一词最早出现于 2009 年年初，在美国举行的一次"探讨危机后美国各个经济领域复苏和发展新模式"的论坛上，美国太平洋基金管理公司首席投资官格罗斯和总裁埃利安在发言中用"New Normal"来归纳全球金融危机爆发后经济可能遭受的缓慢而痛苦的恢复过程。New Normal 概念一提出，立即引起注意，论坛与会者对"新常态"在不同领域的表现特征进行了初步的总结。

第一，金融领域。"后危机"时代的金融体系不可能简单回归到危机之前，"新常态"下的金融体系代表"更低的金融杠杆率与更多政府干预的结合"。诺贝尔经济学奖得主斯宾塞说："我们将会有一个非常不同的金融系统，它的'新常态'将会被严格监管，资本需求会很高，银行系统会更有效。"

第二，商业领域。"后危机"时代的消费群体和消费观念都发生了变化，商业环境也将发生改变，全球企业界要在"新常态"中重新定位，以适应这种变化。

第三，宏观经济。"后危机"时代经济恢复缓慢而痛苦的过程被视为"新常态"，大多数美国人都会慢慢适应这种宏观经济的"新常态"。

在这次论坛上，也出现了对"新常态"概念表示异议的声音，如时任白宫首席经济顾问的萨默斯就认为：美国经济不会出现这种"新常态"，实现快速增长的可能性犹存。

由此可见，美国原创意义上"新常态"，本意是让人们对全球金融危机后的经济金融恢复不要抱过高期望，主基调可用"悲观""无奈"来概括。

对中国忽然被炒热的"新常态"，国外媒体将之称为"Pinormal"，即"习近平常态"。对于许多以中国经济为研究对象的外国专家来说，研究"Pinormal"就是一个雾里看花的过程，因为中国的"新常态"概念无论在内涵和外延上都不同于5年前美国人提出的那个"新常态"。而中国的"新常态"概念流行的权威推动者习近平总书记本人也没有做精确解说，所以就任由专家和知识分子们各执一词，莫衷一是了。

《人民日报》在8月5～7日连续三篇的系列评论以"经济形势闪耀新亮点""经济运行显现新特征""经济发展迈入新阶段"为题，在形势分析的基础上具体阐释了"中国经济新常态"的内容和政策含义，简单概括说就是：①经济下行压力增大，经济增速从高速转为中高速；②经济增长动力由要素驱动转向创新驱动；③具体政策意向是调结构、挖潜力、激活力、补短板和强实体。《人民日报》发出的肯定是权威声音，但《人民日报》不是学术报纸，而我们从学术上对"新常态"进行分析时，也可以自由发表看法。

有人认为，"新常态"就是经济再平衡，而《人民日报》总结的"新常态"的四个特征（"中高速""优结构""新动力""多挑战"）特别是"优结构"和"新动力"之说，恐怕只属于我们主观想达到的改革目标，能否实现还要看努力的结果。而《人民日报》所说的"多挑战"

因为挑战不只是现在"新常态"下的独有现象，1997 年亚洲金融危机和 2008 年全球金融危机时期所遇挑战之烈尤甚于现在，所以也很难将之归纳为"新常态"的本质特征之一。由此可见，《人民日报》的系列评论似乎有"为赋新词强说愁"之嫌（见《特供信息》2014 年第 31 期第 2 页）。如果一定要总结"新常态"特征，那么可以从经济增长新阶段的事实中去总结，大体有三种：一是推动经济增长因素中出口与内需的再平衡；二是投资比重下降，消费比重上升；三是第一产业比重下降，第三产业比重上升。这三个特点本质就是经济的再平衡过程，因此，可以将再平衡归纳为经济"新常态"的本质特征。

在经济学界还有一种更权威的声音，连续六次参加过中共全国党代会文件起草工作的张卓元老师对通过"定向降准"等政策满足小微企业的资金需求支持其发展持赞成态度，但对有些地方又计划大规模搞"铁公基"建设，不考虑可行性和成本收益，以政府投资促 GDP 增长这种做法深表怀疑。他认为，最近在"微刺激"政策氛围下，一些地方政府又热衷于"大干快上"，继续追求短期 GDP 最大化，这是在走老路，这种提高政府对资源直接配置程度的做法，会加剧产能过剩和地方政府债务负担。因此，中国经济增速目前不必非得是 7.5%，低 0.5 个百分点也没什么大不了的，将 GDP 增长保持在 7% 左右就可以了。7% 左右就是所谓的"新常态"。

关于"新常态"的阐释和应用，我们还可以列举许多，例如在国家发改委对一些跨国企业开出罚单后，一些人马上跟进说"反垄断就是新常态"，更有外交国际问题学者将中国同周边国家的摩擦及相应外交行动总结为所谓的"中国外交新常态"。如此这般，不一而足。幸好，金融界的跟风派们尚未行动起来，否则肯定会冒出无数个"银行新常态""股市新常态""理财新常态""互联网金融新常态"等许多犹如"天凉好个秋"似的东西来。

其实，在我看来，以上有关"经济新常态"的解说不论是烦琐的还是简明的、权威的还是普通的，都漏掉一个新概念解释的必要环节，那就是语义学的说明。"常"者，长也，"态"者，形势局面也，而经济局面涉及"长"字，就至少要五年到十年，方可与"长"字相匹配。用这种语义学给"经济新常态"下定义，似乎有许多问题还可继续思考。例如美国人所说的"新常态"，是讲后危机时代的经济局面，自 2007 年美国次贷危机引发全球金融海啸后，因为欧债危机的接续作用，美国的货币量化宽松政策还未退出，欧盟还要继续推量化宽松。从 2007 年到现在已有近 8 年的时间了，因此，这个美国"新常态"于情于理都说得通。而当下中国说的"经济新常态"也就是被外媒命名为"习近平常态"的那个"经济新常态"，如果从中共十八大开始起算，还不到两年的时间中国"经济新常态"从什么时候开始？可能持续的周期长度？现在是否已经在宏、微观经济层面形成了稳定的可以总结出规律的运行特征？在政府作用历来强大的中国宏观调控当局工具篮子里有很多可动用的反周期工具，工具作用空间也远大于美国，在如此这般的环境条件下，我们的"经济新常态"宣传还可以那样或不假思索或任意假说吗？

我的意思是，对习近平总书记的讲话，我们既要认真学习和积极宣传，同时又要从学术角度进行严谨深入的再讨论和再研究，这样才能更好地实现新时期"无衰退结构调整"目标。

中国经济"新常态"

中国社会科学院金融研究所　彭兴韵　费兆奇

习近平总书记于 2014 年 5 月在河南考察时指出，我国发展仍处于重要战略机遇期，要增强信心，从当前我国经济发展的阶段性特征出发，适应新常态，保持战略上的平常心态。习总书记首提"新常态"，不仅体现了党和政府在未来较长一段时期对客观经济主观认识上的变化，而且会引导宏观经济政策的主观行动符合经济新常态的客观要求。基于此，我们有必要从理论的角度来认识中国经济"新常态"。

"旧常态" 的增长模式难以为继

要弄清经济"新常态"，当然首先要对"常态"有一个清晰的界定。所谓经济"常态"，并不是指经济活动在一段长时期内稳定不变完全可预期的状态，而是指在经济发展的某个特定阶段，由经济规律所主导的经济活动相对稳定特征的动态过程。就经济运行的宏观面而论，经济常态应当最终取决于某一段时期由技术、制度、人口与劳动力供给和资本所决定的"潜在增长率"。但是受经济环境和政策环境的影响，在某一段时期，经济常态既可能表现为实现的增长率低于潜在增长率，也可能高于潜在增长率，前者表现为总需求相对不足、物价水平较低，后者则表现为总需求的相对旺盛乃至经济过热，物价上涨甚至资产价格的持续上涨。

因此，在经济发展过程中，同一个国家在不同发展时期、不同历史阶段的"常态"表现具有明显差异。这样，我们可以对经济"常态"进行不同的划分，如"新常态"与"旧常态"。虽说可以对经济常态作"新""旧"的划分，但"新常态"与"旧常态"不是割裂的，"新常态"是对"旧常态"的承继和扬弃。对客观的经济"常态"的认定和判断，会直接影响政府主观的宏观经济决策。稳健的宏观经济政策取向应当使实现的经济增长常态维持在潜在增长率决定的自然常态。

因此，要分析"新常态"，首先要厘清"旧常态"。从时间来看，与当下"新常态"对应的"旧常态"，大致为21世纪以来十年时间的中国经济状态。中国经济"旧常态"具有以下几个鲜明的特征：第一，经济增长率的持续性上升；第二，高储蓄、高投资是其第二个重要特征，同时也为经济增长率持续上升提供了资本供给上的保障；第三，人口红利贡献巨大；第四，对房地产业的依赖度上升，经济、金融和地方财政均有房地产化的倾向；第五，扭曲的国民收入分配结构；第六，在货币层面，表现为货币供给机制在高度美元本位化的同时，走的是高信贷、高货币投放的通货膨胀之路。

总之，"旧常态"下的中国经济，虽然经济总量取得了持续增长的令人瞩目的成就，但其在储蓄－投资、国民收入分配中的结构性失衡却日益加剧，对房地产业的过度依赖抑制了创新型的增长，货币供给机制的美元化和高信贷与货币投放的通货膨胀之路，本身对经济的系统性稳定造成了伤害。可以说，经济"旧常态"自身就有向"新常态"过渡的内在需求。

中国经济 "新常态" 的现实背景

中国经济正从中等人均收入水平国家向中高收入国家迈进，并且处于全面建设小康社会的历史转折时期，"旧常态"经济增长模式难以为继。"旧常态"的高增长，是不平衡式的增长，是以GDP为中心、以投资为主导、对技术进步重视不足的粗放式增长。所谓以投资为主导，实际是通过人为政策刺激而实现的增长。因此，在"旧常态"中，出现违背经济规律和资源环境约束的不可持续的增长，也就不足为怪了。"旧常态"的增长模式难以为继，必然促使经济转向新的增长模式并且实现与之对应的"新常态"。

在"旧常态"日渐暴露其不可持续的结构性矛盾时，中国的潜在增长率开始下降。一般而言，决定潜在增长率的因素主要有技术与生产率、资本增长率、人口结构与劳动力供给。中国潜在增长率下降，首先是因为中国人口结构发生了明显变化，劳动年龄人口的增长速度逐年减慢，并于 2010 年达到峰值，此后开始绝对减少。相反，人口抚养比则由下降转为提高。而人口结构的变化也不可避免地导致中国国民储蓄率趋于下降，使得依靠投资主导的增长模式难以获得有效的资本供给。与此同时，技术进步又是非常缓慢的过程；在投资率本已处于畸高水平且资本存量已大幅增长的背景下，资本增长率趋于下降是必然结果。这意味着，中国经济增速换挡"新常态"既是经济发展变化必然导致的供给面变化的结果，也是政府政策取向变化使总需求主动适应潜在增长率的变化，进而使政策驱动总需求对经济增长的拉动作用下降的结果。从历史经验进一步看，中国经济增长率只要能够保持在 7%～8% 之间，就是在其自身潜在供给能力上实现的增长。在这种状态下，既不会有严重的就业压力，也不会有难以承受的通货膨胀。

就在中国人口结构变动导致中国人口红利逐渐消失的时候，第三次工业革命正在悄悄兴起。技术进步始终是影响经济发展的根本因素之一。当下正在兴起的科技革命便是所谓"第三次工业革命"。Rifkin 在其《第三次工业革命》中认为，互联网技术和可再生能源的结合，为第三次工业革命奠定了强大的基础。与 Rifkin 侧重于能源技术革命不同，《经济学人》2012 年 4 月 21 日刊的"第三次工业革命"封面文章则聚焦于 3D 打印技术和数字化制造，将"第三次工业革命"界定为以数字化制造与新型材料应用为标志的工业革命，主要标志之一就是 3D 打印技术和工艺。3D 打印机是按设计好的数字模型，用各种材料以叠加工艺"打印"出各种最终产品，整个"打印"过程无须人工参与，所需原材料只有传统生产方式的 1/10，能源消耗也远低于传统的工厂式生产。这样，企业只需提供数字化模型，用户和代理商就可用 3D 打印机将产品"打印"出来，工厂、制造业工人将越来越少。

第三次工业革命的标志之二是工业机器人。2006 年，《福布斯》就曾预言，当工业机器人性能趋于成熟、稳定和易用时，制造业会出现工业机器人替代工人的浪潮。机器人发展已进入多方面应用的阶段，包括运用在医疗手术和制造业。例如，美国佐治亚州的一家服装技术公司推出"机器人裁缝"，生产线上看不到工人。据称，这项技术革新能彻底让"美国制造"打败"中国制造"。美国可望扭转每年用 1000 亿美元逆差从中国、越南等地进口服装的局面。创始人迪克森说："自动化机器能让手机、电脑和电视的生产重返美国。"人工智能、机器人和数字化制造促成了新型产业革命，《华盛顿邮报》甚至据此说："美国的机器人不久就可以直接和中国劳工竞争。"

第三次工业革命使制造业对工人的依存度大幅度下降，制造业中的劳动力成本也会随之而大幅度降低，制造不再与工厂、工人密不可分。它不仅是生产方式的变革，而且也将改变生产的组织形态。直接生产领域中几乎看不到人，将基本上由数字化自动生产，这使国际分工不再主要取决于劳动力成本，即便是传统的劳动密集型产业也可能向资本密集型转化。新兴市场劳动力的比较优势趋于消失，这不仅会遏制发达国家的制造业空心化，而且会反过来造成缺乏自主创新的新兴市场国家的制造业空心化。以智能化、数字化和信息化技术为基础，以大规模定制和个性化制造为特点的工业革命，从根本上解决了传统制造技术下新产品开发周期、产能利用、成本、产品性能和个性化需求等之间的冲突，实现了制造的综合优化，产品质量大幅提升。第三次工业革命将重新诠释产品竞争力的内涵，并从根本上改变竞争力所依赖的资源基础和要素结构，最终影响各国在全球工业体系中的分工地位和现实利益。世界经济格局和全球产业版图将因第三次工业革命的深入而发生巨变。发达国家，尤其是美国，很有可能在制造业中再度领先，以中国为代表的新兴市场制造业将会失去优势。第三次工业革命是中国经济转向"新常态"的重要因素。

第四个促使中国转向"新常态"的因素就是制造业回归与全球经济再平衡。经过金融危机后的反思，发达经济体认识到长期"外包"政策和国内产业空心化会造成诸多社会弊病。危机之后，发达国家都呼吁要"重新回归制造业"，并宣称要通过发展高端制造业，重构全球制造业竞争格局。以美国为例，为提高美国制造业吸引资本和投资的能力，美国政府正在通过调整税收政策来减轻美国制造业的税收负担，并使暂时性减税措施永久化。2010 年 8 月 11 日，奥巴马签署了《美国制造业促进法案》，降低非美国制造但美国制造商必须缴纳的大量产品的各类关税。奥巴马表示，类似法案有助于提高美国产品的竞争力，达到 5 年内出口翻倍的目标，实现"在公平竞争的前提下，美国工人可以和任何人竞争"。2010 年 9 月，美国又颁布了《创造美国就业及结束外移法案》，为从海外回迁就业职位的企业提供 24 个月的工资税减免，并终止向海外转移工厂和生产企业提供补贴、免税和减税。诸如此类的措施，都是为了推动制造业回归。

除了税收政策调整外，美国制造业劳动力的相对成本正在下降。尽管中国制造业小时工资还远不及美国的水平，但中、美间成本差距正在逐步缩小。2010 年，美国制造业生产率提升了 6.1%，单位劳动力成本降低了 4.2%。2002～2010 年，美国制造业单位劳动力成本累计降低了10.8%，相比之下，中国的劳动力报酬增速比生产率增速要快得多。2005～2010 年，工人的工资水平以每年 19% 的速度递增，而同期美国制造业工人的全负荷成本只增加了 4%。

第三次工业革命为制造业的回归做了技术上的准备。美国制造业回归的重点在产业升级，高端制造是其战略核心，积极在纳米技术、高端电池、新能源与新材料、生物制造、新一代微电子研发和高端机器人等领域加强攻关。这将推动美国高端人才、高端要素和高端创新集群的发展，并保持在高端制造领域的研发领先、技术领先和制造领先。最近的发达经济体金融危机，在相当程度上是全球经济失衡的结果。要实现健康的经济增长，就需要扭转全球经济失衡，再平衡是重建稳定国内经济的重要环节。事实上，全球经济也正在寻求新的平衡过程。贸易顺差国家的经常账户顺差与 GDP 之比在下降，逆差国家的经常账户逆差也在逐渐改善。制造业回归将促进新一轮全球供应链重组和国际分工体系，促进全球经济再平衡。全球经济再平衡不仅意味着外需对中国经济增长贡献将减弱，而且也意味着即便没有改革中国现行的外汇管理体制，国际收支对中国货币政策的影响也将弱化，从而极大地增强中国货币政策的自主性。

中国经济 "新常态" 之 "新" 在何处

在总结了中国经济旧常态和 "新常态" 的现实背景之后，我们可以进一步探讨中国经济 "新常态" 到底 "新" 在何处了。根据上文的分析，我们不妨将中国经济 "新常态" 定义为：在增长速度换挡、结构改革阵痛、社会矛盾愈发尖锐的时期，集中体现为与潜在增长率相协调、与过去一段时期高增长相较而言，现实相对较低增长率的社会经济形态。经济 "新常态" 既是经济规律、经济周期自身运行，国内环境与国际大环境变化的客观结果，也是政府对经济运行主观认识变化的结果。前者体现为因经济供给面约束而使潜在增长率下降；后者体现为宏观经济政策积极主动地顺应潜在增长率的新变化，而对通过刺激性宏观经济政策来 "拉动" 经济增长的 "心理" 保持了高度克制和冷静。

经济 "新常态" 更体现了政府政策目标函数的重大变化，即政府赋予 GDP 增长率的权重明显下降，是对过分强调增长率的单一 GDP 主义执政理念的抛弃。经济 "新常态" 强调更灵活、公平的竞争机制使经济维持在与潜在增长率相适应的总量增长水平，它是内生于技术进步、结构调整和体制机制市场化的自然增长，而不是通过刺激政策实现的 "拔苗助长" 的增长。

在 "新常态" 的增长率足以实现全面建设小康社会的经济总量目标的前提下，它更注重机制的创新和结构上的平衡。因此，"新常态" 坚持权利平等、机会平等、规则平等，实行统一市场准入，通过公平有序的市场竞争提高经济自身应对冲击的灵活性；强调经济增长与社会发展之间的平衡；经济增长与社会发展兼顾、经济增长与环境资源承载力相协调的增长，即习总书记所说的"金山银山，不如绿水青山"；强调包容性增长，让老百姓充分享受经济增长成果，这不仅要求改变国民收入分配结构，也要求真真切切地实行稳健的货币政策，控制好物价和以房地产为首的资产价格。

由此我们便可以归纳中国经济"新常态"的几个重要方面。

第一，增长速度的"新常态"，即从高速增长向中高速增长换挡。这既是由潜在增长率的换挡决定的，也是由中国经济总需求结构变化所决定的。在总需求的各个构成中，最终消费对经济增长的贡献将上升，投资与净出口的贡献将有所弱化；相应的，中国储蓄－投资关系也将有所改善，经济增长的目的从旧常态扭曲的"为生产而生产"切实转向"为普罗大众消费而生产"。实行这一转变，要求从单纯强调"做大蛋糕"到"做大"与"分好"蛋糕并举，改善居民、企业与政府在国民收入分配中的关系。

第二，增长的力量将转向主要依靠转型升级、生产率提升的创新驱动型增长，即增长主要源于供给面的积极变化，而非人为需求拉动的增长。这意味着，宏观经济政策将从过去侧重于需求面的管理转向侧重于供给面的管理；增长与资源配置的机制更加市场化，市场起决定性的作用，减少政府对经济资源的直接配置或行政干预，不仅可以提高资源的配置效率，也会极大地减少腐败机会。因此，中国经济的"新常态"，不仅仅表现为"量"的"新常态"，而更应当指资源配置机制的"新常态"，即让市场在资源配置中起决定性的作用，让资源在市场信号的引导下得到相对更有效的配置。这意味着，"新常态"中的经济灵活性将会有所提高。

第三，增长与资源配置机制的市场化，不仅要求推动市场的对内对外开放，放松对经济主体的市场准入限制，实行更加严格、公平、公开透明的产权和市场参与者的司法保护，而且要求适当降低政府所得在国民收入分配中的比重。同时，人口老龄化对安全、收益相对稳定的资产需求上升，完善货币政策机制要求完善国债收益率曲线。这三个方面因素意味着，未来政府债券总量可能会明显上升，国债期限结构也会更加多元化。

第四，宏观经济政策的"新常态"，将宏观政策的"稳"与微观政策的"活"有机地结合起来。所谓"保持战略上的平常心"就是要保持政策定力，"少折腾"甚至"不折腾"，从总量宽松、粗放刺激转向总量稳定、结构优化的宏观审慎政策，这决定了货币政策在未来一段时期均可能具有"点面结合"且"以点带面"的特点。在政策空间上，全球经济再平衡过程将使中国美元本位的货币供给机制得到弱化，提高中国货币政策的自主性和央行的信用独立性，这意味着货币政策操作将不会像"旧常态"那样以紧缩和冻结流动性为主。这表明，在未来一段时期内，"新常态"将为中国货币政策打开新的空间，也为存款准备金比率缓慢有序地降到正常水平创造了积极条件。

第五，利率市场化进一步深化乃至最终基本实现市场化的总体水平。利率决定机制的变化将迫使央行逐步放弃存贷款的利差管理，利率水平将能更好地反映消费者的时间偏好，也能更好地体现企业的真实资本回报率和风险状况。但受潜在增长率和资本边际产量下降的影响，中国未来利率的总体水平可望维持在较低的水平。随着更加重视利率机制在货币政策操作及传导中的地位和作用，央行可能会日益注重市场利率的平滑化操作，央行不仅会引导市场利率水平，而且可能会通过政策行动影响市场（尤其是国债）利率期限结构。这将要求央行更加注重央行资产负债表的资产方而非负债方的操作。汇率从单边升值转向更加灵活的双向波动，市场供求在汇率决定中发挥更具主导性的作用，将明显降低汇率变动的可预测性，这对过去单边升值预期中的国际资本流动造成极大的影响。当然，这同样有助于国内货币政策的自主性。

总之，"新常态"是在中国通过高信贷、高货币投放而维持的高储蓄 - 高投资增长模式难以为继、人口结构变动、全球经济再平衡和第三次工业革命兴起的大背景下，对中国经济在未来一段时期的较为冷静的新认识。这表明政府对宏观经济调控更多受到理性的约束。但在"新常态"下，宏观经济政策仍然要服务于全面实现小康社会的目标。

基于对"新常态"的认识，政府将不再把高经济增长作为宏观经济政策的直接目标，也不大可能通过强刺激政策使实现的增长率明显超过潜在增长率。政策面的调整将从过去注重总需求面的刺激转向以供给面的持续性为主导，这决定了政府政策的重心在于进一步全面深化改革和释放潜在的改革红利，核心是通过改革激发市场活力、调整经济结构而实现有质量的、平衡的、资源环境代价最小化的好的增长。

"新常态"也为货币政策打开了新的空间，货币供给的美元本位化将不断被削弱，为缓慢有序地调整中国过高的法定存款准备金比率创造了积极条件；利率和汇率机制更加市场化和灵活化；受潜在增长率和资本边际产量下降的影响，中国未来利率的总体水平可望会维持在相对较低的水平。

针对当前经济金融形势的
三点政策建议

中国社会科学院金融研究所　　高占军　　刘　菲

我国当前的经济形势并不差。物价稳定，在经济放缓的同时就业增长。汇率和资本实现双向波动，国际收支趋向平衡。经济转型取得成效：服务业的比重加大，消费贡献率提高，高科技、设备制造业增速快于一般制造业，单位产出能耗下降。

金融"去杠杆"取得阶段性成果，融资成本降低。这突出表现在社会融资总量增速下滑，表外融资占比减少，"影子银行"收缩，理财产品、信托产品和债券市场利率普降，信用利差显著收窄。

从政策效果看，2014 年以来采取的改革与结构调整、定向调控和加强金融监管等措施发挥了积极作用，同时坚持"新常态""区间调控""不强力刺激"的政策取向也给了各方很大的信心。

当然，内需不足、产能过剩、企业经营低效、债务压力较大和如何实现经济、金融周期性转型等压力依然突出。高杠杆、低效率和经济转型依然是中国经济周期波动中必须面对的"不可能三角"。

针对上述情况，我们提出以下三点政策建议：第一，继续坚持以结构调整破解中国经济面对的"不可能三角"；第二，以打破刚性兑付作为降低融资成本的根本解决之道；第三，在稳步实现货币政策转型的同时，加快金融改革。

一 坚持以结构调整破解 "不可能三角"

杠杆率居高不下，是 2008 年全球金融危机后中国经济面临的突出问题。低效率则是痼疾。同时，中国经济正处转型关键。高杠杆、低效率和经济转型三者注定难以共存：高杠杆会继续加重低效率，使转型难以完成；低效率因高杠杆而恶化，并使高杠杆潜藏危机；在经济周期性放缓过程中，若继续用高杠杆维持低效率，则将导致问题加重并形成长期趋势，使转型难以完成，并有掉入 "中等收入陷阱" 的危险。

2014 年，中国全社会杠杆率（债务/GDP）超过 250%（参见图 1，2012 年的数据）。因其如下特点，需引起高度警惕。第一，增速快。以地方政府债务为例，2010 年以来年增速超过 20%，县一级政府甚至达到 30%。第二，透明度低，并且极不规范。第三，企业部门杠杆率远超绝大部分发达国家。

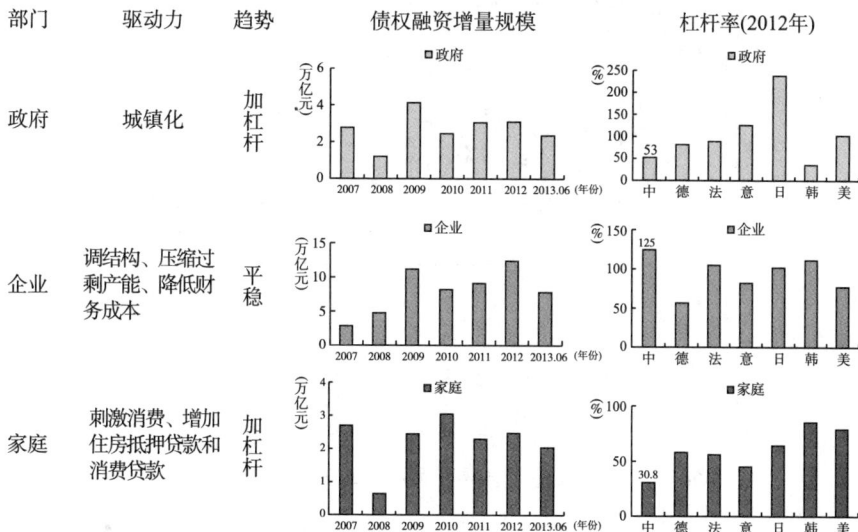

注：我国企业杠杆率根据 BIS 计算为 139%，这包含部分政府性质债务（城投公司债务等），根据审计署报告，2013 年政府部门和机构以外的债务占比为 71.6%，以此估算 2012 年政府债务中非政府部门及机构负有偿还责任的融资为 6.89 万亿元，将其扣除后企业杠杆率为 125%；2007~2011 年的政府债权融资规模为估算数据，根据审计署披露的债务增速估算。

图 1　2012 年中国杠杆率的国际对比

企业部门的杠杆率有多高？数据显示，中国企业部门的杠杆率目前为 130% 左右，超过 OECD 国家 90% 的阈值。

以资产负债率指标看，放眼全球，几乎所有国家上市公司的资产负债率都在下降，只有中国在上升，并且升幅很大。中国纳入上证综指的上市公司资产负债率 2006 年为 45.68%，2014 年急升至 60%；同期，标普 500 由 66.74% 降至 50.18%，富时 100 由 72.05% 降至 57.15%，德国 DAX 由 76.03% 降至 63.88%，法国 CAC40 由 81.65% 降至 76.14%。虽然中国目前还低于德国和法国，但较美国已高出很多。

在经济富有效率、资本产出比降低和全要素生产率处于上升势头之时，杠杆率适度高企或许是可以接受的。但中国的情况恰恰相反，其产能过剩之严重，投资效率之低下，令人担心。企业的净资产回报率（ROE）大幅度下降，很多行业的 ROE 低于其融资成本甚至为负值（见图2）。企业的现金流负债比大幅滑落。存货和应收账款的周转效率降低，周转天数上升，周转率下降。

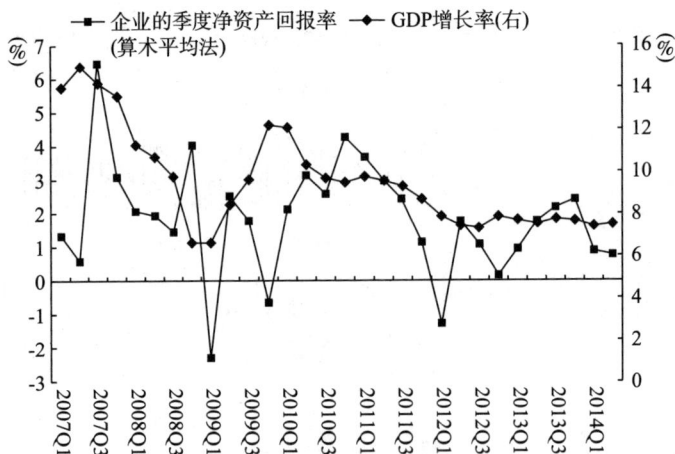

图2 非金融上市公司季度利润率变化（算术平均法）

资料来源：Wind 资讯，中信证券。

研究显示，近年来，中国国家净资产的增加额持续小于当年的 GDP，这表明并不是全部的 GDP 都形成真正的财富积累。以 2010 年为例，净资产增加额较 GDP 少 7.5 万亿元，表明这一年 GDP 的质量大有问题。除此之外，在国家总资产中，存货占比急剧上升，反映产能过剩的严峻现实

（李扬，2013）。非金融上市公司的情况也反映出同样特点：存货和应收账款占总资产的比重一直稳步上升，分别由 2007 年的 15% 和 6.6% 升至 2014 的 20% 和 8%。

高杠杆和低效率并存的结果，导致即使信用快速扩张也难以带动有效的经济增长，这是中国经济最大的心病（参见图 3）。中国 M2/GDP 近年上升很快，社会融资总量/GDP 由 2007 年的 1.18 倍升至 2.04 倍，单位 GDP 增长需要的社会融资总量由 3000 亿元增至 2.3 万亿元，突出反映了问题的严重性。

由于以上的现象，所以才有以往的宏观调控怪圈：先是经济减速，强力刺激；随后经济过热，再大力收缩。周期越来越短，政策环境与市场预期也越来越不稳定。刚铺开摊子，随后即行收紧，定会造成混乱。反之亦然。

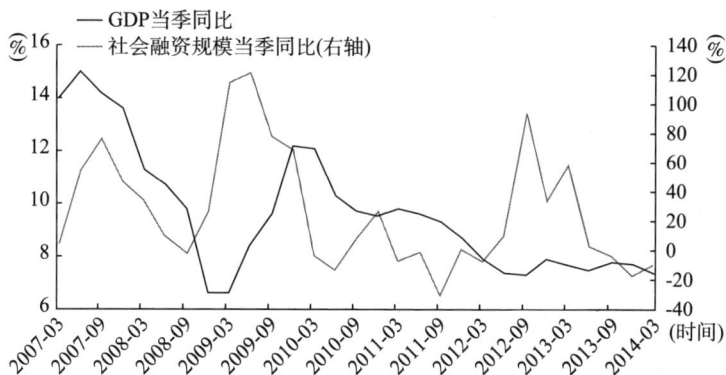

图 3　信用扩张不能带动有效的经济增长
资料来源：国家统计局，中国人民银行，Wind 资讯，中信证券。

实际上，中国的总量宽松政策自 2012 年下半年就开始退居次席了，转而注重财政政策、产业政策和金融改革，注重结构调整并筹划货币政策的转型。到 2013 年上半年，总量宽松政策再次被证明无效，并在当年 6 月以极端的方式表现出来。

中国经济正在转型。转型并不必然排斥适度的高杠杆和适度的信用扩张，但它必须建立在高效率的基础上。经济转型呼唤"新经济"，要求坚持结构调整，继续淘汰过剩产能，挖掘新的内生动力。

客观地说，经过几年的结构调整，中国经济转型已初见成效：服务业产值占比连续几个季度超过制造业；消费稳定增长，贡献率提高；高技术产业和设备制造业明显好于传统产业；民间投资增量为 19.0%，比全部投资多 2.5 个百分点，占全部投资比重为 64.9%；尤其值得强调的是，在经济增速放缓的情况下，就业好于 2013 年同期，从而加大了政策的回旋余地（参见表 1）。

表 1　各项政策对 GDP 的影响

	2014 年投资额对 GDP 的贡献（亿元）	2013 年投资额对 GDP 的贡献（亿元）	增长率（%）	对 2014 年 GDP 增长的贡献率（%）
棚户区改造	13000	11200	16.07	0.30
铁路投资	8000	6638	20.52	0.23
公路投资	14700	13687	7.40	0.17
水运投资	1590	1529	4.00	0.01
小微企业减税	510	360	41.67	0.03
合计				0.74

资料来源：根据中信证券公开数据测算。

中国经济结构的变化，迫切需要新的评估坐标。2014 年 9 月 12 日，国家统计局印发《基于需求的反映提质增效转型升级统计指标体系》，标志着在更加注重质量和效益方面，实现了里程碑式的重大转变。

"不应过于偏重 GDP 总量"这一理念，现在达成了日益普遍的共识。最近，IMF 对 2015 年中国 GDP 目标提出建议，认为 6.5%～7% 较为适宜。而著名学者林毅夫则给出了 7%～7.5% 的区间。适当下调 GDP 目标，一方面适应了经济潜在增速下降的需要，另一方面也能够为改革留出更大空间。

2014 年的经济数据在第二季度企稳后又出现波动，激起各方热议，分歧颇大。针对形势的变化，政策的预调、微调固然必要，但若能充分认识当前中国经济必须面对的"不可能三角"，其政策含义当是不言自明的。

二 打破刚性兑付是有效降低融资成本的关键

金融"去杠杆"取得了阶段性成果，融资成本降低（参见图4）。这突出表现在社会融资总量增速下滑，表外融资占比减少，"影子银行"收缩，理财产品、信托产品和债券市场利率普降，信用利差显著收窄（参见图5、图6及表2）。这与坚持结构调整，不大规模强力刺激，以及加强监管密不可分。与此同时，真正达成"打破刚性兑付"的共识才是解决融资成本高问题的关键。

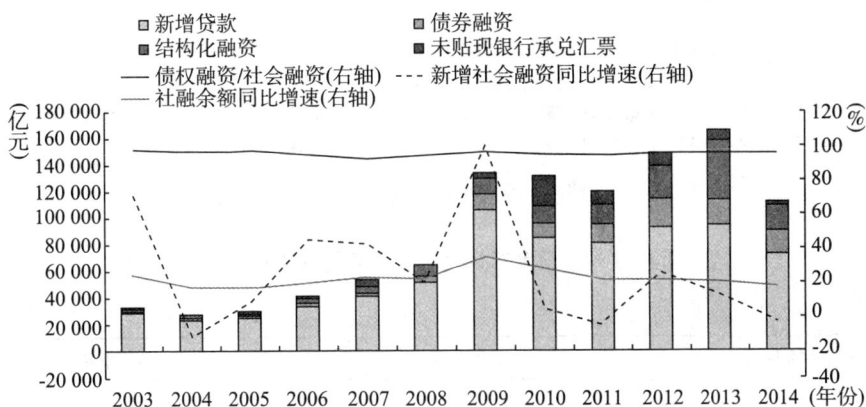

图4 "去杠杆"取得显著成效

资料来源：中国人民银行，Wind资讯。

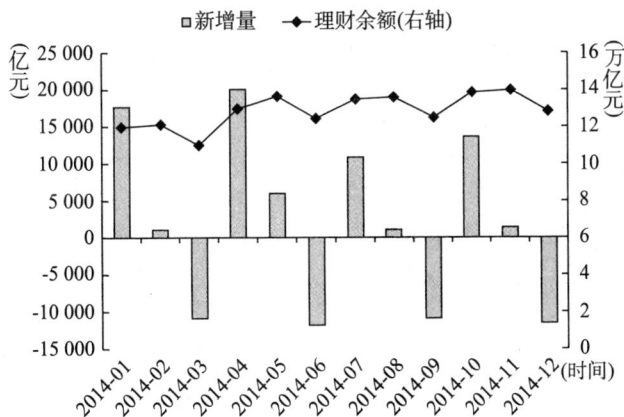

图5 理财产品规模放缓

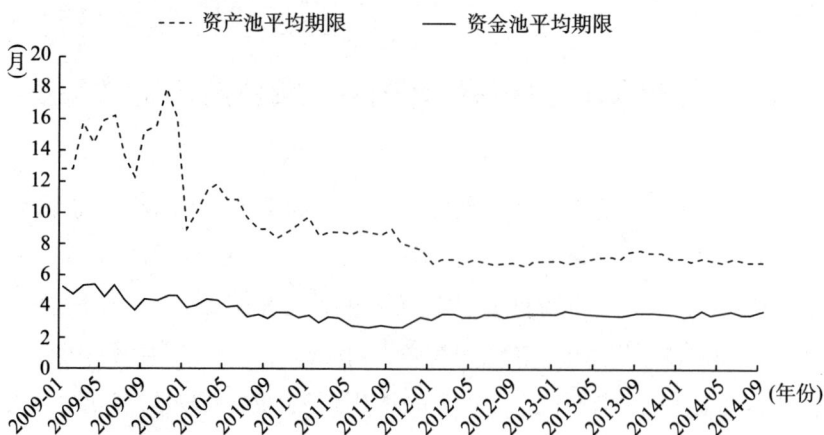

图 6　理财产品期限错配改善

注："资金池平均期限"与图中的"加权期限"相同，指理财资金从募集到期的平均期限；"资产池平均期限"指理财资金所投资的资产的平均期限，使用 Wind 中不同基础资产类型理财产品的发行只数作为权重并假设债券、同业存款、票据、信贷以及其他种类（包括股票、汇率和商品等）的期限分别为 3 个月、3 个月、6 个月、40 个月和 1 年，而计算得到。

表 2　资金宽松及融资成本明显降低

单位：%

债券市场利率	国债			金融债			AAA 中票短融			AA 中票短融		
	年初	现在	利差	年初	现在	利差	年初	现在	利差	年初	现在	利差
1 年	4.23	3.74	-49	5.43	4.26	-117	6.28	4.75	-153	7.07	5.24	183
3 年	4.46	3.81	-65	5.79	4.54	-125	6.30	4.97	-133	7.22	5.78	-144
5 年	4.51	3.91	-60	5.83	4.63	-120	6.35	5.17	-118	7.46	6.28	-118
7 年	4.61	3.94	-67	5.79	4.72	-107						
10 年	4.61	3.98	-63	5.77	4.74	-103						

货币市场利率	银行间回购			交易所回购			Shibor		
	年初	现在	利差	年初	现在	利差	年初	现在	利差
1 天	2.88	2.84	-4	3.46	3.40	-6	2.92	2.85	-7
7 天	4.60	3.28	-132	4.78	4.15	-63	4.63	3.24	-139
14 天	5.42	3.59	-183	5.02	4.24	-78	5.43	3.45	-198
28 天	6.52	4.13	-239	6.52	4.49	-203	6.48	4.00	-248

货币市场利率	银行间回购			交易所回购			Shibor		
	年初	现在	利差	年初	现在	利差	年初	现在	利差
3 个月	6.39	4.42	−197	5.52	4.41	−111	5.57	4.64	−93
6 个月	6.00	4.80	−120	5.36	4.40	−96	4.95	4.85	−10
1 年	6.10	4.75	−135	N/A	N/A		4.98	5.00	2

资料来源：外汇交易中心，Wind 资讯，中信证券。

很多人都误以为在 2014 年 3 月份超日债未足额支付利息之前，中国债券市场没发生过实质性违约，其实不然。回顾历史，20 世纪 90 年代曾有大量企业债券未能如期兑付，其中甚至包括相当数量的重点建设债券；2000 年广东罗定铁路债券延期兑付，引起震动；其后，也有某大型发行体几乎同时因支付危机，最终不得不诉诸央行再贷款予以解决。

债券市场真正的好年景是在 2001 年之后的十几年里，没有发行体实质性违约。那些胆子够大、较为勇敢的投资者，都稳稳地拿到了信用利差，享受到了高风险溢价的好处，即便偶尔出现信用事件，也有惊无险，最终顺利化解，比如 2006 年的福禧，2008 年的江铜、魏桥、航天晨光和力诺，2011 年的滇公路以及 2012 年的新中基和赛维等。

超日债之后的情况发生变化。以当前的事态看，投资人不但可能拿不到全额利息，而且损失本金的概率也相当大。大家由此变得谨慎。监管部门也如临大敌，紧张评估市场潜在风险，并探讨化解之策。

要客观看待债券违约。违约率合理稳定是债券市场成熟的标志。美国 1981 年以来平均违约率为 1.69%，2009 年金融危机期间达到最高的 5.71%，1981 年则为最低的 0.15%。欧洲自 1991 年以来债券市场平均违约率为 0.57%，2002 年最高为 2.06%，只有个别年份违约率为 0。从全球范围看，1981 年以来债券违约率平均为 1.46%。

由此可见，若债市长期没有违约，其实极不正常；只有极不发达或由政府信用主导，才会如此。但中国不同，一是因为中国已成为全球第二大信用债市场，规模大，增速也快；二是因为供给结构多元化，目前信用等级从最高的 AAA 到最低的 CCC 都有，AA＋及以下的占比已达 40%；发行体除中央国企和地方国企外，19%的发行人是城投企业和民营企业。这表明中国债券市场正走向成熟，一定水平的违约率也将相伴而生。

很多人谈违约色变，主要是担心个别事件蔓延导致系统性风险。其实不必过虑。截至2013年年底，中国信用债券存量为9.51万亿元；其中评级在AA的占14.1%，AA-及以下的仅占3.99%；以负债率、利润率和盈利前景显示的风险较高行业债券占比为1%左右；中小企业私募债余额为451.8亿元，占0.5%，违约概率稍高，但蔓延风险极小。2014年，信用债到期偿还额为2.78万亿元，低评级的比例不大，相当大比例的债券还有增信措施。所以，因违约而出现系统性风险的概率不大。这为打破刚性兑付提供了可能，并具有极为重要的意义。

第一，中国经济的结构调整和产业升级，在很大程度上要靠淘汰落后产能，削减过剩产能，并通过兼并重组提高效率，发挥规模效应来实现。打破刚性兑付有助于实现上述目标。

第二，能够防范道德风险。在存在刚性兑付的情况下，债务人往往忽视还债压力，不惜以高成本融资，预算约束软化，即便回报无法覆盖成本，也极力扩规模、铺摊子，这既会使盈利能力和效率低下，也会导致治理结构问题。中国的负债率近几年极度膨胀，存在道德风险是重要原因之一。

第三，可帮助建立切实有效的监督机制。如果有刚性兑付，则投资者挑选收益率高的债券来买，一般会疏于风险评判和风险定价，因此对融资行为起不到有效的制约，也培养不了承担风险的意识和能力。

第四，让价格信号切实发挥配置资源的作用。刚性兑付扭曲价格与风险信号，难以建立让市场起决定性作用的机制，与市场化取向背道而驰。只有收益率曲线合理有效，利差充分反映信用差异，价格信号才能成为有力的工具和参照。

打破刚性兑付，不仅不会诱发系统性风险，反而能有效降低风险。刚性兑付则会进一步累积风险。有人将超日债违约视为中国的"雷曼事件"，实为危言耸听。打破刚性兑付也并非刻意为之，这只意味着要遵循按市场化的原则，并使违约有序进行。

市场已经为违约做好了准备。2011 年，债券市场就完成了一轮风险重新定价的过程；目前新一轮的风险定价正平稳进行。

大家不必过分担心债券违约对社会稳定的影响。与 20 年前相比，个人投资者承担风险的意识和能力均显著增强。股票、基金投资者从最初亏损时的情绪激动到如今的平静，说明这种转变可顺利完成。

要打破刚性兑付，就要加强宣传引导，完善立法，并建立债权人保护机制，提高抵押物处置的可操作性，打击恶意逃废债行为；强化评级公司等中介机构的作用，重视信息披露和监管协调；加强信用风险管理，推动 CRM 等信用风险缓释工具的运用。

三 在稳步实现货币政策转型的同时，加快金融改革

当前各方对货币政策工具创新的关注程度之高，无论怎么形容都不为过。中国人民银行连续抛出诸多名词术语，也确实令人目不暇接：继 2013 年创设短期流动性调节工具 SLO（Short – term Liquidity Operations）、常备借贷便利 SLF（Standing Lending Facility）和贷款基础利率 LBR（Loan Prime Rate）之后，2014 年上半年祭出两次"定向降准"，而最近抵押补充贷款 PSL（Pledged Supplementary Lending）又成焦点。

大家之所以对此津津乐道，一方面是其事关货币政策转型，另一方面还在于如今的工具创新既在宏观调控中位居核心，也身处争论的旋涡，是发展的风向标。其对经济走势、行业兴衰及金融市场的影响极大，让人无法置之不理。

作为经中国人民银行正式认可的利率走廊的上限，SLF 帮助稳定了货币市场利率。SLF 的期限为 1 ~ 3 个月，SLO 一般 1 ~ 5 天，故也可考虑以后者作为前者的补充，共同发挥上限的作用，这样使期限结构更丰富。至于利率走廊的下限，与 SLO 匹配的是超额准备金利率（可供参照的是欧洲央行的隔夜存款利率为其利率走廊下限，2014 年 6 月所执行的负利

率，也同样适用于超额准备金）；与 SLF 匹配的下限较难确定，在条件成熟时，央行正回购利率或可作为潜在选项。

但利率走廊毕竟是短期利率。为了能对中期利率施加影响，中国人民银行也在研究新的工具。周小川行长早在 2014 年 5 月的五道口金融论坛上就提到了这一点，并在 7 月 10 日中、美战略与经济对话的"金融改革与跨境监管专题会议吹风会"上特意指出，央行正准备一组工具以引导中期利率，并明确说是类似欧洲央行推出的定向长期再融资计划（TL-TRO）。普遍认为，此工具就是最近被议论纷纷的 PSL。

有传言说 PSL 已经启用。理由是国家开发银行成立了住宅金融事业部，专事向棚户区贷款，规模达 1 万亿元，而资金可能在很大程度上来自央行；凑巧的是，国家开发银行的资产负债表恰在第二季度也膨胀了 1 万亿元——两相对照，正好契合。

当然这只是市场的猜测；而配合这猜测的，除上述理由外，另有几组数据似可作某种佐证：第一，4 月 M2 同比增长较上月高 1.1 个百分点，但一般存款大降 6546 亿元；第二，其他存款性公司对其他金融性公司负债增加近 2 万亿元；第三，在商业银行人民币信贷收支表中，包括国家开发银行在内的三家全国性大型银行的同业负债增加了 1.11 万亿元。

这在央行的资产负债表和其他正式报告中其实是无法证实的。但不管怎样，从各方对 PSL 的千呼万唤，足可见其未来作用之重要。

通常认为，PSL 的推出有"量"和"价"双重考虑：从量的角度看，要增加投放基础货币的渠道；而在价格方面，要引导中期利率，有助于货币政策向价格调控转型。

但在当前条件下，其作用远不止此。必须指出的是，PSL 的申请，将要求其与资金投向直接挂钩，与项目密切结合。这与欧洲央行的 TLTRO 虽内容不同，但在原理上却很相似：银行拿到的资金应主要用于向企业贷款；若贷款未达标，须提前偿还；若超额，可获额外津贴。难怪周小川行长说二者有类似之处。

如上所述，PSL 将成为基础货币投放的新渠道。但从重要性上讲，现阶段这一点暂时只能处次要地位：第一，中国货币存量大，增速快，投放基础货币并非紧急要务；第二，在中国储蓄率仍居高不下时，说外汇占款已出现趋势性下降可能为时尚早。

上述创新的货币政策工具是否有助于降低融资成本？答案是肯定的。2014 年上半年货币市场利率稳定适中，债券收益率明显下降，均与此相关。但需要说明的是，部分企业在某些领域的融资成本虽有下降但仍高企，这不能说与货币政策有显著关联，因为当前的货币条件已然十分宽松。在全社会债务水平上升较快的时候，若过多指望货币政策，只会提高杠杆率，降低效率，风险暂时后移后会变得更加危险。致力于通过结构调整和加快改革来解决问题，这才是重中之重。

需要强调的是，货币政策转型固然重要，但其有效性与金融改革也密切相关。欧美货币政策创新与非常规手段的运用，均是传导机制失效、常规举措难以发挥作用后的无奈之举。最近银行业混合所有制改革提速是令人欣慰的信号，是大步走向深水区的标志，值得期待。

发展混合所有制经济应遵循五大原则

中国社会科学院金融研究所　郑联盛

中国经济经历 30 余年的高速增长后，由于外部环境变化、要素结构变迁和生产效率降低等因素，进入了一个经济增长中枢下移阶段。在这个具有历史性的大转型中，积极发展混合所有制经济成为历史潮流。国资委的试点改革方案以及部分企业的快速"混合"掀起了改革浪潮，但同时亦引发了对产权等诸多问题的讨论。

坚持分权法的改革进程

在 20 世纪 90 年代末的国有企业改革中，明确了国有企业改革的目标是建立"产权清晰、权责明确、政企分开、管理科学"的现代企业制度，本质上是股份制改革。混合所有制强调的是出资主体的多元性即资本出资主体多元性，而股份制强调的是资本组织形式，混合所有制可以组织成为股份制公司及其他形式的企业。20 世纪 90 年代的国有企业改革更多是以股份制改革为主，但本质上也包括引入其他所有制经济成分，在一定程度上也是一个混合所有制经济发展的过程。

彼时国有企业改革最大的特点之一就是快。股份制改革涉及多方的利益主体，本应该是一个利益博弈的复杂过程，但是当时国有企业改革却以迅猛之势加以推进。比如江苏南京在 2000 年年底宣布在其后一年左右将出售 80% 的国有中小企业股权；吉林省在 2005 年里基本完成 816 家国有工业企业的改制任务。

当时国有企业改革迅速完成，为中国经济发展奠定了良好的基础，但在这个过程中留下的问题值得人们反思。一是政府主导性强，部分国有企业改革成为动员式改革，但最后发现改革的根本目标并没有实现，不得不进行二次改制、三次改制。二是改革程序缺乏公正性、公平性和公开性。国有企业作为全民所有制的重要体现，在部分改制过程中并没有经过公平、公正和公开的改制程序，从而使改制的结果缺乏公平性。三是出现一定程度的国有资产贱卖和寻租问题。由于改制速度快，部分企业没有来得及进行合理的资产价格评估和定价，被"一卖了之"，国有资产流失成为一个显性问题。四是出现了一定的社会问题。1995～2003年，国有单位职工减少了近40%，国有制造业职工减少了74%，失业问题凸显。五是国有企业改制出现反复现象，在一定程度上造成"国进民退"现象和国有资本利益边界扩大化。

纵观我国国有企业改革的历程，国有资本改革坚定地遵循了分权法的基本原则。分权法是将一家实行股份制改革的国有企业的股权在国家股东和私人股东之间进行分配，国家股东仍然可以代表国家对企业进行有效影响，股份制改革实际上是国家股东和私人股东之间的内部分权。与分权法相对的是外部控制法，外部控制法是将一家实行股份制改革的国有企业的股权全部转变为私人股权，政府对这家企业的控制只能从外部实现，而不能再以股东的身份对企业实行内部控制。

本轮混合所有制经济的发展之所以被认为是新型发展模式的重要基础，在于其对企业产权结构以及经济所有制结构的潜在影响。这个影响则主要体现为"三个允许"：一是允许更多地发展混合所有制经济；二是允许非国有资本参股国有资本投资项目；三是允许企业员工持股。混合所有制发展强调了非公有资本的重要性甚至是个人的资本权利，但本质上不是私有化。"三个允许"扩大了非国有资本的权利范畴，但仍保持着国有资本及其潜在的影响力甚至控制力。混合所有制在本质上仍然是一个分权法原则的改革进程，而不是像俄罗斯国有企业改革那样的外部控制法原则。

五大基本原则

混合所有制发展的第一个基本原则是不同所有制主体的相互交叉与融合，而实现这种结果的必然过程就是产权交易。要完成产权的交易，产权及相关资产的定价机制则是最为核心的工作。在混合所有制发展的过程中，资产定价应遵循基本的会计准则和市场标准，应完善资产市场化定价机制，进一步完善国有资产管理体制和国有资本功能定位，防范部分利益主体通过混合所有制侵吞国有资产或变相私有化，不要把"混合"搞成"贱卖"。

混合所有制第二个基本原则是不同所有制主体的匹配性和融合性。对不同混合所有制主体放宽准入门槛不等于没有门槛，要注意区分不同行业的属性、相关性以及融合性。混合所有制的目的是为了促进各种所有制成分优势互补与融合发展，应该对产业分布、竞争状况、功能定位和所有制结构等进行分类管理和引导，强调匹配性和融合性，不要把"混合"搞成"混搭"。

混合所有制第三个基本原则是要尊重非公有资本的自愿性。混合所有制更强调双向性，私人资本可以参与到国有企业和项目之中，国有资本亦可以参与到私人资本及其项目之中，实现交叉持股、相互融合。但是，目前如何引入非公有资本、如何协调国有与非公有资本关系等缺乏一个整体框架。政府以及国有企业不应该利用行政力量或者竞争优势逼迫非公有资本与国有资本"混合"，不要把"混合"变成"吞并"。

混合所有制第四个基本原则就是信息公开。既然国有资本想引入非公有制资本或者民营资本想引入国有资本以实现资源配置优化，那么应该秉承公平、公正和公开的原则进行信息披露，一则使得所有相关主体获得足够的信息以加强决策，二则有利于相关方交易成本的降低，三则形成一种公共的监督机制，不要将混合经济变成内幕交易。

混合所有制第五个基本原则是应有一个制度框架、基本规范及标准指南。相关部门应对混合所有制发展做好顶层设计，建立制度框架，就重点问题设置基本规范，就关键指标设立参考指引。一是做好顶层设计，完善混合所有制的基本制度安排，特别是国有资本功能定位和国有资产管理体制等；二是明确哪些行业可以成为"混合"经济，或者设立"负面清单"说明哪些行业不可以"混合"；三是设置不同所有制资本相互"混合"的基本规则及其配套机制，比如平等、公开、匹配性等；四是设立产权及资产转让或变更的基本财务规范和指标体系，特别是资产定价机制；五是强化监管机制建设，侧重资本监管和功能监管；六是严防混合所有制经济成为一种"混沌"经济。

混合所有制在本质上是资本组织主体多元化，这既是中国经济发展模式转向和结构调整的内在需求，也是微观层面资源配置优化的自我选择。混合所有制经济有利于资源配置优化、有利于国有资本主导性、有利于不同所有制经济共同发展和市场决定性作用的强化。混合所有制经济只有在建设过程中遵循市场化、匹配性、自愿性、公开性和规范性五大基本原则，才能真正发挥市场的决定性作用。

货币政策与金融体系变革

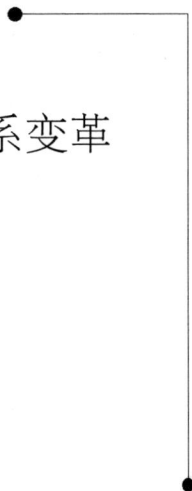

应扩大实体经济部门的金融选择权

中国社会科学院金融研究所　　王国刚

党的十八届三中全会做出的《关于全面深化改革若干重大问题的决定》强调：要"紧紧围绕使市场在资源配置中起决定性作用深化经济体制改革"，"推动资源配置依据市场规则、市场价格、市场竞争实现效益最大化和效率最优化"。对金融体系而言，就是要发挥市场机制在优化金融资源配置、形成金融产品价格中的决定性作用。这既指明了中国金融深化改革的方向和重心，也指明了中国金融发展的基本取向和路径。

卖方垄断的金融体系无法
用市场机制配置资源

在一个完全竞争的市场体系中，价格历来既非卖方决定也非买方决定，它是在买卖双方竞争中形成的。这在客观上要求，不论是买方还是卖方均拥有与对方展开市场竞争的充分能力，否则，在卖方垄断的条件下，不可能形成符合市场机理的均衡价格。在 30 年的计划经济体制中，实体经济部门（包括实体企业和城乡居民）缺乏金融手段，实体企业和城乡居民之间的资金直接供求关系被行政机制和财政机制所切断。改革开放 30 多年来，中国金融业取得了长足的发展，形成了门类比较齐全、金融机构与金融监管部门相结合的金融体系，为支持国民经济稳步快速发展提供了充分的资金。但与此同时，也建立了一种从外部植入实体经济部门的金融体系。在这种外植性金融体系中，国民经济活动中的资金供给者（城乡居民）和资金需求者（实体企业）缺乏最基本的金融权利，他们之间的资金直接供求关系几乎被商业银行等金融机构所阻断，似乎金融权利仅归这些金融机构所有。一个突出的现象是，在存款市场上，商业银行属于存款单的卖出方，但广大的实体企业和城乡居民无力与商业银行竞争，只能被动地接受存款利率，即便在存款利率大幅降低甚至负利率的条件下，各类存款依然大量增加。在贷款市场上，商业银行卖出贷款单，但广大实体企业无力与商业银行竞争，即便贷款利率高昂，它们也得接受，由此贷款余额不断快速增加。商业银行等金融机构成为嵌在实体企业和城乡居民之间且阻断他们直接资金供求关系的金融媒介机构，其既以最低的利率获得存款人的资金，又以最高的利率获得实体企业支付的利息。2013 年 10 月，贷款余额已超过 70 万亿元，假定存贷款利差为 3 个百分点（2014 年，1 年期存款基准利率为 3%、贷款基准利率为 6%），则商业银行等金融机构就可稳得 2.1 万亿元的利息收入。毫无疑问，在商业银行等金融机构之间也存在竞争，但这只是卖方垄断条件下的卖方之间的竞争，它既不可能提高买方的竞争力，也不可能形成合理的存贷款利率。不难看出，在这种卖方垄断的金融体系中，要充分发挥市场机制在配置金融资源方面的决定性作用是极为困难的。

外植性金融使资金错配更加严重

外植性金融体系有一系列缺陷。第一，其将原本多维一体的有机经济活动分切为若干缺乏关联的部门活动，使得各种资源的整体关系碎片化。这种碎片化不仅降低了实体经济部门的运作效率和市场竞争力，而且给金融体系带来了本不应有的风险。第二，其以存贷款为重心，引致金融资源配置的种种矛盾和效率降低，给实体经济部门发展造成了诸多金融障碍。典型表现是，实体企业普遍遇到融资数量少、融资价格贵和融资渠道窄等"融资难"的问题。第三，在实体经济部门和金融部门之间的资金错配现象越来越严重。主要有五种表现：一是主体错配，即本属于在城乡居民与实体企业之间配置的金融资源转变为城乡居民与商业银行之间、商业银行与实体企业之间金融资源配置；二是性质错配，即资本性资金和债务性资金错配；三是期限错配，即长短期资金的错配；四是产品错配，即债券等直接金融工具与存贷款等间接金融工具的错配；五是市场结构错配，即资本市场与货币市场的交易功能错配。第四，货币市场成为金融机构间交易的市场，与实体经济部门基本无关。金融自我服务的范围和交易额不断扩展，与此对应，金融泡沫也在快速增大。第五，各项金融改革举步维艰，或只做表面文章，或停留于口头承诺。例如，2012 年 6 月以后，中国人民银行连续多次推出了存贷款利率市场化改革措施，扩大了存贷款利率的浮动幅度，但这些举措并没有从实质上提高实体企业和城乡居民在存贷款市场上与商业银行等金融机构竞争的能力，因此，不可能真实地推进存贷款利率按照市场机制的要求在买卖双方竞争中形成。又如，2005 年以后，中国证监会在推进多层次股票市场方面采取了一系列举措，但基本局限于在原有的 A 股市场范畴内通过 IPO 的数量划分界定主板市场、中小企业板市场和创业板市场，并没有真实地从交易规则的差异性出发，建立不同层次的股票市场。如此等等，不一而足。如果金融改革仅限于此类状况，则市场机制的决定性作用依然无从发挥。

必须建立内生性金融体系使金融回归实体经济

要充分发挥市场机制的决定性作用，必须通过改革外植性金融体系，建立内生性金融体系，使金融回归实体经济。金融回归实体经济的含义，一方面并非推倒重来，即并非意味着中国金融体系的建设要重走 19 世纪以来西方国家200 余年走过的路。不论是从历史的角度还是从现实的角度看，重走这一过程都是不可能的。另一方面，这也不意味着鼓励实体企业创办各类金融机构。实际上，能够创办金融机构的实体企业为数极少。

在外植性金融体系继续存在的条件下，实体企业多办几家金融机构，不过是使持有这些金融机构股权的实体企业介入了金融卖方市场并由此获得卖方垄断地位的相应利益，但对提高绝大多数实体企业和城乡居民的买方竞争力依然无助。"回归"的真实含义在于，扩大实体经济部门中实体企业和城乡居民各自的金融选择权，即把本属于实体企业和城乡居民的金融权力归还给实体经济部门，推进内生性金融的发展。

实体经济部门的金融手段包括股权投资、商业信用、资金借贷、发行债券和股票等证券、展开融资租赁和运用信托机制等方面。如果不加区分地贸然将这些金融手段放开，虽然有利于提高实体经济部门与金融机构之间的金融竞争能力，但极容易引发经济运行秩序的紊乱和金融运作的混乱，甚至给金融安全带来严重后果。一个较稳妥的选择是，以公司债券为牵引，逐步有序地扩大实体经济部门的金融手段，构建内生性金融体系。

从各种金融产品对比看，在推进金融体系转变过程中，公司债券有一系列独特的功能，其中包括存贷款的替代品、改善资金错配、推进实体企业债务率降低、推进商业银行业务转型和缓解小微企业的"融资难"和推进利率市场化改革、为实施存款保险制度创造条件、在资本账户中的金融交易项下开放创造交易对象等。因此，金融回归实体经济应以改革公司债券发行的审批制、公司债券直接面向实体企业和城乡居民发行为突破口。

公司债券发行需做好七项工作

公司债券直接面向实体企业和城乡居民发行，需要做好七个方面的工作。第一，切实将《中华人民共和国公司法》和《中华人民共和国证券法》的相关规定落到实处，有效维护实体企业在发行债券中的法定权利。1994年以后，发展公司债券市场成为中国证券市场建设的一项重要制度性工作。1994年7月1日起实施的《中华人民共和国公司法》第6

章专门对发行公司债券做了规范，其中规定，股份有限公司 3000 万元净资产、有限责任公司 6000 万元净资产就可发行公司债券，公司债券余额可达净资产的 40%。2005 年，在修改的《中华人民共和国公司法》和《中华人民共和国证券法》中，这些规定也没有了，而是被移入了《中华人民共和国证券法》中。但近 10 年过去了，按照这一数额规定的公司债券鲜有发行。为此，相关部门需要依法行事，将这些法律规定进一步落实。第二，建立全国统一的公司债券发行和交易制度，改变"五龙治水"的债券审批格局。第三，取消公司债券发行环节的审批制，实行发行登记制，同时，强化公司债券交易环节的监管。第四，积极推进按照公司债券性质和发行人条件决定公司债券利率的市场机制形成，在此基础上，逐步推进形成以公司债券利率为基础的收益率曲线，完善证券市场中各种证券的市场定价机制。第五，积极发挥资信评级在证券市场中的作用，为多层次、多品种的公司债券发行和交易创造条件。第六，建立公司债券直接向实体企业和城乡居民个人销售的多层次市场机制，通过各类销售渠道（包括柜台、网络等）扩大公司债券发行中的购买者范围，改变仅由商业银行等金融机构购买和持有公司债券的单一格局，使公司债券回归直接金融工具。第七，推进债权收购机制的发育，改变单纯的股权收购格局，化解公司因未能到期偿付本息所引致的风险。与此同时，切实落实公司破产制度，以规范公司债券市场的发展，维护投资者权益。

在公司债券回归直接金融的条件下，再逐步展开如下几项金融改革：一是择机出台"贷款人条例"，以促进实体企业间的资金借贷市场发展；二是推进《中华人民共和国票据法》修改，增加实体企业的融资性商业票据，提高货币市场调节实体企业短期资金供求的能力；三是逐步推进金融租赁机制的发展，准许实体企业根据经营运作的发展要求，设立融资租赁公司或介入融资租赁市场。

在这些条件下，实体经济部门的金融权利将切实扩大，它们能够在金融市场中成为与金融机构竞争的主体，由此金融产品价格将由市场机制决定，中国的金融体系将切实回归实体经济。

中国金融的未来

中国社会科学院金融研究所　王松奇

关于金融的未来，许多人都把着眼点放在互联网金融和与电子商务有关的金融服务上，但是笔者认为这不是金融的未来。

中国金融的未来在哪里呢？在中国经济全球化角色的重新定位上，在中国经济结构调整上，在发展方式的转型上，在中国实体经济矛盾的切实解决上，都是中国金融的未来。金融必须为实体经济服务，抓住了这个角度就是抓住了金融服务业的实质。这个未来怎么能到来呢？党的十八届三中全会给出了一个路线图。

我们在研究金融改革路线图的时候，首先要对中国金融业在全世界的位置有一个基本判断。中国的金融业，从体量来说是比较大的，有将近 3.7 万亿美元的外汇储备；在 GDP 不到美国 50% 的情况下，M2 总量已经相当于美国的 1.5 倍还多一些；全社会的总储蓄率现在是 52%，家庭储蓄率稳定在 20% 左右。这是中国非常重要的资源，中国现在可以说是世界上当之无愧的一个金融大国。

中国金融本来应该在 21 世纪中国崛起中发挥更重要的作用。尽管世界上还有很多国家不承认我们是市场经济国家，但中国实际上已经是市场主导的经济，金融在这个市场主导经济中又发挥着非常重要的决定性作用。改革开放之前，一切都是按计划来做，财政跟着计划走，银行、金融只是财政的钱袋子，现在时代变了，金融已经是经济中最重要的先导力量、主导力量。所以现在我们在设计金融未来的时候，我觉得有两个思考路径：第一个路径就是看中国实体经济结构到底有哪些矛盾急切地需要解决，需要通过金融手段来解决；第二个路径就是在全球化发挥重要作用的时候，怎样利用金融手段。除此之外，还有一个需要考虑的问题，即我们现在想金融的未来，那么金融的现在你搞清楚没有？我们金融的现在是什么样？这是非常重要的问题，没有多少人能说清楚，谁能把这个问题说清楚？我觉得我不大可能说清楚。中国现在金融面临的最主要问题是什么？2014 年 7 月 26 日，习近平总书记在政治局常委会上关于当前经济形势和经济工作会议上的讲话中提到金融问题占比重很大。他非常重视金融问题，金融问题从风险的角度看主要有两个：第一个是地方政府债务问题，第二是"影子银行"的问题。地方政府债务问题，审计署早就下去查了，但是结论还没出来，我们关心的是地方政府债务总额到底多大？银行贷款占比有多高？我们能不能找到一条规范的地方政府融资渠道，把这个问题很好地解决？不能让地方政府债务成为拖累中国的金融系统性风险。现在中央都认为地方政府债务风险基本上可控，我们从一些论坛上，包括一些私下谈话得知的最高数据是 26 万亿元，但是审计署没公布调查结果，我们不能瞎说，得靠数据支撑。我个人认为，中央关于风险可控的判断是可信的，为什么呢？这些年地方政府出现的债务问题，主要是基于两个背景：一是 2008 年实施 4 万亿元刺激计划，二是近年来房地产调控造成地方政府卖地收入下降，只要这两个背景条件发生变化，地方政府债务问题就不会成为威胁中国金融安全的一个主要问题。

另外，"影子银行"问题为什么会产生呢？第一是利率管制，第二是金融管制。特别是央行的贷款规模控制，这两个因素迫使银行与信托公司及其他一些机构结合，发理财产品。从这两个背景因素看，中国的"影子银行"都是管制逼出来的。如果下一步金融改革，我们按照金融自由化的取向来搞的话，"影子银行"问题就会逐渐消减，"土匪"就会变成"正规军"，从这一点可以说"影子银行"问题也不是金融改革需要顾虑的一个主要风险因素。如果这两个判断大家同意的话，那么，中国金融改革现在面临的最主要问题，我个人认为就是如何提高中国金融资源利用效率问题，这是中国金融改革很重要的一个着眼点。

首先，我们搞金融改革要解决什么问题，也就是当前对中国金融体系来说，风险是主要矛盾还是效率低是主要矛盾，要找出一个主要矛盾来。我个人认为现在主要矛盾是效率低，怎样证明效率低？就是县域经济、"三农"领域、小微企业、民营科技等，存在严重的资金可得性问题。中国金融资源这么丰富，这些领域都得不到钱，说明什么呢？说明在中国储蓄投资循环中有阻碍，我们没有从体制、机制、制度上解决。我个人认为，中国金融改革要以提高金融资源配置效率为着眼点，应该公开提出以金融自由化为主基调，而且据我看，习近平总书记在2014年7月26日讲话中提出的主基调基本上都是国际标准的金融自由化的改革思路。他讲利率市场化，降低行业进入门槛，让民资来发起、设立民营银行，发展资本市场，拓宽居民投资领域，建立规范化的地方政府融资渠道等，都属于放松管制的问题。中国金融资源利用效率低是老问题，亚洲金融危机以后，金融强烈收权使这一矛盾更加突出。在当时历史条件下，收和控都是有道理的，但现在情况已发生了根本变化，我们的监管已经基本成形了，金融微观主体的风险自控能力已大幅提高。现在存在各种各样的矛盾，金融资源配置效率低是主要矛盾，所以现在需要放权，到了需要激发微观主体积极性的时候了。前不久，李克强总理在国务院关于政府机构职能转变电视电话会议上的讲话，内容非常精湛。他讲市场社会能办好的事，政府就不要管。在金融领域，假如微观主体能办好的，我觉得我们的管制就大可不必那么严了，应该放松了。所以现在我认为提高金融资源配置效率，金融领域中不必要的、过多的行政管制要减少甚至取消。

其次，就是加快配套设计。比如利率市场化，大家都知道，这是放开资金价格管理，但是实际上背后不只这个东西，背后是让微观主体有更多的业务自主权利，这是关键。你让我有定价权，那么我生产你来管，这个权利是不是有限的？从这一点说，如果实现利率市场化，中央银行现在的贷款规模管制应该立即取消。现在贷款规模管制每年年初定一回，其合理性令人生疑。我到各地银行去调研发现，银行界的朋友对央行贷款规模管制十分抱怨。利率放开即价格放开，比如我生产多少自主决定，我去开分厂分部你就别管，但是现在每个商业银行在设立分支机构的时候，都很难，各地的银监局都管得很死，这条我觉得也应该放开。

再次，我们过去的监管看似中规中矩、天经地义、合情合理，但从现在来看，不合理的地方比较多。另外，对于那些和监管有关的必须遵守的法律制度，我觉得都要进行调整。你想搞市场化，你想依靠市场机制配置资源，发挥市场在资源配置中的决定性作用，你就整得彻底点，举凡存贷比监管、"一个办法三个指引"等这些东西都要重新思考。我觉得所有这些管制放松的建议，实际上和加强监管即按照市场新形势加强监管是不矛盾的。因为巴塞尔协议Ⅲ有一些新指标，可以用新指标来代替。

总的来说，中国金融业应当以放松管制为主基调，把取消行政性管制作为提高金融资源配置效率的一个关键举措，我认为这是当务之急。

金融搞得怎么样，我觉得它关系到中国今后若干年经济发展方式转型的成效，转型能不能成功，关键看金融手段运用得成不成功。现在中央非常重视财税问题，60 条中财税改革占了 3 条，财税对于国家的稳定，对于理顺中央和地方、事权和财权的关系非常重要。但是它解决的是吃饭过日子的问题，真正想发展，主要要解决金融问题，要把金融资源利用好。从全世界政府治理看，中国的社会治理能力、中共的执政能力在全世界首屈一指。仅凭中国超稳定的政治社会结构这一条，我们就足以傲视天下。现在我们在党的十八届三中全会《决定》的指引下，怎么继续拓宽改革思路，好好想想金融业怎么做，给金融改革设定一个更优秀的路线图和时间表至关重要。特别是刚才我说了，金融业的改革只有 11 行半，我有点失望，但是我也有点希望，你说得越少越好，我们可以发挥的想象空间可能会更大些。

中国金融的未来，就在于我们如何在《决定》的基础上进行创造性的发挥，如何能最大限度地调动市场主体的积极性，让被不合理金融管制压抑的金融家的热情迸发出来，让金融服务真正体现普惠金融精神，使中国丰富的金融资源成为提升实体经济资源配置效率的引导性力量，成为中国升格为世界第一经济大国的有力助推因素。所有这些目标的达成，都靠我们在现有改革思路的基础上解放思想，大胆探索。当然也需要我们的顶层设计者多到基层去调研，听听下边的声音，让以后出台的各种改革方案更接地气。

迎来金融大变革时代

中国社会科学院金融研究所　殷剑峰

记得第一次读到党的十八届三中全会通过的《中共中央关于全面深化改革若干重大问题的决定》（以下简称《决定》）时，笔者的感觉只能用"震撼"二字来形容。全文 16 个部分、66 条、2.1 万余字勾勒出未来中国在经济基础和上层建筑建设的方方面面，各方面改革的力度之大超乎想象。

然而，在《决定》中，直接与金融改革相关的内容仅仅是第十二条的区区 380 余字，并且诸如多层次资本市场建设、利率市场化改革、人民币资本项目可兑换等内容也均为老提法。金融改革似乎并非重点，亦缺乏亮点。实则不然。金融体制乃整个政治经济体制的一部分，上层建筑其他部分的改革必然对之有深刻的影响，并且其他部分的改革也直接、间接地依赖金融体制的改革；金融体系乃整个经济体系的一部分，经济体系其他领域的结构调整必然会引发金融体系的重构，而作为"现代经济的核心"，金融体系的重构又必然会推动整个经济体系的结构调整。笔者以为，《决定》的出台将从金融体制、金融体系结构和金融投资机遇三大方面推动形成一场金融大变革。

首先是金融体制的转变。我国当下的金融体制是一种金融约束体制，形成于十四届三中全会，完全成形于 2002 年第二次全国金融工作会议。这种体制与成熟市场经济国家的金融自由化体制存在一个关键性差异：政府而非市场是配置金融资源的主导力量。这种体制的好处在于，在经济发展初级阶段，它可以有效地动员储蓄并将储蓄配置到技术成熟的大规模投资中，并且相对于金融自由化体制，金融约束体制较为稳定有序；其坏处则在于，当经济发展到相当阶段时，它易导致储蓄过度、消费不足，并且难以为蕴涵新发明、新技术的风险投资配置金融资源，从全球金融格局看，它也极大地约束了我国的金融软实力，从而使得我国在国际货币金融体系乃至整个国际政治经济体系中居于被支配的从属地位。对此，自2002年以来，虽然在历次党的文件和五年发展规划中都提出要进行金融改革，但是并未触及体制这个核心。

此次《决定》开篇第一部分即直指体制问题这个核心："经济体制改革是全面深化改革的重点，核心问题是处理好政府和市场的关系，使市场在资源配置中起决定性作用和更好发挥政府作用。"在笔者看来，处理好市场与政府关系的核心又在于"更好地发挥政府的作用"。在诸多市场规则、市场体系尚未建立的现阶段，更好的政府作用应该主要体现在这三个方面：政府自身主动减少不恰当的干预（所谓的"壮士断腕"）、推动市场规则和体系建设、加强市场监管和宏观调控。政府职能的转变意味着金融约束体制将会转向金融自由化体制，而加强市场监管和宏观调控又意味着我们需要吸取2008年全球金融危机的教训，建立一个可以防范系统性风险、区域性风险的现代金融监管体系。

其次是金融体系的结构重构。我国的金融体系结构属于银行主导型，同样形成于十四届三中全会——那次全会的文件明确指出要"发展和完善以银行融资为主的金融市场"。与金融约束体制相适应，银行主导的金融体系结构同样要服务于经济发展之初动员储蓄、推动大规模投资这个目的。但是，与金融发达国家所具有的（资本）市场主导型金融体系相比，这种结构无法为储蓄提供多样化的投资渠道，无法将储蓄配置到新发明、新技术上，并且会使信用风险和流动性风险高度集中于脆弱的银行部门。从全球格局看，（资本）市场主导而非以银行为主导的金融体系结构从来就是全球领导型国家的特征，我国当下的银行主导的金融体系绝非实现中华复兴梦的载体。

对于金融体系的重构，《决定》第二部分有关确立和完善基本经济制度的阐述给出了方向：从银行主导转向（资本）市场主导。这意味着在

21 世纪的第二个十年，资本市场将会迎来持久的牛市。在第二部分中，《决定》在明确提出保护国有和非国有经济产权的基础上，提出了要发展混合所有制，要鼓励员工持股，要鼓励有条件的非国有企业转变为混合所有制企业。许多人可能并未领会这些内容对资本市场的意义。这意味着"资本大众化"时代的来临！越来越多名为全民所有、实为少数人得福的国有企业以及越来越多在家族封闭控制下愈发步履蹒跚的私有、私营企业要成为大众持股、职业经理人管理的公众公司，越来越多的劳动者要成为资本所有者而非仅仅是银行存款人。以美国为例，自 20 世纪 80 年代里根总统推动经济自由化改革至 1999 年，大批美国的私有、私营企业通过资本市场成为大众持股、职业经理人管理的公众公司；通过 401K 计划和非银行金融机构的发展，美国居民的资产组合中越来越多的是直接或者间接持有的公司股票；美国股市 1981～1999 年连续上涨了 20 年！在长期的牛市中，美国经济也形成了以消费为主导、以技术进步为主要推动力的发展格局。除了基本经济制度的确立和完善之外，其他领域的改革，如土地制度、政府职能、财政体制等，也将成为推动资本市场大发展的力量。我们可以预期，在未来若干年中我国债券市场发展的主力军必将是地方政府直接或通过平台间接发行的一般地方政府债券和特定项目的地方政府债券。

最后是全新的金融投资领域的开拓。在金融约束体制和以银行为主导的金融体系下，我国的金融资源长期被配置到制造业以及过去十年中基于土地抵押的土地金融中，极少用于投资现代服务业。缺乏金融投资是我国服务业落后的根本原因，但这并不主要是金融的原因，而是实体经济领域政府管控过严、行政干预过甚的结果。因此，实体经济领域的改革不是金融改革而是金融资源向现代服务业配置的关键前提。

此次《决定》对现代服务业所涉主要领域放开了管控，从而为金融资源的进入创造了巨大的机遇。在科技体制改革中，明确提出要"发展技术转移机制，改善科技型中小企业融资条件，完善风险投资机制，创新商业模式，促进科技成果资本化、产业化"；在城乡一体化和城镇化建设中，要"允许社会资本通过特许经营等方式参与城市基础设施投资和运营"；在文化体制建设上，要"建立健全现代文化市场体系……建立多层次文化产品和要素市场，鼓励金融资本、社会资本、文化资源相结合"；在医疗卫生领域，"社会资金可直接投向资源稀缺及多元需求服务领域，多种形式参与公立医院改制重组"。此外，农村集体建设性用地、耕地和农民宅基地制度的改革也将极大地推动农村金融的发展，因为农村金融长期不振的根本原因实际上就在于农民、农村和农业缺乏可以撬动金融资源、用于抵押的土地。

"一万年太久，只争朝夕。"金融体制的转变、金融体系的重构和全新的金融投资领域的开拓将会带来伟大的金融大变革时代，但是，这一切的时间节点并非遥远的 2020 年："到 2020 年，在重要领域和关键环节改革上取得决定性成果，完成本决定提出的改革任务，形成系统完备、科学规范、运行有效的制度体系，使各方面制度更加成熟更加定型。"

改革我们的货币政策调控机制

中国社会科学院金融研究所　殷剑峰

2009 年之后，我国杠杆率开始飙升。资料显示，以实体经济部门总负债与 GDP 之比作为杠杆率的指标，在 2003~2008 年，我国的杠杆率是不断下降的，但 2009 年之后杠杆率显著上升。2009 年后的杠杆率飙升既是由多种因素导致的金融约束弱化，也是因为 2009 年"出手要重、出手要狠"的"四万亿"政策的出台。为了实施这样的政策，中央从主观上放松了对地方 GDP 锦标赛的约束。

杠杆率上升背景下的债务结构
恶化和流动性短缺

"四万亿"政策出台之后，在杠杆率不断上升的同时，实体经济部门的负债结构也在恶化，进而使得杠杆率上升与债务结构恶化之间形成恶性循环。由观察数据可以看到，我国实体经济部门的负债包括信贷、债券和来自银行同业业务、非银行金融机构创造的信用四个组成部分。在"过山车"式的调控方式下（2009 年和 2010 年上半年过度的信贷宽松政策和此后的信贷收紧），实体经济部门的债务结构发生了三个重要变化：一是传统的债务融资占比不断下降；二是非传统的债务融资占比大幅度上升；三是中央政府负债比重持续下降。

上述第一和第二个变化是工具层面的变化，反映了近些年货币政策和金融监管方面存在的问题。就银行同业业务而言，它本来应该是银行同业之间为调剂流动性而发生的相互融资拆借业务，但是，在近些年却变成了绕规模、绕约束的变相信贷投放；就信托业务而言，它应该是"受人之托、替人理财"的，但是，如同 20 世纪 80 年代末 90 年代初的情形，信托变成了各地用于"拉项目、找资金"的变相融资活动。

上述第三个变化是部门层面的变化，它一方面是危机后对地方金融约束放松的结果，另一方面也说明我国财政政策的思路存在重大瑕疵。我们知道，从宏观经济政策与经济周期的关系看，在经济衰退或遇到重大负面冲击的时候，应该采取扩张性的财政政策，以弥补私人部门投资的不足；在经济繁荣时，财政政策应该收缩，以防止挤压私人部门投资。这意味着国债在 GDP 中的比重以及国债在实体经济部门的负债比重应该呈现逆周期的变化，而不是两个比例的持续下降。

无论如何，上述债务结构的变化造成了三个恶果：实体经济部门债务和资产的期限错配问题严重、偿债压力上升、融资链条拉长。

随着实体经济部门债务结构的恶化，2011 年年初迄今，我国宏观金融形势由此前的流动性泛滥逐步转向流动性收缩，目前已经处于流动性短缺的状态。流动性短缺的根本因素在于杠杆率上升和债务结构恶化导致的流动性需求显著上升。不仅广义货币总量上升动力趋于疲软，而且货币的结构也呈现流动性越来越弱的趋势。流动性短缺导致名义利率维持在高平台上，真实利率则是十年来最高的。

流动性短缺和通货膨胀率下降所导致的直接结果就是实体经济负债成本的上升。一方面，货币总量趋缓和货币结构流动性下降使得名义利率提高；另一方面，在名义利率较高的情况下，由于 PPI 由正变负，企业真实借贷成本进一步大幅度上升。

改革存款准备金制度极其重要

体制改革是治本之策，但对于我国金融业面临的系统性风险而言，尚有远水难解近渴之意。当前我国的宏观金融形势已经由 2009 年和 2010 年的流动性泛滥转向了流动性不足乃至流动性短缺。为了防止流动性短缺继续演变为长期经济低迷的流动性陷阱，在避免再次"放水""抱薪救火"以致出现流动性过剩和泛滥的前提下，需要采取兼顾长期改革和短期风险处置的措施，改革目前的货币政策调控和融资机制，在加快推动我国金融改革的同时，保持流动性的合理水平。

在当前流动性短缺和各项宏观经济指标疲弱之际，市场对央行再次下调法定存款准备金率的期望和预期开始增强。事实上，央行也采取了定向降准。确实，采取这样的手段可以改善当前流动性短缺的状况。但是，采取这样的做法，一则会给市场造成"放水"的预期，从而延误经济结构的调整，二则会延续此项制度对我国宏观金融运行的深刻弊端，从而错失改革的良好时机。

就当前面临的流动性短缺来看，其固然是由于实体经济部门杠杆率上升和债务结构恶化，但从流动性供给来看，也的确与我国货币政策偏紧有关。我们比较了 2005 年 1 月至 2008 年 2 月流动性愈发过剩时期与 2011 年宏观政策开始愈发收紧时期的狭义、广义货币供应量。由于绝对量的比较无意义，这里以两个时期开头为基期，比较相对变化的情况。可以看到，尽管后一时期的广义货币增幅与前一时期增幅相当，但是，狭义货币量的增幅远远小于前一时期。所以，前一时期之所以感觉流动性过剩，而后一时期之所以感觉流动性短缺，就在于具有真正"流动性"意义的狭义货币供应量的差别。

广义和狭义货币供应量从 2011 年以后的分野，同我国目前的货币供应制度有密切的关系：在人民币尚未完全摆脱美元体制的情况下，外汇占款构成了我国货币发行的事实上的准备资产。外汇占款的多寡不仅影响国内基础货币的投放，而且，由于外汇占款来自经常项目和资本项目下外汇的结汇，其对应的主要是被统计为狭义货币的企业存款。因此，外汇占款的增加一方面意味着基础货币投放的增加，另一方面也意味着狭义货币的增加。

为了调节外汇占款对国内的影响，法定存款准备金制度扮演了极其重要的角色。然而，由于我国的法定存款准备金制度对不同"流动性"状况的存款采用相同的缴纳标准，活期存款和定期存款都需要按照同样的准备金率缴存法定存款准备金，因此，在外汇占款增速不同的时期，法定存款准备金率的调节具有一种非对称效应。当外汇占款增速加快的时候，由于外汇占款主要对应企业存款，亦即狭义货币 M1 的增加，因此，提高所有类型存款的法定存款准备金率只能部分对冲境外输入的流动性；相反，当外汇占款增速放慢的时候，狭义货币的增速也趋缓，此时，尽管按照全部存款和广义货币的标准来看，法定存款准备金率没有变化或者因为"降准"而略有下降，但是按照活期存款和狭义货币的标准来看，法定存款准备金率就显得提高了。目前恰恰就是这种情况：以 M1 来测算的"法定存款准备金率"自 2011 年以来已经上升到 60%，远高于以 M2 来统计的标准。

法定存款准备金制度于 1863 年正式诞生于美国，其初衷是为了维持银行的稳健经营，以保护存款人的利益。但是，随着金融监管体系的逐步健全，这项制度维护金融稳定的功能逐步被其他制度（如法定资本充足率要求）所取代，而在金融市场大发展和金融混业的背景下，其扭曲资源配置的负面效应越来越突出。因此，主要国家都于 20 世纪 80~90 年代逐步减少法定存款准备金缴存的适用范围，降低直至取消法定存款准备金率要求。在全球主要经济体中，我国是唯一维持高法定存款准备金率的国家，其主要背景是 2005 年以后外汇占款的快速增加。相对于其他工具（如央票）而言，提高法定存款准备金率对冲外汇的成本低、效果好，遂使得这项制度延续至今。但是，其弊端极大，主要有以下几点。

第一，扭曲了货币政策的目标，阻碍了人民币汇率形成机制的改革。大国经济体的货币政策应该首要考虑内部均衡，外部均衡次之。由于外汇占款和对冲外汇占款的法定存款准备金（以及央票）构成了央行资产和负债的主体，央行通过资产负债变动所实施的货币政策严重受制于外部影响，在内部均衡和外部均衡两个目标上必然左右摇摆、首尾难顾，而且，这也意味着人民币汇率形成机制难以真正市场化。

第二，扭曲了资源配置，阻碍了市场发挥资源配置的决定性作用。

银行业存款的变动，不论是否来自外汇的增加，都需要将 20% 左右锁定在央行账户上。非市场化的运用意味着效率必然低下，并且准备金缴存形成的高税负效应必然被转嫁，变成较低的存款利率和较高的贷款利率。由于大量的金融资源被锁定，它也构成了我国利率市场化和债券市场发展的一大障碍。

第三，这项制度本身设计混乱，并且愈发不透明。目前的法定存款准备金制度形成于 1998 年的改革（《关于改革存款准备金制度的通知》，中国人民银行，1998 年 3 月 24 日），此后即无正式安排，具体做法都是在操作过程中形成，缺乏系统、透明的制度安排。首先，如前所述，没有按照期限长短、流动性强弱确定不同的准备金率，而是对所有的活期存款、定期和储蓄存款采用同样的准备金率，这既与该项制度设立之初衷——保持银行适度流动性以应对存款的提取——相悖，也不符合我国利用此机制对冲外汇占款的要求，因为外汇占款形成后主要对应的是企业活期存款。其次，具有高度流动性特征的同业存款不用缴纳法定存款准备金，这形成了商业银行监管套利的漏洞。最后，对不同银行采纳差别准备金的做法不透明，潜藏道德风险。

总之，从金融改革的长期方向看，改革法定存款准备金制度极其重要。而在这种改革的过程中，可以发挥市场自发的力量，增加流动性的供给。短期内可以立即采取的做法是，效仿其他国家和经济体（如美国和欧元区）首先降低甚至取消中长期定期存款法定存款准备金要求的做法，按照非金融企业和居民存款的期限确定不同法定存款准备金率。这可以在保持活期存款准备金率不变的情况下，降低企业和居民存款中定期存款部分的准备金率。例如，如果将企业定期存款和居民储蓄存款的法定存款准备金率下调 1 个百分点，大体能够使商业银行超额准备金率上升 0.7~0.8 个百分点，流动性短缺状况能得到缓解。在中长期，配合外汇管理体制改革，在将外汇资产及其对应的负债剥离出央行资产负债表的过程中，逐步降低直至取消定期存款的法定存款准备金率。

行政主导、多头管理是我国
资本市场落后的根源

近些年实体经济部门债务结构的恶化、"影子银行""银行的影子"的泛滥，除了起因于地方政府 GDP 锦标赛和"过山车式"的调控之外，还反映了我国资本市场的落后，这导致融资需求只能转向期限短、成本高和不透明的银行同业业务和信托业务。

我国资本市场落后的根源在于行政主导、多头管理的体制，即"条条"架构。在这种架构下，各部委依据它们的权限分别对相应的机构、市场、产品等进行行政化的管理。除了少数产品和少数业务实行较为市场化的备案制之外，大多数产品和业务都是由相应的管理部门实行事实上的行政审批制，对金融机构的准入也实行了严格的限制。同时，在混业经营、分业监管的背景下，相关法律、规章赋予各部门诸多类似的权力，相关的法律、规章存在模糊空间，这一方面使得各部门的权限范围出现了诸多重叠区域，另一方面还存在诸多监管漏洞，很多新型产品和新的金融业态并不在监管体制的管辖范围之下。

行政主导、多头管理的体制导致的恶果至少有以下几个方面：第一，行政管制过强，金融机构、金融市场自发的创新动力不足；第二，各部门"跑马圈地"，有法不依，不利于建立统一的金融市场；第三，监管标准各不相同，不利于经营类似产品的不同机构开展竞争，不利于建立统一、有效的投资者保护制度，不利于建立统一、及时的信息搜集、处理平台，不利于监控和防范系统性风险；第四，监管部门间的竞争便利了市场参与机构进行监管套利，可能会诱发市场参与机构的道德风险，不利于金融稳定；第五，在行政主导的背景下，各管理部门过于强调加强监管，忽视了市场纪律，从而使市场反复出现"一放就乱、一收就死"的现象。

改革行政主导、多头管理的体制是加快我国资本市场发展、化解短期金融风险的根本手段之一。当前，应该顺应党的十八届三中全会在《中共中央关于全面深化改革若干重大问题的决定》（以下简称《决定》）中对政府职能转变的要求，放松管制，从行政主导转向市场主导。其中，至关重要的是放松对金融业务和产品的管制，以透明、期限适当、成本适中的融资渠道取代不透明、期限错配、成本高昂的"影子银行"和"银行的影子"。为谨慎起见，可以区分常规金融业务和产品与复杂金融业务和产品，对不同的业务和产品采取不同的监管手段。

关于注册制，《决定》中只提及了股票注册制改革，我们认为应该在常规金融业务和产品领域，尤其是债券市场推动此项改革。因为增加实体经济债券的发行不仅符合发展债券市场、资本市场的改革方向，而且，优质、大型企业以发行债券替代银行的贷款，也可以降低商业银行贷存比压力，将释放出来的贷款额度用于满足其他企业，特别是中小型企业的融资需求。相对于以散户为主的股票市场，在以机构投资者为主的银行间市场中，基于信息充分披露的债券发行注册制度的全面推出，其风险可控，效果好，改革宣示效应强烈。

除了注册制改革之外，还应该取消债券发行不得超过企业净资产40%的限制。目前，除了部分城投债之外，对非金融企业发债依然延续了来自20世纪90年代"企业债条例"中的不合理规定。取消该项限制在当前毫无障碍，如果加之以督促大型央企用发行债券置换银行贷款的配套政策，更能够收到缓解流动性短缺和推动资本市场发展的双重功效。

在改变行政主导、让市场发挥配置资源决定性作用的基础上，需要协调各监管部门，加强联系，构建基于宏观审慎的监管体系。为了防止出现"一放就乱、一收就死"的痼疾，为了建立统一的金融市场，需要协调包括"一行三会"以及财政部、国家发改委在内的金融管理部门，建立有组织的协调机制和统一、有效的信息搜集和监测平台。

此外，需要吸取其他国家金融自由化改革的教训，在放松管制的同时，建立市场纪律，完善监管体制。及时建立市场纪律可以填补管制放松后留下的监管真空。建立行业纪律的第一个方面是关于信息披露机制的建设。应该研究实施和推广有助于揭示金融机构经营状况、风险水平和金融产品、业务的收益、风险的信息披露机制，对于重要的金融机构、复杂金融产品以及公开上市交易的金融产品应该实施强制性信息披露机制。建立市场纪律的第二个方面是关于评级制度的建设。评级制度是金融市场的基础性制度，评级既不能由利益相关者提供，也不能由监管者提供，而应该由独立第三方提供。不过，2008 年美国金融危机表明，以盈利为目的的私营评级公司很难成为真正的独立第三方。应该在借鉴国际经验的基础上，探索建立基于"国家目标、公共信用、市场运作"的评级制度。建立市场纪律的第三个方面是关于行业自律。在这方面，放松对交易所、交易市场的行政管制，推动行业协会和自律监管的发展尤为重要。

经济"新常态"与货币政策"新思维"

中国社会科学院金融研究所　彭兴韵

新常态下的货币政策　"新环境"

在分析新常态下的中国货币政策趋势的时候，有必要先对旧常态下的货币政策做一个简单总结。旧常态的货币政策，归纳起来有以下几个特点。

第一，在操作环境上，从中央到地方，政府有强烈的经济增长偏好，以至 GDP 成了官员政绩的唯一标尺。贸易持续顺差、房地产市场大发展与大繁荣、中国快速工业化与城市化，这些导致长期资产价格上升，货币政策以冲销外汇占款和流动性为主基调，即便是这样，由于冲销不完全，货币供应与信贷增长率时常在其趋势值之上。同时，金融结构仍比较单一，长期被压抑的债券市场刚刚起步，其他各类金融工具创新比较有限；金融体制改革虽取得了积极进展，但政府管制或干预仍伸到了金融各个角落。

第二，在操作手段上，货币政策是从过去直接的信贷控制与利率管制逐步转向探索以公开市场、存款准备金和央行贷款为主的间接操作。操作实践先以大量发行央票，继之以持续大幅提高法定存款准备金率为主要工具，以达到"深度"冻结流动性的目的。至于央行再贷款与再贴现，由于其运用主要是为了增加流动性供给，与旧常态下冲销与冻结流动性背道而驰,因而它们在旧常态中基本无用武之地。

第三,名义上以货币供应量为中介目标,银行信贷实际发挥了极为重要的作用。由于货币供给的内生性,央行对货币供给的可控性比较弱,因此,实现的货币供给增长率往往与央行宣布的调控目标值有较大的出入。在这种情况下,旧常态货币政策操作目标实际上是二元的:名义上的货币供给增长率(先是 M1 与 M2,后放弃了 M1 的增长率),事实上的(银行)信贷总量。在货币政策的具体实施中,信贷几乎取代了货币供应量而成为中介目标,乃至在实践中一度有"管住土地和信贷两个闸门"之说,这无疑是对银行信贷在货币调控中主导地位再清楚不过的经典表述了。

但在新常态下,货币政策的操作环境发生了明显的变化。

第一,政府的宏观经济政策目标发生了重大变化。在旧常态下,高增长是政府一直追求的目标,尤其是当 GDP 增长率在地方官员晋升中具有特殊权重时,地区间竞争转化为地方官员的政绩竞争之后,片面追求统计上的高增长成了各级政府的普遍心态。一旦增长率有所下降,"保增长"就成了压倒一切的调控重任,迫使央行采取放松货币政策。

实际上,旧常态增长率持续上升,由相对较快的货币供应与信贷增长、通货膨胀化的手段导致的强制储蓄发挥了极重要的作用。在宏观上,这表现为货币、信贷余额与 GDP 之比大幅度上升到了远远超过大多数发达经济体的水平,乃至人们不断以"货币超发"来指责货币政策。

新常态下潜在增长率发生了明显变化,政府所追求的增长目标在主动适应这一客观变化,政府也坦然地接受了增长速度的换挡,不再把单纯追求 GDP 的增长率作为政绩的基本量化指标,而是在增长率足以实现"中国梦"的奋斗目标的前提下,通过改革促进经济结构的全方位调整,实现基于创新、技术进步与制度改革的内生性增长。这意味着,即便经济增长率有所下滑,政府也不会再以过度发行货币与信贷刺激来实现经济"超预期"增长了。

第二,国际收支与外汇管理体制的变化。在旧常态下的外汇管理体制与国际收支对中国货币供给机制发挥了决定性的作用,持续扩大的贸易顺差与资本流入使中国货币供给变成了美元本位制,央行被迫应付国际收支对国内货币供给、流动性及其对宏观经济的不利影响。这不仅降低了中国货币政策的自主性，而且扭曲了中国的货币政策操作体系，也拖累了中国金融市场化改革的进程。

典型的例子是，央行为了"深度冻结"由国际收支双顺差而扩张的流动性，不得不持续而大幅度地提高法定存款准备金率；为了补偿准备金扭曲税给金融机构带来的机会损失，央行又不得不进行"利差管理"，以人为管制的巨大存贷利差为商业银行提供补偿。

在新常态下，外汇管理体制改革与资本账户开放将持续深化，全球经济再平衡的过程以及以自动化为主导的第三次工业革命的兴起，都将减弱国际收支对国内货币供给的影响，为货币政策调整提供了新的空间。

央行正在积极推动人民币国际化，新的地区性金融稳定与危机应对机制所推动的国际货币治理机制的重建，会在一定程度上降低中国对外汇储备的需求；外汇管理体制改革与资本账户开放的深化，会弱化人民币供给与国际收支之间的"脐带"关系；全球经济的再平衡过程会改善中国的储蓄-投资关系，国际收支的基本平衡状态无疑会极大地弱化外部因素对国内货币供给的影响。因此，从这几个方面来看，在新常态下，货币调控的灵活性、自主性都会有所增强；在旧常态下因国际收支而被扭曲的货币政策操作体系，会谨慎有序地逐渐调整到较合理的状态。

第三，金融创新及"影子银行"体系的发展。近几年来，中国金融创新蓬勃发展，所谓的"影子银行"极为活跃。从积极意义上讲，"影子银行"体系发展促进了中国融资机制的多元化，能更好地沟通资金盈余者与短缺者，金融创新与"影子银行"体系也会冲击原有金融体制，"倒逼"政府顺应金融创新与"影子银行"体系的发展而推进金融体制的改革。

金融创新与"影子银行"体系的发展，使在旧常态的经济环境下展开的货币政策操作的效果逐渐降低了。

（1）金融创新改变了整个社会的流动性，并对原来的货币统计口径带来相当大的冲击。

商业银行表外业务得到了快速发展，创造了一些新的流通手段，这些表外业务并不在传统货币统计范围内。例如，银行承兑汇票就极大地节约了流通手段，以资产负债统计的货币口径，难以将诸如此类的表外业务包括在货币之中，但它又实实在在地对物价水平和经济增长带来较大的影响。并且，金融市场的易变性使货币在金融市场与实体经济之间频繁地转换，这导致货币供应与货币政策的最终目标之间的关系变得更加不可预测。

（2）融资结构多元化，使传统银行信贷的地位和作用明显地下降了。

根据央行统计，2002 年，人民币贷款在社会融资总量中占比达91.9%。而到 2013 年，该占比已下降到 51.4%；其他包括企业债券、信托、委托贷款等融资占社会融资的半壁江山。金融创新与"影子银行"体系的发展极大地丰富了中国金融产品与结构，与之对应，中国金融市场出现了具有不同期限与风险特征的复杂利率体系。由于不同金融资产的利率既随宏观经济而变化，也随自身流动性与风险特征而变化，央行就必须寻求一种能够"牵一发而动全身"的利率作为货币政策的操作目标。

（3）信息技术的发展、清算和支付方式的变革，尤其是基于信息技术的互联网金融的兴起，使得大量支付和资金流通都游离于原来的金融监管规则、货币统计之外。

它不仅会改造传统金融业，也会改变货币流通速度，影响商业银行对超额准备金的需求，使货币供应与经济增长、物价水平之间的关系不再平稳和可预测。

新常态下的货币政策 "新思路"

新常态的货币政策新思路主要体现在以下相互密切联系的三个方面，"盘活存量、用好增量"；"总量稳定、结构优化"；更加注重"定向调控"。在严格控制总量的情况下，盘活存量能够提高资金使用效率，换言之，存量不"盘活"，总量是难以稳定的。结构优化是"用好增量"的必要途径和具体表现；定向调控已然担当起"结构优化"的手段。

2013 年 6 月，国务院常务会议明确提出，要在保持宏观经济稳定性、连续性的同时，有序推进改革，优化金融资源配置，用好增量，盘活存量，更好地服务于实体经济发展。这传达了新常态的货币政策总思路：政府抛弃了过去那种以超常货币信贷扩张来拉动经济增长的老办法，而代之以存量资金的盘活与使用效率的提高，来实现经济增长与发展的目的。

在这里，盘活存量是总量稳定的基础，或者说在总量稳定的前提下，实现既定的合理增长目标，关键在于盘活货币信贷存量资金。这好比自然界的水资源。自然界的水资源总量是一定的，这既定的水资源通过蒸发和大气环流，凝结成雨雪后，滋润着万物，使自然界焕发生机。经济体系中的货币和信贷资金与自然界中的雨水一样，它若不流动和循环，能够被它润泽的物就极其有限了；在其活性差的情况下，要让更多的经济万物得到资金的滋润，就需要央行抽动货币与信贷的水泵了。

具体地说，例如在极端的情况下，当大量存量信贷堕化为流动性慢的资产时，原来借款者对流动性负债的需求会上升，金融机构基于风险之虑而"惜贷"，造成信贷紧缩。为了解冻信贷市场，央行可能被迫提供流动性援助而放松货币与信贷总量。在这个意义上，盘活存量本身既依赖于良好的宏观经济环境，也依赖于经济社会优良的信用文化，只有资金在各部门间顺畅地流转，才能实现良性地盘活存量资金。

因此，盘活存量是一个系统工程。这既是宏观调控思路和策略的转变，也是寻求更有效的金融监管体系、重塑金融监管与货币调控之间关系的过程；它既要以借款者能按照借贷合同及时偿还贷款本息为前提，也要以金融机构良好的风险管理为前提，重塑借贷双方间社会信用文化的过程。

在任何时候，用好增量与结构优化都是健全金融体系的标志。当然，从不同的角度看，"好"与"优化"的标准可能会存在差异。从纯经济意义讲，"好"就是把金融资源配置到效率最高的地区、行业和企业中去，让那些最善于使用金融资源的人拿去用，以便最大限度地增加社会产出和供给能力，"优化"则是金融资源配置效率不断提高的过程。

从社会意义讲,"好"与"优化"可能会被认为是金融资源可得性的公平性。众所周知,公平与效率往往存在冲突,过度以公平作为金融资源配置"好""坏"的标准,则可能损害经济效率,抑制合理的经济增长。

从政府取向来看,实际上是用经济效率的标准来界定"好"与"优化"的。那就是金融"更好地支持经济转型升级、更好地服务于实体经济""支持实施创新驱动发展战略"。2013 年 7 月,国务院发布的《关于金融支持经济结构调整和转型升级的指导意见》,明确指出"用好增量"与"结构优化"的措施,包括引导、推动重点领域与行业转型和调整,支持小微企业发展,加大对"三农"的信贷支持力度,发展消费金融促进消费升级,支持企业"走出去",等等。

为了实现结构优化的目的,中国的货币政策操作更多地采取了"定向调控"的手法。不论是政治局会议还是国务院会议,都强调了这一点。所谓定向调控,广义地说,即政府针对国民经济的某一特定领域而采取专门性宏观经济政策。在货币政策中与"选择性货币政策"很相似。尽管"定向调控"最近才成为宏观经济政策的"热词",但在实际货币政策实践中,具有定向调控特征的操作手法早已存在。

如在改革开放初期,中央银行就对不同的行业确定了不同的贷款利率,信贷额度也是根据政府经济计划而有差别地确定的;发达经济体的"选择性货币政策"——如证券保证金比率控制、房地产信用控制、窗口指导等都具有定向调控的特征;在次贷危机中,美联储为应对特定金融市场(如商业票据市场、资产证券化市场)的流动性紧张(枯竭),就专门针对其提供流动性援助;欧洲央行为应对欧债危机以来的信贷紧缩,特定为支持欧元区金融机构对非金融企业的信贷融资而提供贷款。总之,在特定的宏观经济与金融市场环境中,不论是中国还是发达经济体,定向调控都在不同程度和不同范围内加以使用。

根据操作方向的不同,定向调控可分为定向刺激(扶持)与定向紧缩。定向刺激(扶持)即对政府认为是国民经济薄弱的环节和民生工程项目,有针对性地进行特定货币政策操作,以提高融资可得性或降低其融资成本。比如在 20 世纪末，为配合中国住房制度改革、促进房地产市场发展，央行一度要求商业银行新增房地产贷款增长率不得低于 15%，在 2004 年和 2008 年调整存贷款基准利率时，分别将住房抵押贷款利率向下浮动区间扩大至 15% 和 30% 等；在新常态下所采取的"定向降准"、"定向降息"、央行再贷款等措施，都已成了定向货币政策调控的工具组合。

定向紧缩则是对政府认为国民经济中具有过热倾向、产能过剩或对环境污染较重的行业，实施控制性的货币信贷政策。例如，在旧常态下有"定向央行票据"、差别法定存款准备金比率；2013 年央行在放开贷款利率下限管理的时候，就保留了对住房抵押贷款利率 70% 的下限管理；不断提高二套房的首付比率要求等，这些都属于为抑制房地产市场的泡沫化倾向而采取的具有紧缩特点的定向货币政策措施。

不过，与之前只是间或采取定向操作不同，新常态下的定向操作则具有常态化的倾向，从而使货币政策具有明显的以点带面的特征。

政府之所以在新常态下热衷于定向操作，在笔者看来，主要有以下几个方面的原因。

（1）在操作力度上，政府并没有打算执行过于宽松的货币政策，即便经济面临下行压力，也只需进行"微刺激"；政府或许认为，过去的教训与现实经济状况都证明了没有"强刺激"的必要。

（2）定向调控具体化了此前央行一直强调的"有保有压"的政策取向，也被一些人称为"精准发力""射中靶心"，这样可以缩短货币政策传导的链条。

（3）金融机构在放贷过程中也具有"羊群效应"，基于短期（任期内）利润最大化目标的个体理性行为很容易导致整个信贷市场的集体非理性结果，不仅信贷资源不会配置到政府所期望的部门中去，还容易导致短期利润较高的某一行业或地区吸收过度信贷资源，出现过热和过度杠杆化，危及金融体系乃至宏观经济的稳定。

（4）定向调控可以引导资金流入实体经济，减缓资金在金融体系"空转"而不能很好地为实体经济服务的弊病。

这里必须强调的是，虽然定向调控具有一定的现实基础和合理性，但要把握好使用的频率和使用的度，避免过度定向化扭曲货币调控机制，尤其是要防止货币政策因"定向调控"而回到过去那种行政化的老轨道，防止以政府对经济活动（效率与风险）的全面判断来取代市场分散化的判断和决策。毕竟，市场有缺陷，政府决策也不是完美的。央行在2014年《第二季度中国货币政策执行报告》中也明确地写道："货币政策主要还是总量政策，其结构引导作用是辅助性的，定向降准等结构性措施若长期实施也会存在一定问题。"这算是央行对定向货币调控的一个正式表态吧。

新常态下的货币调控 "新机制"

新常态下的中国金融结构变化趋势，尤其是传统银行信贷之外的融资渠道的拓展和深化、企业与居民金融资产配置的多元化等所谓"影子银行"体系的发展，给原来在名义上以货币供应量、在实际操作过程中注重银行信贷的货币政策操作机制带来了根本性的挑战。因此，货币调控机制必然为适应新的金融环境而调整和改革。

第一，从主要关注传统银行信贷转向更加关注广义信贷。

在我国货币政策操作的实践中，银行信贷一直占有极其重要的地位和作用，在以信贷规模控制为主导的直接金融调控下就不必说了，即便在1998年我国改革货币调控机制，确立了以公开市场操作、法定存款准备金比率和再贴现为主的间接货币调控机制后，银行信贷在我国货币政策操作过程中的作用也丝毫不亚于货币供应总量。

在旧常态下的货币政策实践中，央行一直在每年年初同时公布货币供应量的增长率目标和当年新增信贷额目标值。在货币政策决策方面，央行也曾以实际信贷增加额与年初央行制定的信贷目标增加额之间的偏离程度，来决定下一步货币政策方向和制定相应的货币政策操作策略。若实际信贷增长持续快于年初的目标值，则可能会采取紧缩性措施；反之，则会适当地放松货币政策。

2006 年，时任中国人民银行副行长吴晓灵在金融专家年会上对此提供了一个经典注释，她指出，当商业银行投资选择余地增加和贷款意愿增强时，央行票据的发行将处于比较被动的局面，在保持货币政策稳定和中性的同时，中国人民银行将综合运用各项货币政策工具及其组合，将商业银行的头寸调控到适度的水平。在接下来的货币政策操作过程中，不论是提高利率还是法定存款准备金比率，都是针对银行信贷的快速增长而采取的紧缩性措施；央行还针对信贷增长过高的商业银行以惩罚性的利率定向发行央行票据。

当银行信贷成为经济中的唯一或主要融资来源时，控制银行信贷的闸门对货币政策可能起到立竿见影的效果。但近年来，传统银行信贷在中国社会融资总量中的比重已迅速下降了。2002 年，金融机构人民币贷款占社会融资总量比重的91.9%，但到 2013 年年底，该比重已下降到了51.4%。这表明，仍以银行信贷作为货币政策的调控目标，其效果会明显地下降，甚至对宏观经济做出不恰当的判断。

在理论上，近 20 年来，随着信息经济学的发展，兴起了货币政策传导的信用渠道理论，该理论让人们对货币政策传导机制的研究更加深入到微观层面，更强调借款者和贷款者之间的行为对信贷需求和供给的微观影响。它强调，即便是利率变动对借款需求有影响，也不仅仅在于资金的成本变化方面，因为名义利率的大幅度上升会降低企业资产的价值，使企业的风险厌恶程度更高，投资意愿下降，从而减少对资金的需求。在政策实践方面，2008 年的全球金融危机以来，不论是美国还是欧洲央行，都非常关注信贷市场的变化，并依据信贷市场环境而有针对性地调整货币政策。无疑，这为新常态下的中国货币政策应更加关注广义信贷市场提供了宝贵的借鉴意义。

第二，逐步确立以利率为操作目标的货币政策体系。

周小川行长曾说，中国货币政策偏重于数量型调控，而轻视了价格型调控。其所指的价格型调控，并不是指提高或降低存贷款基准利率若干，而是指确立以某种货币市场利率为操作目标的货币政策体系，通过公开市场操作和再贷款（或再贴现）的配合，使该指标利率大体与央行设定的目标值一致。央行通过调整该操作目标利率，引导其他中长期利率联动，进而影响企业和家庭的借贷、影响投资与消费等实体经济活动。

现在，全球主要国家均因金融市场结构多元化、复杂化而实施了以市场利率为操作目标的货币政策体系。虽然在21世纪的发达经济体金融危机后，美联储等发达国家央行实施了量化宽松的货币政策，但这并不意味着它们放弃了利率在货币政策中的作用而回归到以货币供应为操作目标的体系。

我们已经指出，在银行信贷占比已大幅度下降的情况下，货币政策应转向更加关注广义信贷。那么，央行该如何调控广义信贷呢？由于债券发行是高度市场化的，企业发行多少债券、什么时候发行，都由企业根据市场环境而定，央行或监管当局并不能像过去那样确定其发行额度。在债券发行市场化的环境里，央行调控广义信贷的基本途径就是通过货币市场利率来影响借款者的总体债务融资成本，从而影响广义信贷总量。事实上，央行已为货币政策的此种转变做了多方努力，如探索中国的基准利率、建立银行信贷主导利率、试图对货币市场利率进行区间管理，等等。

以利率为操作目标来影响广义信贷总量，其有效性取决于两个基本因素。第一，利率的期限升水或风险溢价比较稳定。只有在这种情况下，其他不同期限或不同风险的债券利率才会随货币政策操作目标利率变动而同向成比例地变动。这意味着，在以利率为操作目标的政策体系中，央行可能不仅需要调控作为操作目标的利率水平，而且要有足够的工具配合来影响利率的期限结构。分析至此，党的十八届三中全会指出要建立和完善国债收益率曲线，其重要意义就不言自明了。第二，借款者对利率变化要有足够的敏感性，否则，即便其他中长期利率随货币政策操作目标利率而联动，但如果借款者的活动仍不会对货币政策做出积极反应，那就难以达到货币调控的效果。

未来货币政策为谁转向

中国社会科学院金融研究所　彭兴韵

就在美联储逐步退出 QE（Quantitative Easing）的前景渐渐明朗起来之际，中国货币政策的走向又一次成为市场关注的焦点：央行是否会在经济不振、资产市场低迷之际，采取明确的宽松货币政策，让中国的货币政策实现从"微调"到宽松的趋势性转变？

经济增长目标实行区间管理增强了货币政策的灵活性

众所周知，我国货币政策的目标是保持币值稳定，并以此促进经济增长。这是我国中央银行法的规定。不过，周小川行长曾多次强调，中国货币政策的目标并不是二元的，增加就业和国际收支的基本平衡也在其中，维护金融市场稳定也成了货币政策的重要目标。

以 CPI 来衡量，尽管发达经济体实行了超宽松的货币政策，但中期的通货膨胀依然比较稳定。过去两年里，中国贸易顺差与 GDP 之比已降到了 2.5% 左右的水平，国际收支达到了基本平衡。经济增长目标取决于政府的短期增长与可持续性之间的权衡，政策取向则取决于政府对稳健货币政策的定义。我们高兴地看到，现在的政府已然接受了中长期潜在增长率出现下降趋势的现实。任何稳健的宏观经济政策，都要与潜在增长率相适应。在这个前提下，对增长目标实行区间管理，增强了政策的灵活性。外界普遍认为，政府可接受的增长区间为7%～8%。若增长率明显地降到了目标区间下限以下，则就业、金融体系都可能会出问题；若超过了目标区间上限，则物价可能会上升到政府所能容忍的水平。若没有明显的迹象显示经济增长率会很快跌落到区间的下限以下，预计政府不会采取明显的刺激措施；反之，政策调整则是必然的选择。区间管理的政策目标，让中国的货币政策也初步具备了前瞻性指引的形态。

物价水平基本稳定、实现的经济增长率在政府的目标区间内、国际收支基本平衡，目前似乎是一种比较理想的状态。政府当局认为，中国经济目前处于增速的换挡期、结构调整的阵痛期和前期过大刺激政策的消化期。这表明，政府对当前经济状态颇为欣然，与外界对经济前景的"悲观"形成鲜明反差。在吸取过去扩张政策的教训，政府忍受了结构调整和消化过去刺激政策的不利痛苦之后，中国经济将会迎来更健康的可持续增长。政策目前并不是不要经济增长，而是要追求"好"的增长，不是"坏"的增长；要追求与潜在增长率、与生态和自然资源承载力相适应的增长。增长目标这一重大转变，使政策思路也得到了重大调整：面对相对较低的经济增长率，不采取大规模的刺激政策来实现雄心勃勃的增长计划，而是通过大刀阔斧的反腐败和全面深化改革为经济活动创造公平的竞争环境和制度红利。这将有助于提高中国经济的增长质量。公平灵活的竞争也将提高中国经济应对不利冲击的韧性，实现经济与自然环境、经济增长与社会环境的良性互动的包容性增长目标。

"松控结合" 的货币政策思路

但是，这并不意味着货币政策不会进行微调。

实际上，中国货币政策在2013年就出现了些许变化，这其中，既有总量的适度放松，也有结构性的调整，反映了央行在当下"松控结合"的货币政策思路。

第一，从央行资产负债表来看，自2013年以来出现了货币政策的总量放松。2012 年年初，央行持有的国外资产总额为 241417 亿元，而年底国外资产总额为 272234 亿元，全年净增加 30817 亿元。与此同时，全年的央行票据余额净减少了 6118 亿元。这两者导致近 37000 亿元的基础货币投放。2014 年，在国外资产继续增长的同时，央行票据余额保持在稳定的水平，这表明，自 2014 年以来央行从总体上仍在增加基础货币的供给。

第二，2013 年 7 月 20 日，中国人民银行取消了金融机构除商业性个人住房贷款以外的贷款利率下限，放开票据贴现利率管制，不再对农村信用社贷款利率设立上限。这是央行推进利率市场化的重要举措，但同时也被市场解读为央行放松货币调控的信号，被许多人视为央行曲线下调利率的政策操作。

第三，结构性下调法定存款准备金比率。为了鼓励和引导金融机构将新增或者盘活的信贷资源更多地配置到"三农"等领域，加强金融对"三农"的支持，引导加大涉农资金投放，提升农村金融服务的能力和水平，2014 年 4 月 25 日，央行下调县域农商行存准率 2 个百分点，下调县域农村合作银行存准率 0.5 个百分点。货币政策的结构性调整，增强了市场对央行下调所有金融机构法定存款准备金比率的预期。

第四，央行还利用窗口指导在一定程度上放松货币调控。2014 年 5 月 12 日，央行曾召开住房金融座谈会，要求商业银行优先满足居民家庭首次购买自住普通商品房的贷款需求，合理确定首套住房贷款利率水平，及时审批和发放符合条件的个人住房贷款。

第五，2008 年全球金融危机后，央行比以往任何时候都更加注重对金融市场的流动性管理或救助，为此专门创设了"常备贷款便利"。2014 年第一季度就实施了总额达 3400 亿元的常备贷款便利操作。

从以上几个方面来看，目前的货币政策事实上既有总量上的放松，也有定向的针对性更强的"宽松"操作。这一系列货币政策操作虽然难以对其是否促使经济增长和提高物价水平进行精确的量化判断，但它对目前宏观经济状态发挥了积极的功效。

影响未来货币政策走向的决定性因素

未来中国货币政策是否会出现转折性调整？我认为，实体经济中的房地产市场和金融市场的流动性是最重要的决定性因素。

首先是实体经济的变化，尤其是房地产市场对货币政策走向具有决定性的影响。在过去几年里，中国实体经济出现了明显变化，除经济增长率处于相对较低的水平外，微观层面的一些行业也苦不堪言。钢铁、有色和煤炭等大宗商品价格的大幅度下跌，导致这些行业不景气，亏损面扩大，亏损额上升直接导致这些行业信用风险大幅度上升。

在不同的行业中，房地产更具特殊性，它是信贷市场中最重要的抵押品，而抵押品的市场价格与信贷金额相互之间具有反身性的特征。房地产也是国民经济中产业关联度最高的行业，地方政府的偿债能力也要依赖土地财政。房地产价格的全面下跌会直接导致信贷市场的流动性加强、地方政府的偿债现金流枯竭，其对经济的冲击强度是任何其他行业都不可同日而语的。

在经历了十余年爆发式增长后，房地产的有效需求已受到极大的抑制，价格已成强弩之末，待售商品房的面积在过去 2 年里的增长率为 20% ~ 30%，房地产的非意愿存货大幅增加。在未来一段时间里，房地产市场面临较大的存货调整压力，这使得 2014 前 4 个月的新房开工量减少了 24.5%。新闻媒体对开发商打折促销消息进行报道会不断强化房地产市场价格下跌预期。

一旦预期得到强化，资产市场中"预期的自我实现"同样会在房地产市场价格中上演，价格下跌不仅会造成房地产投资下降，而且其他上下游产业都会受到牵连，房地产及其相关行业的真实信贷成本会同步上升，信贷市场紧缩，经济增长率会显著地低于政府的目标下限。这显然是政府不愿意看到的结果。这时，央行进一步从总量上放松货币政策将是必然的选择。

其次是金融市场的流动性变化。随着中国金融结构日益多元化、金融产品日益复杂化，因不同类型的金融机构与金融市场相互交融而出现的紧耦合性，将使中国金融体系的流动性冲击波及面更广、破坏性更强。2013 年的"钱荒"事件正说明了这一点。在那之后，央行更加注重对金融市场的流动性操作和管理，防止其在金融加速机制下的外生不利冲击放大其对信贷市场和实体经济的不利冲击。

随着一些行业价格水平的大幅度下跌，银行机构不良率开始上升，信托产品、债券违约事件也越来越频繁，房地产市场较为悲观的预期加剧了市场对地方政府债务偿还能力的担忧。所有这些都促使中国金融市场的风险溢价明显地上升了。例证之一是，中国的贷款利率仍然处于较高的水平。2014 年第一季度的贷款加权利率为 7.18%，一般贷款加权利率为 7.37%，该利率自 2011 年第一季度以来一直在 7% 上方浮动。自 2013 年 6 月的"钱荒"事件后，货币市场利率在央行的干预下已大幅回落，但在央行放开贷款利率下限管理之后，贷款加权利率并没有相应地明显回落，这使得贷款利率与货币市场利率之间的利差也相应地扩大了。

这反映了金融机构对贷款要求的风险溢价上升了，而风险溢价上升既是经济减速、信用风险上升中的典型现象，也会通过金融加速机制加剧经济下行。在这个过程中，信用风险与流动性的相互作用，将使金融市场的流动性波动加大。因此，未来央行对金融机构和金融市场的流动性操作可能会更频繁；进一步而言，由于信用风险上升和流动性供给下降会不利地传导到实体经济之中，因此货币政策也可能会从短期流动性供给操作向支持实体经济稳定的"松"的方向转化。

货币政策顺应新形势而调整的概率在上升

但是，现实的情况可能更严峻。

首先，中国银监会发布的最新监管数据显示，2014 年第一季度末的不良贷款余额达到了 6461 亿元，不良率达到了 1.04%。在信贷高速扩张之后的 5 年左右，往往是金融体系中信用风险集中爆发的时期。值得警惕的是，现在的中国正处于这样一个当口。随着房地产市场的调整，中国银行业的不良贷款余额及不良率仍将双双上升。监管层也认为，虽然目前的风险总体可控，但扩散的趋势较为明显；虽然商业银行通过拨备足以吸收目前的不良贷款，但这仍会消耗银行的大量资本。

其次，2014 年以来，人民币汇率一改过去的升值趋势，转而出现了超出人们预期的贬值之势。引起这一转变的因素虽然复杂，但它更可能是对中国经济的短期前景不太乐观的反应。地方政府越来越多地加入了对房地产的"救市"行列，不仅放弃"限购令"，还采取了"限降令"，这表明，地方政府对经济前景颇有寒意切切之感。最近，不同的政府相关部门以相近的语义表达了对近期经济前景的担忧，如"经济增长下行压力依然存在，一些困难不容低估"，等等。2014 年 5 月 28 日，李克强总理会见世界经济论坛主席施瓦布时更是直言，要增加政策储备，适时适度地预调微调。政策转变的信号似乎比较明确了。

因此，在"讲政治"而相对缺乏独立性的情况下，货币政策顺应经济形势的新变化和更高当局对形势的新判断而做出进一步调整的概率在上升。但是，这并不意味货币政策会下"猛药"来"保增长"。毕竟，2009 年扩张政策的遗患犹存。

在经济总体的杠杆率已处于较高水平、社会融资总量和传统的信贷增长率都不算低的情况下，过量地放松货币政策无疑会损害中长期经济的增长。因此，就货币政策的具体操作而言，再贷款、再贴现与公开市场买入，与财政当局协调配合扩大国库现金管理规模、提高常备贷款便利性、降低法定存款准备金比率等都在央行的政策工具箱中。

相比较而言，前几种工具操作的力度和时机更灵活。从预期管理的效果来看，前几种可进行日常性操作，法定存款准备金比率则属非日常性的操作手段，其调整会引起更多的关注，日常性政策工具的调整对公众的预期影响不及调整法定存款准备金比率那么大。另外，如果对前几种政策工具进行操作，那么金融机构要向央行支付相应的利率，但是央行支付给法定存款准备金的利率又非常低，像再贷款之类的操作，央行往往处于较被动的地位。降准既可减少金融机构资金的机会成本，又可让央行的政策操作变得更主动。

但目前是否要全面降准？我认为这是值得小心考量的。因此，在对宏观经济形势的变动做出反应时，央行应采取相应的政策组合，而且应侧重于央行资产负债表的资产方操作，而不是负债方。除此之外，在全面深化改革的大背景下，央行将会继续深化利率、汇率机制的改革，推动金融机构和金融市场的多元化发展，理顺货币政策的传导机制，提高货币政策的效率，为经济结构转型创造更良好的货币金融条件。

利率市场化与银行业改革

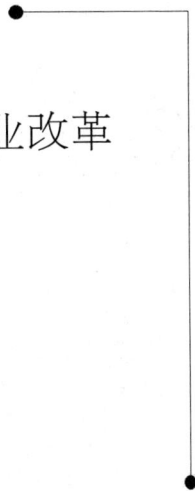

利率市场化改革的三条路径

中国社会科学院金融研究所　王国刚

存贷款利率市场化改革的应对之策，应以发挥市场机制为基本取向，主要选择"外科手术式"的措施，通过发展存贷款及其利率的替代产品，运用金融市场的机制力量从外部推进存贷款金融机构的存贷款利率市场化改革。通过渐进路径，在逐步促使条件成熟的过程中，逐步推进存贷款市场利率体系和机制的形成。具体来看，主要包括三条路径。

调整央行外汇资产

第一条路径是，通过调整央行所持有的外汇资产数额来完善资产结构，提高央行资产在国内的配置比重，以此提高央行货币政策的调控能力。

调整央行持有外汇储备资产的理念，需要对国家外汇资产有确切的认识。一国的外汇资产并非只有集中于政府手中才属于该国的外汇资产。从理论上说，一国外汇资产应由"政府部门持有的外汇资产 + 企业部门持有的外汇资产 + 居民部门持有的外汇资产"构成，政府部门持有的外汇资产只是一国外汇资产的一部分，应从国家角度（而不是政府部门角度）来看待外汇资产的数量关系和结构关系。政府部门持有的外汇资产也不一定都是外汇储备资产。它应当包括政府部门的外汇储备资产 + 政府部门的外汇投资资产。在这些分别由各主体持有的外汇资产中，可以通过外汇交易来调节各个主体的外汇资产余缺。

在调整外汇资产理念的基础上，分离央行以储备资产之名所拥有的外汇资产。具体分离方式可以包括以下几个方面。其一，在充分考虑各种因素的条件下进行估算，明确用于经常性支付所需要的外汇数额，将其界定为外汇储备资产。这部分外汇资产继续由央行持有，计入央行资产负债表的"资产方"。其二，通过各种估算，明确应纳入政府外汇投资资产的数额。这部分外汇资产，既可以通过设立外汇投资基金方式，也可以通过设立外汇投资公司的方式，由中央财政从央行购买，这部分外汇应集中用于生产资本输出。其三，取消结售汇制度，从外汇体制机制上积极鼓励实体企业实施"走出去"战略，将一部分外汇资产留存于实体企业手中，使它们在推进借贷资本输出和生产资本输出中有一个比较顺畅的用汇自主权。其四，扩大存贷款金融机构的持有和使用外汇的自主权和经营权，鼓励它们通过借贷资本输出，有效使用外汇资产。其五，通过金融机构渠道（包括财富管理产品等），开展居民的外汇投资交易，使一部分外汇资产留存于居民手中。毫无疑问，这些体制机制调整必然涉及外汇管理体制的改革。

截至 2013 年年底，央行总资产数额为 317278.55 亿元，其中"外汇"为 264270.04 亿元，占总资产比重达到 83.29%。根据 6 个月进口数额、非贸易项的支出和外商投资利润汇回等因素估算，再加上必要的调控人民币汇率市场和风险防范等因素，央行大约留下了 1.2 万亿美元的外汇储备（按照现价计算大约 7.4 万亿元），调整出 19 万亿元的外汇储备资产，并将这些资产用于国内配置，由此央行资产的国内配置比重从 14.2% 提高到 70% 以上，货币政策的调控能力也随之提高。这种计算是粗略简单的（随着贸易顺差和外商投资的增加，流入境内的外汇资金还将增加，更显示了这种计算的粗略程度），但仅此就可看出，央行降低总资产中"外汇"所占的比重不是一场短期战役，需要渐进展开。

随着资产结构的调整，央行负债结构也将发生相应的调整。发行货币是央行的专有权，也是央行主动负债且成本最低的资金来源。从美联储、欧洲央行和日本央行的负债结构看，在 2008 年 6 月之前（即金融危机爆发之前），它们的负债中货币发行所占的比重分别达到 99.28%、66.37% 和 36.74%。但在央行 2013 年年底的负债结构中，货币发行所占的比重仅为 20.48%。2003 年以来，央行大量资产主要是通过提高法定存款准备金率和发行央行债券等被动负债形成的。频繁使用这些工具，不仅表明了央行主动调控能力降低，给金融运行带来一系列负面影响，而且大大增加了央行的资金来源成本。在资产结构调整过程中，随着外汇资产的减少，央行资金来源将更多地通过发行货币而获得，由此央行主动运用央行利率等价格工具来调控金融运行中资金数量的能力将明显提高。在此背景下，包括存贷款在内的金融市场利率将在央行利率导向的路径中发挥其效能。

增加存贷款替代品发行

第二条路径是，加大公司债券等存贷款替代品的发行规模，运用金融脱媒机制，迫使存贷款金融机构实现业务结构和商业模式转型，运用金融市场力量强化这些金融机构的预算约束硬度。

在金融产品中，公司债券是存贷款的基本替代品。公司债券作为直接金融的基础性产品，有直接连接资金供给者与资金需求者的功能。从资金供给看，虽然通过购买公司债券使资金流向实体企业，实体企业又将这些资金存入存贷款金融机构，似乎并没有减少资金进入存款的数额，但它避免了由贷款所引致的派生存款的发生。因此，对存贷款金融机构来说，其有减少存款余额的功能。从资金需求看，公司债券的发行属于实体企业的权利范畴，公司可根据经营运作需求自主地发行债券，这避免了因信贷政策频繁调整所引致的资金供给数量波动与实体企业正常经营之间的不协调。同时，公司债券的发行减少了实体企业对存贷款金融机构贷款的需求，这将迫使这些金融机构进行业务转型。从利率看，公司债券利率对资金供给者和资金需求者是相同的，它高于存款利率低于贷款利率，不存在由存贷款金融机构媒介引致的存贷款利差现象，因此，既有利于资金供给者也有利于资金需求者。在近年公司债券的发行中，5年期公司债券的年利率大约高出1年期存款利率2个百分点，低于1年期贷款利率1.5~2个百分点。显然，公司债券对存贷款金融机构以存贷款为主的业务结构有重要的外部约束，是形成存贷款金融机构预算硬约束的强有力的外部市场机制。

公司债券对存贷款余额的冲击程度取决于规模效应。虽然以"金融债券""公司债券""企业债券""短期融资券""中期票据"等为名的公司债券余额在2008~2013年有了明显增加，但与2013年年底的718961.46亿元的贷款余额相比依然过少。要使公司债券能够在实体企业的融资中担当重任，公司债券的余额规模就必须足以与贷款余额相匹敌。考虑到每年新增贷款还将继续增加，各类公司债券的发行规模如果能够快速扩大并超过新增贷款规模，因此，要达到公司债券余额与贷款余额相抗衡的程度，不是短期内所能实现的。这同时意味着，公司债券发行规模对存贷款利率的影响是一个渐进的过程，它不仅为存贷款金融机构的业务结构调整和商业模式转型留下了操作空间，而且为介入金融市场的各类经济主体逐步适应新的市场格局提供了客观环境。通过加快公司债券市场发展的方式是一种不动声色、较易为各方面经济主体接受的外科手术式改革，它的负面效应明显较小。

推进公司债券市场发展的关键是恢复它的直接金融特性，因此公司债券应着力向资金供给者（包括城乡居民和实体企业）发行，改变集中向金融机构发行的状况。为此，需要着力解决好五个方面的问题。

一是切实落实《中华人民共和国公司法》和《中华人民共和国证券法》的相关规定，有效维护公司在发行债券中的法定权利。1994年以后，发展公司债券市场是中国证券市场建设的一项重要制度性工作。1994年7月1日起实施的《中华人民共和国公司法》第5章专门对发行公司债券做了规范，其中规定，股份有限公司3000万元净资产、有限责任公司6000万元净资产就可发行公司债券，公司债券余额可达净资产的40%。2005年，在修改《中华人民共和国公司法》和《中华人民共和国证券法》时，这些规定移入了《中华人民共和国证券法》中。但近20年过去了，按照这一数额规定的公司债券鲜有发行。二是取消发行环节的审批制，实行发行注册制，改变"五龙治水"格局，同时，强化公司债券交易环节的监管。三是积极推进按照公司债券性质和发行人条件决定公司债券利率的市场机制形成，在此基础上，逐步推进以公司债券利率为基础的收益率曲线形成，完善证券市场中各种证券的市场定价机制。四是积极发挥资信评级在证券市场中的作用，为多品种多层次的公司债券发行和交易创造条件。五是推进债权收购机制的发展，改变单纯的股权收购格局，化解因未能履行到期偿付本息引致的风险。

加大金融产品创新

第三条路径是，加大金融产品创新力度，为存贷款金融机构业务结构调整和商业模式转型创造可选择的条件，也为实体企业和城乡居民在变"存款"为"金融投资"过程中提供充分可选择的金融产品，由此推进存贷款利率的市场化改革。

以存贷款为主要业务内容，并非存贷款金融机构的本意选择。多年来，金融业务的单一格局不仅受到社会各界的诟病，而且严重约束着存贷款金融机构之间的竞争。这种格局不打破，非但加快公司债券发展的预期目标难以实现，而且可能严重妨碍存贷款金融机构的业务转型，给存贷款利率市场化改革带来种种障碍。另外，存贷款金融机构和金融市场要向企业和居民提供多层次多元化的金融服务，满足他们的金融投资需求，仅仅发展公司债券远远不够，还必须为不同类型的金融投资者提供不同类型的金融产品（包括金融组合产品）。

金融创新以金融产品创新为基础。通过重新组合各种金融原生品在权益、期限、收益率、交易方式和管理方式等特征，金融产品创新主要在三个方面展开：一是证券类衍生产品，如可转换公司债券、基金债证券、股权证和资产证券化证券等；二是与信托、租赁、担保和保险等金融机制相连接的新产品；三是存贷款衍生产品。金融创新的过程，是不断满足实体企业和城乡居民的金融投资需求，使这些资产逐步按照市场机制配置展开的过程。其间，他们的存款将随着金融产品创新的发展而转变为金融投资，贷款需求也将逐步减少。这一背景将迫使存贷款金融机构随着市场格局的变化及时进行资产结构调整和商业模式转变，而金融产品创新也提供了这种转变的市场条件。由此在这些变量互动和竞争中，存贷款利率市场化改革进程逐步向宽度和深度展开。不言而喻，缺乏金融产品创新，存贷款利率市场化改革很可能陷入各方均输的境地；相反，有效展开金融产品创新将形成各方多赢的格局。

从更加宽广的视野看，存贷款利率市场化改革与存款保险制度建立、汇率形成机制改革和资本账户开放等相互连接（但在相互关系上很难列出先后次序）。在金融体制机制改革中，它们相辅相成，是一个同步渐进的过程。从这个意义上说，金融产品创新也是推进存款保险制度建立、汇率形成机制完善和资本账户进一步开放的基础性工作。

利率市场化改革须走"外科手术式"渐进道路

人民币存贷款利率的市场化改革是中国利率体系改革的攻坚之战。这一改革的难点，一方面在于改革中国金融体系非市场化特点，改变由存贷款金融机构通过存贷款机制集中配置大部分（乃至绝大部分）金融资源的状况，归还居民部门和厂商部门的金融权利；另一方面，建立间接调控为主的货币政策调控体系。但在中国人民银行运用资产调控货币和金融的能力严重下降的条件下，要建立一个货币政策调控下的市场利率体系近乎不可能。存贷款金融机构的预算约束硬化并非只在于财务概念，还取决于市场格局，但在保持卖方垄断的条件下，存贷款金融机构要真正到达硬约束近乎不可能。存贷款利率市场化改革应得到实体企业和城乡居民的全力支持，但在他们缺乏卖方选择权的条件下，这一改革很难不严重影响他们的权益。要克服这些难点，就需要调整中国人民银行所持有的外汇资产数额来完善资产结构，以提高中国人民银行货币政策的间接调控能力；通过扩大公司债券等存贷款替代品的发行规模，运用市场力量强化存贷款金融机构的预算约束硬度；加大金融产品创新力度，为实体企业和城乡居民提供变"存款"为"金融投资"过程中的可选择金融产品。

中国金融体系中的资源配置格局调整

存贷款利率市场化改革的难点，首先是由中国金融体系特点所决定的。在中国金融体系中，与其他各种金融产品相比，不论是数额还是比重，存贷款在体量上都占主体地位，存贷款金融机构成为经济运行中的资金配置主渠道。这不仅决定了存贷款数量变动对资产配置等的影响力度和对其他金融产品的影响力度，决定了存贷款变化对货币数量乃至货币政策的影响力度，而且决定了存贷款金融机构的经营运作对整个金融体系和国民经济运行的影响力度。与此相比，实体经济部门和金融市场在金融资源配置中处于弱势地位。

从 2001 年到 2013 年存贷款余额在金融机构资产中的变化趋势可以看出以下三点。第一，虽然各项存款占资金来源的比重在 13 年间呈下降趋势（从 2001 年的 93.54% 降低到 2013 年的 88.86%），但存款依然是金融机构经营运作资金的最主要来源。与 2001 年相比，2013 年各项存款增加了 6.65 倍。第二，虽然各项贷款占资金运用的比重在 13 年间也呈下降趋势（从 2001 年的 73.15% 降低到 2013 年的 61.12%），但其依然是金融机构集中资金的最主要路径。与 2001 年相比，2013 年各项贷款增加了 5.4 倍。第三，吸收存款、发放贷款是金融机构展开经营运作最主要也是最重要的业务活动，因此，存贷款数量的变化直接影响存贷款金融机构的经营状况及其对经济社会的影响力度。

20 世纪 90 年代中期以后，中国就强调要大力发展直接金融，改变以间接金融为主的金融格局。但一方面，诸如国债、央行债券等非存贷款类债权性金融产品的每项余额均远低于"各类存款余额"或"各类贷款余额"，即便是这些非存贷款类金融产品的余额总量在 2013 年年底也仅为 249004 亿元，占"各类存款余额"的 23.86% 和占"各类贷款余额"的 34.63%。因此，存贷款余额在债权类金融产品中所占的比重居于不容置疑的主体地位（即便再加上每年的股票发行融资额和证券投资基金等融资额，也不可能从根本上改变这种格局），间接金融的格局并未发生实质性变化。另一方面，这些债权类金融产品主要由存贷款金融机构运用从实体经济部门吸收的存款资金进行购买，因此，它们只是存贷款的补充品，不是存贷款的替代品，基本属于间接金融的范畴。各类经济主体（居民部门、厂商部门和政府部门等）消费结余资金和运作结余资金的主要使用方式是"存款",同时,从金融体系中获得资金的主要方式是"贷款"。因此,在中国金融体系中,存贷款是资金集中和资金配置的主要机制,存贷款金融机构则是资金集中和资金配置的直接主体。

以存贷款为主体的金融格局直接影响货币数量和货币政策的操作。2001~2013年,各项存款占广义货币(M2)的比重长期在90%以上,并且有继续上升的趋势(从2001年的93.94%上升到2013年的94.34%);工商企业活期存款占狭义货币(M1)的比重虽变化不大,但也长期在60%以上。在各项存款和企业活期存款分别为M2和M1的主体构成部分的条件下,各项存款增长率和企业活期存款增长率直接制约着M2增长率和M1增长率。由于各项存款的增减是直接由各类经济主体的收入和支出关系决定的,企业活期存款的增减是直接由实体企业的资金来源状况和资金使用状况决定的,而不主要由中国人民银行发行的货币数量制约,所以,在以各项存款为主体的货币结构中,中国人民银行要通过运用货币政策工具来直接影响它们的数量增减也就困难重重了。

在经济运行中,全社会固定资产投资的增长率对GDP增长率有直接且持续增强的影响。2000~2012年,最终消费率从62.3%降低到49.5%,资本形成率则从35.3%上升到47.8%。从2000~2012年全社会固定资产投资资金来源构成可以看出,来自"国内贷款""自筹资金""其他资金"三个科目的资金数额占全社会固定资产投资资金总额的比重高达90%,并且有持续上行的趋势(从2000年的88.51%上升到2012年的94.05%)。毫无疑问,在"自筹资金"和"其他资金"中,有一部分资金属于投资主体的自有资金(例如,实体企业将营业利润转投资、城乡居民个人开厂办店或自建房等投资),但从实体企业每年的盈利数额和城乡居民个人投资数额来看,这两个科目中的大部分资金还是来源于存贷款金融机构的贷款。因此,存贷款金融机构的贷款运作状况是影响全社会固定资产投资状况和GDP增长率的主要因素。

党的十八届三中全会指出,要发挥市场在配置资源方面的决定性作用。存贷款的主体性地位表明,存贷款金融机构在中国金融体系运行中占据配置资源的决定性地位。由此我们提出一个问题:在中国的市场经济体制建立过程中，金融资源配置究竟是应由存贷款金融机构决定还是由金融市场决定？价格是资源配置的基本机制。存贷款利率市场化改革，不仅要求改变存贷款利率的形成机制（即从行政机制调控存贷款利率水平转变为由市场机制界定存贷款利率），而且要求调整非市场化的金融体系，改变由存贷款金融机构通过存贷款机制集中配置大部分（乃至绝大部分）金融资源的状况，归还居民部门和厂商部门的金融权利，充分发挥金融市场在形成各种债权性金融产品利率体系和配置金融资源中的基础性作用。这必将引致实体经济部门和金融部门各种各样的深刻调整和连锁反应及上述状况的实质性改变，是一场有决定性意义的攻坚战。

存贷款利率市场化改革的三大难点

1992 年，中国迈出了建设市场经济新体制的步伐。在此背景下，中国展开了利率市场化改革，但迄今为止，作为利率体系主体部分的存贷款利率市场依然举步维艰。一方面原因在于，存贷款利率的改革有着牵一发而动全身的效应，因此，需要审慎出战；另一方面原因在于，存贷款利率市场化改革所需要的各种相关条件并未有效形成。这些条件的欠缺，是存贷款利率市场化改革的又一难点。其中至少包括以下几个方面。

第一，中国人民银行运用资产调控货币和金融的能力严重降低。在存贷款利率由市场机制决定的条件下，中国人民银行不应再继续运用行政机制直接管控存贷款基准利率和新增贷款规模，但从金融运行和经济运行的稳定性要求出发，存贷款利率又不应在"完全自由放任"的金融市场环境中形成。解决这一难题的关键是，中国人民银行拥有充分可调控的资产，并通过运用这些资产来影响存贷款金融机构的可使用资金数量和各种金融产品的价格走势，从而通过运作这些资产来有效影响存贷款市场利率，并由此进一步影响经济运行走势，实现货币政策的预期目标。

首先，中国人民银行的资产大量被"外汇"所占用。2003～2013 年，中国人民银行总资产增长了 4.12 倍,同期,"外汇"增长了 7.56 倍,"外汇"占总资产的比重从 48.12% 快速上升到 83.29%。这意味着,中国人民银行的绝大多数资产用于海外配置,在中国境内配置的资产不足 17%(并且随着"外汇"资产的继续增加,中国人民银行可用于中国境内配置的资产比重还在继续降低)。其次,在 2003~2013 年,"对其他存款性公司债权""对其他金融性公司债权""对非金融性公司债权"这 3 项的数额,虽然从 19445.01 亿元增加到 22080.25 亿元,但所增加的数额甚少。与 2001 年相比,2013 年金融机构的人民币资金来源从 153539.78 亿元增加到 1174666.17 亿元(增长了 6.65 倍)、各项存款余额从 143617.17 亿元增加到 1043846.86 亿元(增长了 6.27 倍),但中国人民银行对这些金融机构的债权数额增加量仅为 2635.24 亿元。这表明,中国人民银行已严重缺乏可调控资产,与此对应,其对存贷款金融机构进行调控的能力已严重减弱。最后,"其他资产"是中国人民银行直接可用的资金。其数额在 2002~2005 年呈增加趋势,但此后却呈减少趋势,从 2005 年的 11459.57 亿元减少到 2013 年的 7652.04 亿元,占中国人民银行总资产的比重从 2002 年的 10.30% 降低到 2013 年的 2.41%,占这些金融机构人民币资金来源的比重从 2003 年的 3.78% 降低到 2013 年的 0.65%。这说明中国人民银行经常性可灵活运用的资产,除了通过公开市场业务对存贷款金融机构资金流动性状况进行微调外,已难有实质性的影响力了。

在可用于调控的资产不足而调控职能又不能因此减弱的背景下,2004 年以后,在货币政策调控中,中国人民银行只能采取提高法定存款准备金率、存贷款基准利率和对新增贷款规模的行政管控等政策措施。其中,提高法定存款准备金率所获得的资金又通过集中用于对冲外汇占款而回流到存贷款金融机构,它虽有利于避免因对冲外汇占款而大量发行人民币引致的通货膨胀,但在调控这些金融机构可运作资金方面并无多大效应。提高存贷款利率虽有"提高利率收紧银根"的政策意向,但它面对的不是中国人民银行的利率和资产,所以它非但没有紧缩效应,反而有扩张贷款的效应,难以达到中国人民银行的调控目标。由于这些政策工具难以达到调控的目标，为了有效调控经济金融运行中的资金数量和贷款增长率，中国人民银行只得选择对新增贷款规模实行行政管控的非货币政策措施。

中国人民银行实际上面对两难选择：一方面，在存贷款利率市场化背景下，继续运用行政机制直接决定存贷款金融机构的存贷款基准利率和管控这些金融机构的新增贷款规模，明显违背由市场机制形成存贷款市场利率的要求；另一方面，在既缺乏足够可用于调控的资产数量条件，又缺乏运用央行利率调控银根松紧能力的条件下，极容易使市场化的存贷款利率和其他利率的走势处于失控状态，给经济和金融运行带来严重的不确定性和不稳定性。显然，中国人民银行在可控资产数量足以满足货币政策调控需要这一条件未形成的条件下，要实现存贷款利率市场化目标比较困难。

第二，存贷款金融机构硬约束的市场条件难以有效形成。在存贷款金融机构已改制为公司制并且相当一部分已成为上市公司的条件下，它们的财务硬约束似乎已经形成。但财务的硬约束并非只是一个盈亏问题，它直接取决于这些金融机构的商业模式和盈利模式。在中国，存贷款金融机构的资金来源以吸收存款为主，资金运用以发放贷款为主，并且它们在卖方垄断市场中处于优势地位。这表明只要能够充分吸收存款和发放贷款，它们的财务盈亏基本处于无虑态势。

在存贷款金融机构的卖方垄断优势地位依然稳固的背景下，如果贸然展开存贷款利率市场化（即取消存贷款基准利率的行政管控），很可能出现如下几种情形。其一，在尽力吸收存款从而使存款利率大幅提高的背景下，存贷款金融机构利用贷款垄断优势地位，将贷款利率提高（即"高进高出"），既有效消化了存款利率高所引致的资金成本上升，又获得了充足的营业利润，结果是实体企业的盈利水平明显降低。这不符合"切实降低实体经济发展的融资成本"的要求。其二，在存款利率上行过程中，如果贷款利率难以上行，存贷款金融机构则可通过扩大贷款规模来获得充分的营业利润（类似 2009 年的"以量补价"状况），结果很可能引致投资过热、通货膨胀和经济过热。其三，在贷款数额和贷款利率受到实体企业需求限制的条件下，这些金融机构可以通过压低存款利率（这不需要"共谋"，只要"跟随"就行），实行"低出低进"策略，结果是存款户的利益明显减少。在所有这些情形中，一方面，存贷款金融机构的商业模式、业务结构和资产结构都没有发生实质性调整，它们的财务硬约束也不可能真实形成；与此同时，实体企业和城乡居民依然处于缺乏金融权利的境地。另一方面，一旦产生经济社会秩序不稳定乃至通货膨胀、经济过热等问题，存贷款利率市场化改革进程就将陷入涅槃的困境。

以存贷款为主的业务模式是否可持续，尤其是在存贷款利率市场化改革过程中，如果存贷款利差收窄，这种业务模式是否还可支持存贷款金融机构的进一步发展？这是多年来不少人对中国金融机构提出的营运模式质疑。问题不在于这种质疑对错与否，而在于存贷款金融机构转换经营模式需要具备哪些金融市场条件？假定中国的债权类金融产品结构不变，那么要使这些金融机构改变以存贷款为主的业务模式几乎是不可能的。如果在存贷款利率市场化过程中，果真发生大批存贷款金融机构因存贷款利差收窄而陷入严重的经营困境，那么不仅将引发比较严重的系统性风险，给金融体系带来超乎预期的冲击、震荡甚至引致金融危机，而且可能因担忧这些情形的发生，有关部门会出台暂停存贷款利率市场化改革的政策，使得这一改革半途而废甚至体制机制复归。

第三，实体企业和城乡居民在金融市场中的买方选择权难以形成。存贷款金融机构在存贷款市场中的卖方垄断优势地位的存在，直接表明了作为交易对手方的实体企业和城乡居民在这一市场中缺乏最基本的金融交易选择权。在金融体系中，各种金融产品在资金基础上展开交易，它们之间的互补性和替代性远高于实体经济部门，由此可见，实体企业和城乡居民的买方选择权本来是比较充分的。但受体制机制制约，市场机制在配置金融资源方面尚难发挥基础性作用，原属于实体企业自主权范畴的证券发行需要经历复杂的金融监管部门的行政审批（或称"核准"）和筛选程序。这一方面对绝大多数实体企业来说，除了从存贷款金融机构获得贷款外再无其他融资渠道，它们的融资选择权丧失了；另一方面，对绝大多数城乡居民来说，消费剩余的资金除了用于存款外再无其他金融投资运作渠道，他们对金融产品的选择权也丧失了。缺乏金融交易选择权意味着，实体企业和城乡居民在金融交易中处于买方弱势地位。存贷款利率市场化改革需要得到实体企业和城乡居民的全力支持，但在处于买方弱势的条件下，一旦这一改革在实质上展开，他们无力通过市场的买方力量形成对存贷款金融机构运作的有效约束机制，结果是他们的权益极易受到负面影响。同时，在买卖双方的市场地位悬殊的格局中，要发挥市场机制作用、形成比较合理的存贷款利率是相当困难的（在更多场合，形成的是扭曲的、不利于维护实体企业和城乡居民利益的存贷款利率）。

一个需要关注的问题是，在中国，对广大城乡居民来说，存款利率具有公共福利的保障色彩，尤其是近年来在 CPI 增长率上行的过程中，"保证存款利率为正"理念的贯彻，更是强化了存款利率的公共福利特点。在此背景下，如果存款利率在市场化过程中，贯彻了海外活期存款利率为 0（在一些场合，甚至要向存款人收取管理费用）的惯例，则城乡居民的理念和情感将受到严重冲击（某种程度的过激行为也可能发生），由此可能引致金融运行秩序的不稳定。活期存款利率是各类存款利率的基准，一旦它降低为 0，则各类存款利率也将下行。这将在更大程度上影响存款人的利益。

存贷款利率市场化改革，调整的是在中国金融体系中占主体地位的金融产品价格，这不仅将使各类金融产品及其价格在买卖双方竞争中重新定位从而引发金融体系的体制机制再造，而且将从实质关系上使介入金融活动的各方经济主体的权益关系得到重大调整。在上述难点未有效解决之前，简单以"放开"为取向，很难达到预期目的。因此，存贷款利率市场化改革的进程，应当是一个创造条件的渐进式"调整"过程。

行政机制不足以实现存贷款利率市场化

2012 年以后，在存贷款利率市场化改革的过程中，中国人民银行推出的改革措施主要有三种。第一，2012 年 6 月 8 日和 7 月 6 日，中国人民银行在下调存贷款基准利率过程中，分别将金融机构的贷款基准利率下浮区间扩大为 0.7 倍和存款基准利率上浮区间扩大为 1.1 倍，由此改变了自 2004 年 10 月 29 日以后的存贷款基准利率上下限的限制。就此，一些人强调说，存贷款利率市场化改革已迈出实质性步伐，并预期随着存贷款基准利率浮动区间的扩大，利率市场化改革将近于完成。第二，2013 年 7 月 20 日，中国人民银行发出《中国人民银行关于进一步推进利率市场化改革的通知》（以下简称《通知》），其中指出，取消金融机构贷款利率为 0.7 倍的下限、取消票据贴现利率管制和农村信用社贷款利率为 2.3 倍的上限。对此，有观点强调，这是存贷款利率市场化改革的里程碑事件，它标志着 90% 以上存贷款利率已经市场化，只要将存款利率上限放开，中国的存贷款利率市场化改革就完成了。第三，2013 年 10 月 25 日，在中国人民银行的指导下，贷款基础利率集中报价和发布机制正式运行。对此，有观点指出，这标志着贷款利率市场化已经实现。毫无疑问，存贷款基准利率浮动区间的扩大，有利于增强存贷款利率的弹性，缓解存贷款利率变动给存贷款金融机构业务活动带来的压力，迫使它们关注存贷款供求关系的变化。但这些运用行政机制进行的存贷款利率调整措施，并不足以实现存贷款利率的市场化。

首先，从 2013 年 7 月 20 日中国人民银行放开贷款利率下限的举动来看，一方面，这一措施在 2012 年 7 月 6 日就可实行。其内在机理是，按照 1 年期存款基准利率为 3% 且可上浮 10%、1 年期贷款基准利率为 6% 且可下浮 0.7 倍计算，则 1 年期存款利率的上限为 3.3%、1 年期贷款利率的下限为 4.2%，存贷款利差仅为 0.9%，而工、农、中、建等国有控股商业银行经营存贷款业务的成本大致就是 0.9 个百分点，股份制商业银行、城市商业银行等中小型存贷款金融机构的经营成本均高出 0.9 个百分点，因此，几乎没有哪家存贷款金融机构会按照贷款基准利率下浮 0.7 倍放出贷款。从这个角度说，中国人民银行放开贷款利率下限的措施不过是将实践中几乎不存在的运作行为以制度方式透明化，并无实质性意义。另一方面，中国人民银行并未取消对贷款基准利率的调控。从《通知》

中的用语看，"放开"与"取消"有明显区别。"放开"可以是一种权宜性措施，即今天开放、明天收紧，今天放开此项收紧他项、明天放开他项收紧此项；今天扩大浮动区间，明天缩小浮动区间（既可以扩大存贷款的净利差，也可以缩小净利差），这种变化带有很强的主观随意性和行政机制引致的不确定性。"取消"则意味着中国人民银行不再拥有和使用此项行政权力。在《通知》中，不仅没有宣布"取消"对贷款基准利率的行政管控，而且还明确强调"个人住房贷款利率浮动区间不做调整，仍保持原区间不变，继续严格执行差别化的住房信贷政策"。因此，"放开"是以弱化对贷款利率的行政调控机制为前提的。

值得一提的是，中国人民银行在拥有存贷款基准利率调控权的同时，也拥有对每年新增贷款规模的调控权。既然新增贷款规模还用行政机制掌控，就意味着贷款规模是一种稀缺性资源，它的价格总走势趋于上行（即高于贷款基准利率）。在此条件下，期待放开贷款利率下限能够使贷款利率达到市场化的目标，这只能是一种奢求。

其次，存贷款利率作为资金的价格，应在买卖双方之间的竞争中形成，但2012年推出的上述三项措施，集中在卖方（即存贷款金融机构）中实施，对提高买方（即实体企业和城乡居民，下同）的市场竞争力（即与存贷款金融机构竞争的能力）并无多少实质性意义，至多只是使实体企业在贷款环节中少付点利息，城乡居民在存款环节中多得点利息。如果存贷款利率市场化改革仅停留于这个层面，那么，由市场机制决定存贷款利率从而改变金融体系格局、调整金融资源配置状况的目标就不可能实现。

最后，从利率体系中看，在成熟市场经济条件下，基准利率是指金融市场中无风险无套利的利率，它根据各种金融产品的性质、期限、风险和条件在金融交易中形成。存贷款并非无风险无套利的金融产品，因此，并无存贷款的基准利率。在中国，目前的存贷款基准利率是从2004年以前的存贷款法定利率变形过来的。近十年来，虽然名称改变了，存贷款的浮动区间也扩大了，但它作为政府部门运用行政机制给存贷款金融机构主要产品定价的状况并没有发生实质性改变。另外，在成熟市场经济条件下，存贷款利率水平和走势及存贷款规模等均受到金融市场中其他各种债权债务性产品利率和交易状况的严重制约，而中国的情形是，存贷款基准利率决定了其他各种债权债务性产品的利率和走势。这既凸显了存贷款利率的基础性作用，也凸显了其他各种债权债务性产品与存贷款之间缺乏竞争的状况。这种缺乏竞争的状况，在深层机制上，意味着实体企业和城乡居民通过金融市场的金融产品交易与存贷款金融机构之间的竞争严重不足。在此条件下，不论中国人民银行如何运用行政机制放松对存贷款的上下限管制，都很难创造出有利于提高买方竞争力的金融市场条件，也很难使利率体系按照市场机制的要求形成。

推进存贷款利率市场化的路径选择

在中国，推进存贷款利率市场化有两条路径可选择。一是"内科手术式"调控，即通过中国人民银行不断运用行政机制直接调整存贷款金融机构的人民币存贷款利率（包括水平、浮动区间等）来推进。二是"外科手术式"改革，即通过发展存贷款及其利率的替代产品（例如公司债券、资产证券化证券和各种财富管理产品等），运用金融市场的机制力量从外部推进存贷款金融机构的存贷款利率市场化改革。这种"外科手术式"改革的过程，同时也是金融机构业务转型、金融产品创新和金融市场在重新调整中发展的过程。自1996年以来利率市场化所走过的操作路线和2013年已展开的存贷款基准利率浮动区间扩大等，他们选择的是"内科手术式"改革。但正如行政机制不可能创造出市场机制一样，"内科手术式"的利率调整也不可能造就建立在市场机制充分发挥作用基础上的存贷款市场利率体系。

存贷款利率市场化改革作为中国金融体系再造的关键性举措，是一个"三位一体"工程，它需要同时解决存贷款利率由市场机制形成、存贷款金融机构业务转型和金融市场创新发展三个相辅相成的问题。但在"内科手术式"调整中，中国人民银行只拥有调控存贷款基准利率的职能，缺乏一举解决这三个问题之招。在运用行政机制调整存贷款基准利率的过程中，虽有可能扩大利率浮动区间，但它既难以改变金融机构在存贷款中的卖方垄断市场格局，又难以给金融机构业务转型、资产结构调整和盈利模式转换提供可选择的市场条件，还难以推进金融市场的创新发展，因此，不可能达到"三位一体"工程的目标。与此不同，"外科手术式"改革从发展金融市场中的存贷款替代品入手，通过直接金融机制，在利率统一的条件下，既能满足资金供给者（居民、厂商和政府等部门）追求较高收益率的要求，又能满足资金需求者降低融资成本的要求；同时，通过减少资金供给者在存贷款金融机构的存款数量，使这些金融机构贷款在资产中的比重下降，迫使它们转变资产结构、业务结构和盈利模式等。在这个过程中，随着直接金融的宽度、广度和深度的展开，资金供给者和资金需求者有了更多的金融选择权，他们与存贷款金融机构展开竞争的能力增强，存贷款金融机构卖方垄断格局逐步被打破，由买卖各方在竞争中共同决定存贷款利率水平和金融产品结构的格局逐步形成。金融市场的创新发展又给存贷款金融机构的业务转型和盈利模式转变提供了外部条件，使它们能够在市场竞争中通过差异化经营、产品创新和服务质量提高等机制，落实优胜劣汰的市场规则。

"内科手术式"调控主要依赖行政机制展开，不仅很容易陷入分业监管条件下的众多行政机制与利益关系协调的困境中，使存贷款利率市场化改革的复杂程度和摩擦程度大大增加，而且可能因认识差异、政策转向和某些具体情况而暂停或遭遇挫折。"外科手术式"改革则运用市场机制，避开了行政利益关系，一旦相关制度和操作方式得以确定，就基本能够顺利展开。另外，"内科手术式"调控政策出台在时间上具有一定程度的突发性，这给参与市场交易的各方的行为选择和价格变动以突然性冲击，不利于平定存贷款利率市场化改革中的各种波动（这是引致波动的重要成因）。与此相比，"外科手术式"改革在时间序列上是一个渐进过程，每项金融产品的发行和交易都不至于给交易各方造成重大的直接冲击，但各笔交易的渗入又将引致交易各方的取向、选择和行为方式发生实质性改变。各种替代存贷款的金融产品在规模上的扩大、在品种上的增加和在价格上的多样化，将有效改变存贷款资产占主体地位的状况，从而推进债务性金融产品收益率曲线的形成。因此，这一路径对中国人民银行的货币政策选择、金融机构运作和金融市场的运行以及对实体企业和城乡居民的利益影响，都有滴水入土的效应。

存贷款利率市场化改革的应对之策，是以发挥市场机制为基本取向，主要选择"外科手术式"的措施，通过渐进路径，在逐步促使条件成熟的过程中，逐步推进存贷款市场利率体系和机制的形成。

混合所有制改革与小银行发展机会

中国社会科学院金融研究所　王松奇

混合所有制经济是中共十五大首次提出的概念，党的十五届四中全会进一步提出，国有大中型企业尤其是优势企业，宜于实行股份制的，要通过规范上市、中外合资和企业互相参股等形式，改为股份制企业，发展混合所有制经济，重要的企业由国家控股。最初，其理论动机是试图廓清公有制经济概念的内涵，将传统意义上的国有经济、集体经济以及混合所有制经济中的国有成分和集体成分都视作新时期的公有制经济，这样，即使股份制已经普遍化了，只要有国有经济和集体经济在同一经济组织中参股，也很难说中国的微观经济基础发生了根本变化，即股份公司的普遍化绝对不会意味着微观经济基础已经私有制化。以后的几次党代表大会都不同程度地提到了继续巩固公有制经济扩大公有制经济的控制力影响力等问题。中共十八届三中全会通过的《中共中央关于全面深化改革若干重大问题的决定》（以下简称《决定》）又一次提出了混合所有制经济问题，这一新历史时期对这个概念的重新使用似乎更具策略意义。也就是说，党的理论家们对巩固社会主义基本经济制度的信条没有变，对社会主义基本经济制度的理解没有变。当然，这些都建立在他们对社会主义基本经济制度下公有制经济的基本作用的认识没发生变化这一原则基础之上。在这种条件下，《决定》中只字未提"国退民进"这类问题，因此，在这种理论认识背景下的所谓混合所有制经济问题的提出，似乎是让非国有资本参股国资主导的企业，也就是香港的一些教授所说的，民间出钱交给政府主导的企业。

在现实生活中，微观意义上的混合所有制就是指一个企业或一家公司，其出资人有不同所有制的投资主体，即其出资人不是单一所有制而是可能包括国有、集体、个人、私营、外资。根据《决定》的解释，倡导发展混合所有制是基于我国现阶段生产资料所有制结构的特点，为满足搞活国有经济、巩固和发展公有制经济、促进生产力发展的需要而提出的政策，它的最终目的就是进一步完善社会主义市场经济体制。

上述的所有主流正统理论对混合所有制经济的理解和阐释，都似乎忽略了一个不应被忽略的原则，即马克思早就提出的——生产关系从来都是为生产力服务的。如果在一定历史时期一定发展阶段人们要使生产力潜能释放，即以生产率提高为最终目的，那么生产关系包括所有制形式以及经济制度、经济体制、经济政策的选择就一定是邓小平同志所说的黑猫白猫标准，即从实用的角度说，哪种制度、体制、政策最有利于生产力的解放、生产率水平的提升，就应当选择哪种制度、体制和政策，这里不应存在任何先入为主的僵化的意识形态偏见。

在传统计划经济体制下，主流宣传口径是：社会主义经济的本质特点是公有制，公有制在现实生活中有两种形式——国有制和集体所有制。相对于国有制，集体所有制只是一种过渡形式，随着生产力的发展，它迟早要完成向公有制最高形式——国有制的转变。在社会主义传统计划经济体制下，从生产资料所有制到生产流通的组织再到分配和消费，处处以计划统制为基本特征，而市场机制根本无从发挥作用。显而易见，一个脱离市场无视市场规律的体制模式的经济体系必然出现持续的低效率现象。同一民族同一文化传统、经济发展水平大体相近的国家一旦分成两个不同体制的国家，经过十年、二十年的经济发展实践，就会出现巨大的富裕程度差异，如20世纪80年代前的民主德国、联邦德国，以及现在的朝鲜和韩国。

在世界经济学界，最先想到对社会主义计划经济体制进行系统性批判的学者是匈牙利经济学家科尔内，他早在20世纪50年代初就开始系统思考社会主义计划体制的弊端，并以《短缺经济学》这部里程碑式的著作名动天下。科尔内关于社会主义计划体制下国有企业所有者虚置和预算软约束的分析，其深刻程度迄今无人超越，他当年剖析的国企行为逻辑至今仍有相当的解释力。当然，如果要对近几十年中国的改革发展实践进行总结并进一步对科尔内的分析做补充的话，那就是国企运作过程中的寻租行为分析。20世纪90年代，笔者在一篇文章中曾提出国有经济本质上是回扣经济，国有企业的物资采购环节和紧俏商品的销售环节都注定成为滋生回扣勒索者的土壤。可以说，在国企低工资背景下，任何资源支配者都有可能演化为回扣勒索者。在国企内部，资源支配权越集中，企业高层成为回扣勒索者的可能性就越大。十八大以来中共反腐斗争实践已验证了这一点，国企高层违法违规现象普遍化说明单一国有或国有控股企业必须从企业股权结构着手进行改革，才能建立至少在形式上有制约力度的规范的现代企业制度。从这一点来说，由原来的国有制和国有控股制向混合所有制方向行进，本身就是一种进步，而不论是决策者的初衷如何。市场经济没有第二条规律，多元化的股权结构一旦建立，同股同权以及正常的约束、激励等机制迟早会在企业运行中居主导地位。因此，笔者呼吁所有的小型商业银行，特别是那些具有明显地方政府控制烙印的小银行抓住机遇，把握这次混合所有制改革的机会，对股权结构进行以非国有资本占较大比例为目的的彻底调整。

据专家总结，中国目前地方小型商业银行的股权结构主要有五种类型：①地方财政局直接控股型；②地方国有资本公司或地方企业控股型；③职工股占优型；④股权较分散，但国企或财政局股占优型；⑤外资金融机构或战略投资人控股型。在上述五种类型中，前两种占比例较大，后三种占比例较小。因此，前两类小型商业银行应成为此次混合所有制改革的重点对象。多年前，笔者在理论上曾把地方小银行归纳为两类：一类是地方政府控制，还有一类是内部人控制。真正按现代化公司治理结构规范运作，把投资人、经营人、上级管理者、地方政府和监管当局之间的关系都处理得很好的小银行实在不多。对小银行来说，需迫切解决的是地方政府控制和干预问题。如果地方财政局或地方国企占股比例较高，地方政府干预较多也就罢了，现实的普遍现象是：即使地方财政或国有股权占比很小，许多地方政府依然表现出强烈的控制欲望，在人事任命和经营控制上插手干预，使许多小银行难以形成稳定的经营管理架构并难以勾画长期发展蓝图。根据笔者的调查，小银行最烦心的是地方政府的人事任命行为，今天派这个人，明天派那个人，他们都是地方政府无法安排的干部，到银行来做高管拿高薪，更糟糕的是他们不懂金融不懂银行还什么事儿都掺和乃至搅局，这给许多有良好经营管理基础的小银行带来了很大的发展不确定性。所以，有头脑的小银行管理者们应当果断抓住混合所有制改革机会，对本行的股权结构进行"国退民进"式的调整。这样做才算响应了银监会主席尚福林的号召，他在2014年7月份的一次讲话中曾明确指出："推进有条件商业银行实施混合所有制改革，扩大银行资本补充渠道，激发市场发展活力。"

尚福林主席讲的这两个改革着眼点十分重要，笔者认为，"激发市场发展活力"就是上面说的以摆脱地方政府干预为核心内容；而"扩大银行资本补充渠道"，既可看作混合所有制改革的目的也可看作是手段。中国商业银行的资本补充是一个永恒的难题，每家小商业银行都应当制订自己的长期资本补充规划，在增资扩股过程中将地方财政及地方国有股的占比降到最低限度。开明的地方政府也应当放手支持本地商业银行的混合所有制改革，通过拍卖或谈判转让的方式尽量减持商业银行股份，引进民资或外资，让商业银行能够在无政府行政干预的环境下、在市场竞争中去自主成长发展。

我国利率调控体系亟待完善

中国社会科学院金融研究所　曾　刚

过去几年中，随着利率市场化加速，金融创新层出不穷，商业银行的资产、负债行为都出现了巨大的变化，不仅对金融结构和资金流向产生了深远影响，也极大地改变了货币政策的传导路径。到目前为止，中国的货币政策仍然是以数量调控为主导，但中国人民银行为适应外部环境变化，在构建利率调控框架方面也做出了持续的努力，我国货币政策价格调控框架的雏形已初现端倪。不过与成熟的体系相比，我们仍有四大问题亟待解决。

何谓价格调控框架

从国际范围的实践来看，所谓的价格调控型政策，即中央银行以基准利率（在实践中常被称为"目标利率"Target Rate，"政策利率"Policy Rate 或"关键利率"Key Rate 等）作为货币政策的中介目标，以此引导金融机构产品定价（包括存贷款利率、债券和衍生品价格、股票市值及汇率）和其他市场参与者行为的变化，并最终对实体经济目标（物价、通货膨胀或就业）产生影响。

在各国货币政策的实践中，公开市场操作是调控基准利率最常用的手段，发展时间也最长。随着支付、清算体系的发展，各国的准备金制度发生了较大变化，在一定程度上改变了公开市场操作的基础。为此，一些国家纷纷开始采用利率走廊（Interest Rate Corridor）来锁定基准利率的波动区间。次贷危机之后，受困于中长期利率居高不下，各国央行在将基准利率维持在历史最低水平的同时，开始尝试直接影响中长期利率的途径，使利率调控体系日趋完善。

公开市场操作无明确的基准利率目标

从根本上讲，通过公开市场操作来影响基准利率的操作模式，其基础在于中央银行的准备金管理制度。通过对金融机构准备金账户的考核或清算账户资金要求，中央银行可以影响金融机构的自由准备金（即超额准备金）数量，进而也就能决定金融机构的流动性需求状况。从这个意义上讲，中央银行的法定存款准备金水平及其考核方式，都会对流动性产生重要的影响。

在准备金管理基础上，中央银行可以根据资金需求状况，通过公开市场操作来管理市场流动性，以引导货币市场利率接近目标利率水平。如果市场利率高于央行的目标利率，金融机构将转向央行借入资金，市场利率随之下降。反之，如果市场利率低于目标利率，中央银行将在公开市场上抛出国债或进行正回购交易，挤压金融机构的过剩头寸（即自由准备），迫使市场利率上升，直至其达到目标利率水平。

我国央行公开市场操作始于1998年，之后规模逐步扩大，并成为货币政策日常操作手段，是调节商业银行流动性水平和引导货币市场利率走势最重要的工具之一。目前，公开市场操作尚无明确的基准利率目标，而在实践中，银行间市场的隔夜回购利率和隔夜拆借利率应是中央银行关注和调控的重点。

未形成明确利率走廊

法定存款准备金的核心是确保金融机构支付顺畅，避免出现流动性风险。随着技术的进步，特别是支付、清算体系效率的提高，维持支付所需要的资金数量大大减少。在这种情况下，多数国家都大幅度降低了存款准备金要求，一些国家甚至实行了零准备金。当然，在中央银行的实时支付系统中，金融机构仍开立有清算账户并保留一定金额的清算头寸，其作用类似储备头寸账户，但规模远小于以往的法定存款准备金。

在法定存款准备要求大幅度下降甚至为零的情况下，公开市场操作赖以运行的基础在很大程度上发生了改变。面对新环境，各国央行在操作方式上进行了创新，以维持基准利率调控的有效性。为此，包括欧洲央行在内的许多中央银行，建立了明确的存贷款便利制度，亦即"利率走廊"机制。在这种机制下，中央银行可以按照贷款便利利率（通常高于目标利率），以合格资产做抵押品，向符合条件的金融机构提供流动性支持；或以存款便利利率水平（通常低于目标利率）向金融机构在中央银行的存款头寸支付利息。如此一来，目标利率的波动将被锁定在存贷款便利利率所确定的区间。从总体上讲，建立存贷款便利机制，用以补充和支持公开市场操作，可以更有效地引导市场利率趋向政策目标水平。

目前，中国还远未形成明确的利率走廊，但在实践中，中国人民银行的多重利率体系，理论上也对银行间市场隔夜利率的波动形成了约束。具体而言，除存贷款基准利率外，中国人民银行可直接影响的利率包括法定存款准备金利率、超额存款准备金利率、常备借贷便利利率等。其中，超额准备金类似其他国家的存款便利，其利率构成了货币市场利率理论上的下限。而与之相对，中国人民银行在 2013 年年初推出的常备借贷便利（SLF），其利率则构成了银行间市场短期流动性价格的上限。

需要指出的是，此前曾有观点认为中国利率走廊的上限是中国人民银行的再贷款和再贴现利率。考虑到利率走廊所指的是中央银行对短期基准利率的锁定机制，在常备信贷便利推出之后，理论上，再贷款和再贴现利率对基准利率波动的上限约束效力应基本消失（对中长期利率的限制仍在）。

以再贷款利率引导中长期利率

在利率传导机制通畅的情况下，中央银行只需调控基准利率，而让金融机构和市场自行决定与实体经济关联度更高的中长期利率水平。但在经济危机期间，利率传导机制出现梗阻，中央银行将基础利率维持在极低水平，并不能有效拉低中长期利率水平。对此，一些国家的央行开始探索更有效的中长期利率调控方式，扭曲操作和量化宽松（QE）便是其中的代表。所谓扭曲操作即卖出较短期限国债，买入较长期限的国债，以此来压低长期国债利率，并推低与之相挂钩的中长期贷款利率。扭曲操作并非新生事物，早在 1961 年，美联储就曾进行过类似实践，并在 2011 年 9 月再次采用这一手段。不过，在短暂实施后，美联储迅速转向了刺激力度更大的第四轮 QE。

在中国，再贷款和再贴现是中国人民银行用以支持商业银行信贷投放的重要工具。理论上，再贷款和再贴现利率构成了银行贷款利率的上限，其操作规模和价格的变化，会对银行贷款行为产生直接的影响。但在过往的实践中，中国人民银行更多地将再贷款作为风险化解和支持落后产业、地区发展的工具，对其中长期利率引导功能并未充分发掘。近期，有报道称中国人民银行在再贷款和再贴现的基础上创设了抵押补充贷款工具（PSL），以合格资产作抵押，向商业银行提供再贷款。与现有的再贷款相比，引入抵押机制，可以让再贷款成为更常规和覆盖范围更广的政策工具，更好地发挥再贷款利率对银行中长期利率的引导功能，并由此进一步完善利率调控机制。

四个方面亟须完善

第一，完善基准利率体系。到目前为止，我国基准利率体系仍不完善，上海银行间同业拆放利率 Shibor 尽管已有较大发展并成为我国金融市场上重要指标性利率，但受市场分割、报价机制不完善、中长期交易规模不足等因素制约，Shibor 对于其他市场利率的引导作用还有待提高，需要继续完善。

第二，进一步完善利率走廊机制。前面提到，中国人民银行直接控制的多种利率体系，理论上已经构成了某种意义上的利率走廊。但在实践中，由于受操作频率、透明度以及多重目标等因素的影响，货币市场实际利率频繁突破其理论上限。而新创设的工具，如常备信贷便利的利率引导效果也还没有太多体现。未来应继续梳理、优化各种利率调控工具，形成不同的分工，加强利率走廊对市场利率的引导和锁定作用。

第三，加快利率定价机制建设。央行对基准利率的调控，是否会对实体经济产生预想的效果，还取决于商业银行的定价行为。因此，完善的利率调控体系，必然包括金融机构利率定价机制的建设。目前，中国人民银行已经在推进"优惠利率"（Prime Rate）报价试点，在此基础上，逐步提高商业银行定价对基准利率的敏感程度，建立通畅的从基础利率到中长期贷款利率的传导路径。

第四，提高政策透明度。足够的透明度会让公众对货币政策形成稳定的预期，并因此提高利率政策的传导效力。目前看来，我国货币政策的透明度仍有待提高，特别是新创设的工具如常设借贷便利 SLF 和抵押补充货款 PSL，其定价规则、操作模式以及执行标准等，都应适度公开。如此方能真正提高其对市场利率的引导，否则就只会沦为分配信贷资源的手段，无助于政策调控机制的转型与优化。

利率定价构成折射"融资贵"成因

中国社会科学院金融研究所　　曾　　刚

影响融资成本的因素很多，有金融和实体经济方面的原因，有金融机构自身管理上的问题，也有监管政策和宏观调控方面的影响。因此，在治理和调控"融资贵"问题时，只有全盘规划、多管齐下，才能起到预期的效果。

有关当前"融资贵"的成因，观点颇多，争论也很激烈。不过，坊间流行的诸多意见大多基于某个特定的角度，虽各有道理，但难免有失偏颇。在我们看来，"融资贵、融资难"是特定背景下，各种经济和金融因素共同作用的结果，只有建立一个系统的分析框架，才能把握问题的全貌。在这里，我们试图从利率定价入手，通过对其主要构成的分解，来探讨影响融资成本的主要因素。

利率定价构成与影响因素

在市场化环境中，金融机构的利率定价大致包括资金成本、运营成本、风险成本以及金融中介的利润等这几个内容。此外，随着金融监管日趋强化，监管政策对金融机构行为的影响也日渐显著，因此我们把监管成本也纳入考察范围之内。

资金成本主要受利率市场化和宏观政策的影响。近年来，利率市场化显著加快，除政策层面的推动外，市场创新的不断发展给金融机构带来了越来越大的"脱媒"压力。理财产品以及货币市场基金等金融工具在分流储蓄存款的同时，也降低了金融机构负债的稳定性。此外，宏观政策的变化对资金成本也有一定影响。过去一段时间里，外汇占款增速明显下降，这无形中改变了市场的资金供求状况。与此同时，货币政策调控趋紧也加剧了资金的紧张程度。所有这些都导致了金融机构资金成本的持续上升。

银行的运营成本取决于经营效率，若用成本收入比等指标衡量，中国银行业的效率在过去几年中稳步提高，按说不会对融资成本造成不利影响。不过，需要看到的是，针对不同的客户，金融机构的服务成本会有所差异。相比较而言，小微企业信贷的运营成本明显更高，这主要是因为在目前征信体系仍不完善的情况下，小微企业的信息收集以及相关的管理成本都要更高一些。

在风险成本方面，自次贷危机以来，全球经济进入再平衡阶段，经济结构调整成为常态，中国亦不例外。在此过程中，部分行业、地区的信用风险明显加大，银行不良率持续小幅上升，尽管仍在可控范围，但趋势不容乐观。覆盖风险是利率定价的一个基本原则，在信用风险持续增大的情况下，上调利率也是金融机构自我保护和优化资源配置的一种手段。

从监管成本看，在过去几十年中，加强金融监管一直是国际范围的趋势，这自次贷危机以来又有了进一步发展。需要承认的是，从控制银行体系到宏观层面的风险，加强监管有其必要性，但不可否认的是，诸多监管要求不断趋严、相互叠加，这也是抬高融资成本的重要因素。

降低融资成本的对策

从以上的分析来看，利率定价中的几个核心部分对融资成本上升都有不同程度的影响。与之相对应，要缓解"融资贵"的问题，就要从以下几个方面入手。

在资金成本方面，利率市场化进程不可逆，不能寄希望于通过压制利率市场化来维持较低的资金成本。在这种情况下，只能诉诸政策调控来压低资金成本，一是适度放松货币政策，将金融市场利率维持在相对合理的水平上；二是为需要支持的行业或领域提供专项的政策性资金支持。

在运营成本方面，贷款技术创新可以有效地降低小微企业信贷的运营成本。具体是通过更多地采用基于交易型贷款技术，即利用企业的各种专有信息进行风险分析，来降低银行信贷（尤其是小微企业信贷）的运营成本。不过，到目前为止，绝大多数小微企业的信息仍然是非标准化且零散的，交易型技术的适用范围仍然有限，银行需要借助多元化、成本低廉的信息来源。在这个意义上，如何有效利用互联网经济发展所产生的大数据，这是降低小微企业信息以获取成本的关键所在。在这方面，银行加强与互联网商务企业的合作，或参与建设符合客户需求的互联网平台，都是可以考虑的创新方向。

在风险成本方面，银行可以从几个方面入手来降低小微企业的信用风险。一是建立多元化的风险分担体系，通过政府性基金、政策性金融机构、担保机构的介入来分散风险，降低风险成本；二是改善小微企业的生存环境，保护小微企业的合法权益，降低其税收以及其他运营成本等。三是完善社会信用体系，建立多层次的、覆盖面更广的征信体系，加大对失信行为的处罚力度等。

在中介利润方面，要强化监管，规范融资行为。对不合理的融资方式及收费行为应取缔和限制，尽可能缩短融资链条。银行要顺应外部环境变化的大势，降低对规模和利润扩张的追求，在考核层面，不宜继续过度强调利润和中间业务收入的增长。从长远看，稳定的具有黏性的客户关系是银行在激烈市场竞争中赖以生存的关键。在客户利益和自身的短期收益之间进行适当的平衡，这也符合银行的长期利益。

在监管成本方面，适度优化现有的监管体系。目前，不同部门出台的诸多监管措施，存在较严重的重复监管问题。比如，法定存款准备金、存贷比、资本充足率以及新增贷款规模控制等，各自都对银行的信贷有影响。如此多的影响相近的监管要求相互叠加，必然会抬高信贷的成本，而且还容易诱发监管套利，扭曲正常的融资行为。对此，应加强不同部门之间的政策协调，适度简化与优化现有的监管体系。

此外，针对需要支持的小微企业融资，在监管上可以有一定的政策倾斜，以降低相应的监管成本。在过去几个月中，定向降准和存贷比调整都在一定程度上体现了监管部门的这一思路。未来，还应适时放松新增贷款规模控制及合意贷款管理的力度，充分发挥市场在资源配置中的决定性作用。

多管齐下才能治理 "融资贵" 问题

从以上的简要分析可以看到，影响融资成本的因素很多，不仅有金融方面的原因，也有实体经济方面的原因；不仅有金融机构自身管理上的问题，也有监管政策和宏观调控方面的影响。因此，在治理和调控"融资贵"问题时，只有全盘规划、多管齐下，才能起到预期的效果。

近期国务院常务会议所提出的多项缓解融资成本高的举措，大体沿着上述几个方面展开。随着这些政策的逐步落实，预计会产生应有的效果。不过，需要提醒的是，小微企业"融资难"是世界各国都面临的难题，在次贷危机之后，实体经济经历重大调整的时期，情况尤其如此，这并非中国独有的现象。所以不宜过度渲染"融资贵"现象。

在利率定价的构成中，由市场或监管缺陷所引发的融资成本上升，可以采取相应措施加以化解；而因风险加大和资金成本提高而导致的融资成本上升，是利率顺应外部环境变化而进行的调整，是市场机制优化资源配置的必要路径，不能轻易加以否定。在这个层面上，我们仍应充分尊重市场机制。过度的政策介入，强行压低利率，或可能造成新的、更大的扭曲。

影响货币市场价格的内外因素

中国社会科学院金融研究所　蔡　真

2014 年的货币市场仍将延续 2013 年流动性偏紧的局面，短端利率贴近长端利率运行，两者在季末均出现倒挂将是常态。如果地方政府债务、房地产市场以及国有企业的改革能够最终落到实处，那么货币市场长期偏紧的局面将得以改善。

发生在 2013 年的"6·20 钱荒"事件实际上是银行间市场流动性偏紧的一个放大镜像，事件后央行又逐渐向市场注入流动性，这意味着央行"倒逼"机制没能落地，这种市场紧张的局面还将长期存在。对于这一现象，除了银行经营模式发生转变可以解释外，另一重要原因则是宏观基本面的变化。过去 30 年，我们依靠劳动力转移与资本结合，在高储蓄和高投资背景下获得了"人口红利"，资本回报率一直处于上升期。随着"人口红利窗口"的关闭，资本回报率面临下行压力。在这种背景下，我们的经济依然依靠高投资、高杠杆运转，在微观上就会出现资本回报难以覆盖借贷成本的现象，如果我们刻意保持增长率，就会出现信贷展期以及借短贷长的现象。

影响货币市场价格的外部环境

对于 2013 年货币市场一直表现的流动性偏紧的状况，实体经济层面的变化是影响货币市场的重要短期因素。货币市场是批发性资金交易的场所，也是货币政策传导的蓄水池，因此其资金面的松紧状况与宏观经济的形势和货币当局的政策意图有密切联系。

货币当局关注的目标包括增长、物价和外部均衡。就增长目标而言，其基本原理是通过短端利率和长端利率的运动影响实体面的资金需求。就物价目标而言，从"货币长期中性"的理论角度和各国央行货币操作范式的转变来看，物价相对于增长成为越来越重要的关注目标。在通货膨胀率高涨的阶段，货币市场利率一般保持在高位；在经济下行的阶段，货币市场利率一般也相应下行；在滞胀阶段，货币政策的操作相对谨慎，一方面可能维持高利率以应对物价上涨，另一方面可能通过谨慎地增加货币供给来满足实体面的信贷需求。就外部均衡而言，由于我们实际上实施的是软钉住汇率政策，因此央行在货币市场上进行冲销干预不可避免。基于以上理论分析，要洞悉货币当局的政策意图，我们认为 CPI 和外汇占款的变动是两个重要的切入点。

2013 年 CPI 的运行与 2012 年相比表现出不同特点：2012 年 CPI 在上半年呈下降趋势，之后一直在底部运行；2013 年 CPI 几乎维持了这种底部运行的态势，除 2 月春节效应的影响外，前三个季度 CPI 保持在 3% 以下（9 月为 3.1%）。从 CPI 的运行情况来看，货币市场利率上行并没有充分理由。从外汇占款的情况来看，它的变动恰恰与货币市场的利率走势相呼应：第一季度外汇占款增量累计达 1.2 万亿元，该季度货币市场利率是前三个季度中最低的，平均为 2.39%；第二个季度外汇占款增速放缓，至 6 月外汇占款呈负增长，货币市场利率一路上升，该季度外汇占款增量累计为 0.32 万亿元，平均利率为 4.03%；第三个季度外汇占款增量累计为 0.13 万亿元，尽管明显低于第二个季度，但"6·20 钱荒"事件后，央行对市场注入一定流动性使利率上行压力有所缓解，平均利率为 3.25%。

货币政策操作波及货币市场价格

除了宏观环境会影响货币市场的资金价格外，央行的货币政策操作也会影响货币市场的利率。当前环境下，货币当局可操作的工具主要包括三个：一是准备金率的变动，其提高意味着货币回笼，降低则意味着货币投放；二是央行的公开市场操作，央票的发行和正回购意味着货币回笼，央票到期和逆回购意味着货币投放；三是国库现金管理，国库现金存款到期意味着货币回笼，存款招标意味着货币投放。货币当局在分析宏观经济环境后，会综合运用上述工具对货币市场施加影响。

我们将上述三个因素对货币市场的影响绘制在一起，并计算货币政策操作的净效应。2013年货币政策的表述是稳健的货币政策，实际的操作则是稳中偏紧。一个重要表现是，在经济下行压力下，存款准备金率没有进行过一次下调。由于国库现金管理的规模较小，其对货币市场的影响有限，因此公开市场操作成为利率调控的主要手段。第一个季度中尽管因春节原因可能存在较大的资金需求，可是由于外汇占款增量较多，公开市场操作的效应都是净回笼，在考虑国库现金管理的效应后，其月度的净效应分别为货币回笼3090亿元、1290亿元和1580亿元。第二个季度外汇占款增量逐渐减速并在6月转为负增长，公开市场操作相应地转变为货币投放，其投放规模也是逐月增加，在考虑国库现金管理效应后的月度净投放分别为780亿元、2200亿元和2650亿元，即便央行进行了相应的对冲操作，也难以应对流动性紧张的局面，从而使利率出现陡然上升的现象。第三个季度市场在经历"6·20钱荒"事件后明显加强了流动性管理，央行保持市场流动性的注入，再加之外汇占款增量逐步恢复，货币市场利率出现了下行恢复，第三个季度的月度净效应分别为净投放 −43亿元、1435亿元和540亿元。

货币市场的资金流动

银行间债券回购与同业拆借市场上的金融机构资金流动情况，是观察整个货币市场资金流动的主要窗口。金融机构的群体被分为六大类：第一类是中资大型银行，包括五大国有商业银行以及邮政储蓄银行和国家开发银行；第二类是中资中小型银行，包括招商银行、城市商业银行、农村商业银行、农村合作银行、村镇银行等十七家银行；第三类是其他金融机构，包括城市信用社、农村信用社、财务公司、信托投资公司、资产管理公司等；第四类至第六类分别是证券及基金公司、保险公司和外资金融机构。在银行间货币市场上，不同机构类型的资金净融入、净融出情况，反映了彼此之间头寸调剂的情况。同时，由于参与主体涵盖了银行、保险、证券、信托等金融子行业，统一货币市场上的资金流动也反映了金融同业之间以及货币市场与资本市场之间的联动情况。

长期以来，中资大型银行在货币市场上一直处于资金净融出状态，其他金融机构与外资金融机构一直处于资金净融入状态。中资中小型银行在 2009 年之前也保持资金净融出的状态，2009 年在回购和拆借两个市场融入和融出的胶着状态后，2010 年正式转化为资金净融入的状态。这实际上反映出股份制银行和城商行在经历了市场长期历练后，资产业务已经形成可持续发展的态势，负债面已成为其发展的掣肘。至此，其他商业银行的退出使国有商业银行完全占据了"货币中心银行"的地位。2013 年前三个季度相较于 2012 年同期，中资大型银行的资金融出出现大幅度下降：回购市场除第一季度略有上升外，第二季度和第三季度资金融出分别下降了 6.3 万亿元和 4.1 万亿元；拆借市场除第一季度下降幅度较小外，第二季度和第三季度拆借融出资金分别下降了 69% 和 78%。这完全反映出 2013 年整个市场流动性紧张的局面。与此对应，货币市场中的主要存款货币机构的资金融入相较于上年同期也大幅减少。这其中存在一个有意思的现象，即中资中小型银行在回购市场上融入资金大幅减少，但在拆借市场上却是融出资金大规模增加。整体而言，中资中小型银行是资金融入方，但其在两个市场表现出不同的操作方向，这恰恰是追求资金效率的结果，尤其是在流动性紧张状态下，无抵押的资金拆借相对于有抵押的回购利率更高。

2014 年货币市场流动性将延续偏紧局面

2014 年的货币市场仍将延续 2013 年流动性偏紧的局面，短端利率贴近长端利率运行，两者在季末出现倒挂将是常态，主要线索是宏观基本面长期位于底部，但实体经济运行仍然没有"去杠杆"：以地方政府债务为例，据估算其目前存量约 20 万亿元，而这些债务不论是正规渠道还是"影子银行"，最终大部分都可归银行体系。

十八届三中全会之后，如果地方政府债务、房地产市场以及国有企业的改革能够最终落到实处，那么货币市场长期偏紧的局面将得以改善。从"6·20 钱荒"事件的最终结果来看，依靠金融"倒逼"实体改革基本无效。

商业银行应从三个方面积极
应对利率市场化

中国社会科学院金融研究所　李广子

存贷款利率市场化与银行的关系最为密切，也最受市场关注。与美国、日本、韩国等国家类似，我国的存贷款利率市场化改革采取了渐进模式，总体上按照"先外币后本币、先贷款后存款、先长期大额后短期小额"的路径循序推进。经过 10 余年的有序推进，目前我国人民币存贷款利率基本实现了"贷款利率完全市场化、存款利率实施上限管理"的格局。

利率市场化对银行的影响

存贷款业务是银行的核心业务，利率反映存贷款的价格，存贷款利率市场化因此对商业银行经营产生了重要影响。

1. 对业务收入和结构的影响

存贷款利率的市场化将会对银行的存贷利差产生直接影响。随着银行业竞争的加剧以及贷存比指标考核压力的加大，商业银行对存款的争夺日益激烈。2012 年 6 月，金融机构存款利率浮动上限调整为基准利率的 1.1 倍以后，很多银行采取存款利率"一浮到顶"的做法以吸收更多的存款；同时，随着金融市场的发展，越来越多的企业通过资本市场筹集资金，银行在贷款上的议价能力不断下降。

然而，存贷款利差收窄并不会无限期地持续下去。从国际经验看，多数国家的存贷款利差在利率市场化后经历了先下降后上升的过程。之所以出现这种情况，原因可能在于利率市场化完成之后，银行资产负债管理水平不断提升，其存贷款定价能力也不断提升，最终使存贷款利差水平出现上升。1987 年以后，美国存贷款利差水平逐渐回升，在利率市场化改革结束 5 年后，总体上回升到利率市场化之前的水平。

从目前情况来看，我国银行业收入结构中对利息收入的依赖程度普遍较高，大多数银行利息净收入在营业收入中占比超过 70%，一些银行甚至达到 90%。在这种情况下，存贷款利差的收窄必将对银行以利差收入为主的盈利模式产生较大冲击，银行盈利水平在短期内可能会出现一定程度的下滑。随着存贷款利差的上升，利率市场化对银行盈利模式的冲击可能会有所减轻甚至出现逆转。

2. 对银行承担风险的影响

从市场风险来看，利率市场化将在很大程度上提高利率波动的幅度和频率，并使存贷款利率期限结构变得更加复杂，其结果是导致银行面临较高的利率风险。这种利率风险体现为资产负债期限错配风险、基点风险、收益曲线变动风险、提前还款或取款风险等形式。

除利率风险外，利率市场化可能还会加大银行所面临的信用风险。发展中国家普遍存在一定程度上的金融抑制，我国也不例外。在这种情况下，利率一旦放开，实际利率水平可能会在短期内上升。实际利率水平的上升将导致信贷市场的"逆向选择"和"道德风险"，那些愿意承受高利率的借款人通常风险也比较高，他们在获取贷款后更可能实施高风险行为。不论是哪种情况，银行面临的信用风险都会大大上升。

另外，利率市场化也可能会加大银行的流动性风险。在利率市场化以后，利率变动会更加频繁，不同银行之间利率会存在较大的差异。在这种情况下，银行客户对存款和贷款的调整会更频繁，资金在不同银行之间、银行体系内外的流动也会更频繁。存款和贷款稳定性的降低会加大银行的流动性风险。

3. 对银行利率定价的影响

利率市场化首先会对银行存贷款利率的定价产生影响。利率市场化赋予了银行在竞争性市场中的自主定价权。如果仍然按照基准利率对存贷款进行定价，那么银行可能在激烈的市场竞争中失去存款客户，造成存款的流失；同时，银行也无法通过差别化利率来区分贷款客户的风险，从而损害优质客户的积极性并导致风险的积聚。

如果把存贷款利率看作银行对外价格的话，那么内部资金转移价格就是银行内部的资金价格。除存贷款利率定价以外，利率市场化还会对银行内部资金转移定价产生影响。在利率市场化之前，不同期限资金的成本相对固定，其内部资金转移价格也相对更容易确定。在利率市场化之后，不同资金的成本会受到更多因素的影响，因此也会存在很大差异。此时，科学地确定内部资金转移价格变得复杂多了。如果无法对内部资金转移进行科学定价，则会导致银行内部不同部门之间利益分配的不合理，进而损害了内部资源配置的效率。

从总体上看，即使没有利率市场化，银行依赖传统的业务模式也可以获得丰厚的利润，但银行就失去了发展转型的基本动力。此外，利率市场化在优化资产结构、推动银行精细化管理等方面都发挥重要的推动作用。

银行业应对利率市场化的三个关键点

1. 加快业务结构调整

为应对利率市场化冲击，首先，银行需要对传统的存贷款业务进行优化，提升存贷款业务的盈利能力，在存贷款利差收窄的情况下保持高盈利。具体而言，银行应该在对不同客户风险和收益进行分析和评价的基础上，设计出个性化、有针对性的存贷款产品，发掘优质客户，增大在高收益低风险客户上进行资金配置的比例。银行尤其应当转变发展观念，改变传统的"垒大户"做法，重视发展对优质中小企业和个人的存贷款业务。

其次，银行在对存贷款业务进行优化的同时，还要大力发展中间业务。从目前情况来看，我国银行中间业务收入主要局限于结算和一般性代理业务，业务种类相对单一，附加值较低。针对这种情况，银行要稳步扩大中间业务范围，逐渐从低层次的代收代付向财富管理、投资银行等高附加值业务发展，不断扩大中间业务收入。除中间业务外，随着金融市场的发展，那些形成表内资产的非信贷资产运用业务同样值得关注，包括贵金属投资、拆出资金、同业借出款项、交易性金融资产、衍生金融资产、买入返售金融资产、可供出售金融资产、持有到期投资和长期股权投资，等等。这些业务可以作为贷款业务的替代，能够为银行开辟新的收入来源。

再次，需要特别指出的是，在强调通过非信贷业务进行业务结构调整的过程中，既要认识到非信贷业务对增加业务收入的积极作用，又要认识到非信贷业务可能会增大银行的经营风险，银行需要在非信贷业务的收益和风险之间把握好平衡。

2. 改进风险管理水平

第一，培养专业的风险管理团队。为应对利率市场化带来的经营风险的增加，银行需要通过自身培养和外部引进等多种方式建立专业化风险管理团队。这一点对于人才积累较为薄弱的中小银行来说尤其重要。

第二，建立高效的风险管理体系。风险管理要由董事会负最终责任，要充分发挥首席风险官和风险管理委员会的作用，以确保风险管理政策能够迅速有效地执行。

第三，注重风险管理工具的开发和运用。随着金融衍生品市场的发展，利用衍生金融工具来管理银行风险将成为行业趋势。另外，作为一种先进的风险管理工具，经济资本管理在银行风险管理中的作用同样值得关注。

3. 提高利率定价能力

利率的定价是个复杂的过程。利率市场化之后，银行应该在利率定价过程中把握好以下三个方面。

一是选好基准利率。经过多年的发展，上海银行间同业拆放利率（SHIBOR）已逐渐成为我国准基准利率。与中国人民银行公布的基准利率相比，SHIBOR 是市场交易的结果，及时反映了市场需求和供给状况。尽管目前 SHIBOR 还存在很多不足（比如仅包含期限为 1 年以内的利率，交易主体代表性不够等），但随着进一步发展，这一利率体系将会不断完善，在金融市场中发挥的作用也会越来越大，能够为银行的利率定价提供有效参照。

二是选用科学的定价方法。存贷款定价方法主要有以下三种。（1）成本导向法，指根据银行经营管理存贷款所发生的资金成本、费用、风险成本以及目标利润等要素来确定存贷款利率；（2）需求导向法，主要以客户的价值为基础对存贷款进行定价，以存贷款客户对银行产生的价值来确定存贷款价格的上限，采取这种定价方法时，需要对客户价值进行准确的评价；（3）市场导向法，以同业平均价格水平或竞争对手现行价格为基础制定存贷款利率。银行应当根据自身的特点，选择适合自身特点的利率定价方法。在实际中，不同方法之间的界限并不明显，更现实的做法是同时采取不同方法进行定价，综合不同定价方法的结果后确定最终的存贷款利率。

三是做好内部资金转移定价。要建立并完善能够及时准确反映市场价格的内部资金转移定价体系，完善内部资源配置机制和绩效评估机制，提高资金配置效率。通过内部资金转移价格来调节总分行之间、资金来源与资金运用部门之间的利益关系。完善内部管理，加快建设按产品、按客户、按部门、按业务条线进行细分和成本核算的财务管理机制，使每一项金融产品、每一个客户的成本费用、风险和收益都能够得到准确界定和量化核算，为产品和服务定价提供依据和标准，促进资源的有效配置。

地方政府债务与债券市场发展

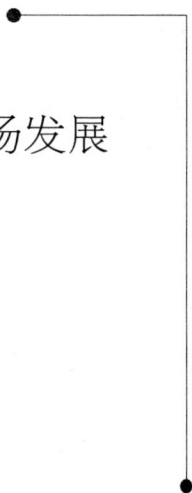

地方政府性债务的政策选择

中国社会科学院金融研究所　王国刚

党的十八大报告强调："要多谋民生之利，多解民生之忧，解决好人民最关心最直接最现实的利益问题，在学有所教、劳有所得、病有所医、老有所养、住有所居上持续取得新进展，努力让人民过上更好生活。"这一要求在党的十八届二中全会公报中被进一步明确为："不断在实现全体人民学有所教、劳有所得、病有所医、老有所养、住有所居目标上取得实实在在的进展。"党的十八届三中全会闭幕前，习近平主席在讲话中再次强调了这一表述。有效解决好这些人民群众"最关心最直接最现实的利益问题"，既是适应消费结构升级、切实满足消费需求和调整经济结构、实现经济发展方式转变的内在要求，也是推进城镇化建设、实现全面小康的内在要求。毋庸赘述，未来15年左右时间将是中国有效解决这些问题的关键时期，为此，与解决这些问题对应的消费性投资也将步入高峰趋势，所需投资额巨大。

消费性投资并非生产性投资，此类投资的结果并不直接形成生产能力，而是形成消费对象和消费条件。其中，医院和其他医疗条件、学校（尤其是高校）、文化设施、道路（包括高铁等）、桥梁和体育设施等属消费条件的范畴，住宅及其相关条件属消费对象的范畴。在全国范围内，就总体而言，这些消费对象和消费条件目前尚处于严重短缺状态，严重阻碍了众多家庭的消费资产配置和消费能力提高。增加供给、扩展规模已是当务之急。

毫无疑问，扩大消费性投资需要动员社会各方面的资金投入。在消费性投资的大多数领域，民营资本有广阔的发挥空间；在推进市场配置资源决定性作用进程中，民营资本也能够创造出一系列新的体制机制。但是，这些消费性投资在客观上需要一系列基础设施的配套才能有效发挥作用，其中包括水、电、燃气、排水、绿化等。由此深入探讨地方政府的基础设施投资资金来源及其可持续性，就成为解决和激励消费性投资的一个关键性要点。在社会各界对地方政府债务关注度提高且非议甚多的背景下，它更成为一个难点。本文试图就此谈一些不成熟的看法，以期得到抛砖引玉的效果。

厘清两类不同的政府债务

中国地方政府债务高筑引起了社会各方面（甚至国际社会）的高度关注，在欧债危机和美国财政悬崖的背景下更是如此。但从债务资金的使用结果看，政府债务有两种截然不同的情形：第一，通过承担债务所获得的资金，被政府用于提高社会福利或增加其他公共服务开支而消耗掉了；第二，通过承担债务所获得的资金，被政府用于基础设施等投资而形成了实物资产。欧债危机和美国财政悬崖主要源于前一种政府债务。在这种条件下，政府债务只能依靠税收等财政收入予以清偿。在政府财政长期处于入不敷出的赤字走势中，每期债务的偿付就只能通过不断的借新还旧机制予以暂时性缓解，结果只能是债务雪球越滚越大，使财政危机越加临近和深重。与此不同，中国各地方政府的债务主要源于后一种政府债务，即债务资金主要投资基础设施等而形成实物资产。在这种条件下，如果实物资产的结构较为合理、效率较高且能够有充分的现金流，则政府债务可依靠实物资产的运作收入予以清偿，它并不直接涉及政府财政的盈亏问题。

2011 年 6 月 27 日，审计署首次公布的《全国地方政府性债务审计结果》指出："截至 2010 年年底，全国地方政府性债务余额 107174. 91 亿元，其中，政府负有偿还责任的债务 67109. 51 亿元，占 62. 62%；政府负有担保责任的或有债务 23369.74 亿元，占 21.81%；政府可能承担一定救助责任的其他相关债务 16695.66 亿元，占 15.57%。"同时其也指出："截至 2010 年年底，在地方各级政府已支出的债务余额中，用于交通运输、市政等基础设施和能源建设 59466.89 亿元，占 61.86%；用于土地收储 10208.83 亿元，占 10.62%。这些债务资金的投入，加快了地方公路、铁路、机场等基础设施建设及轨道交通、道路桥梁等市政项目建设，形成了大量优质资产，促进了各地经济社会发展和民生改善，有利于为'十二五'及今后一段时期经济社会发展增强后劲。"这意味着至少有 72.48% 的资产是优质资产。如果再加上未投入使用的 11044.47 亿元货币资产，则优质资产达到 82.79%。由此来看，地方政府性债务中的绝大多数都投到了形成实物资产之中，并且这些实物资产属于优良资产的范畴。

2013 年 12 月 30 日，审计署再次公布的《全国地方政府性债务审计结果》指出："截至 2013 年 6 月底，地方政府负有偿还责任的债务 108859.17 亿元，负有担保责任的债务 26655.77 亿元，可能承担一定救助责任的债务 43393.72 亿元。"与 2010 年年底相比，2013 年 6 月底的地方政府性债务增加到 178908.66 亿元，增长了 66.93%。但同时其也指出："从债务资金投向看，这些资金主要用于基础设施建设和公益性项目，不仅较好地保障了地方经济社会发展的资金需要，推动了民生改善和社会事业发展，而且形成了大量优质资产，大多有经营收入作为偿债来源。在已支出的政府负有偿还责任的债务 101188.77 亿元中，用于市政建设、土地收储、交通运输、保障性住房、教科文卫、农林水利、生态建设等基础性、公益性项目的支出 87806.13 亿元，占 86.77%。"不难看出，地方政府性债务的绝大多数都形成了优良资产。

无论如何计算，有一点是清楚的，即中国地方政府性债务建立在资产形成基础上，有相当大部分的债务偿付有资产运作收入作为支撑。这与西方国家的财政债务有实质性区别，因此，不能将两类不同的政府债务相提并论。

中国尚属发展中国家，各地的发展水平差别甚大，既处于经济发展方式转变和经济结构调整的关键时期，也处于中国特色新型工业化、信息化、城镇化、农业现代化等建设的关键时期，还处于深化体制机制改革、调整经济社会各方面关系的关键时期。在此背景下，充分发挥地方政府在基础设施投资中的作用，为消费性投资开创良好的实物资产条件，为提升城乡居民的消费水平、改善相关产业的供求缺口创造条件，是一个必然的客观趋势。与此对应，地方政府性债务的增加也将是一个必然的客观趋势。

厘清不同期限的债务及其风险

偿债风险是众多人对地方政府性债务忧心忡忡的一个主要根据。从金融的角度看，偿债是一种需要统筹协调安排的复杂现象，有一系列因素影响偿债的实践活动。债务人既可以用资产运作中的现金收入偿债，也可以通过借新还旧方式偿债，还可以通过出售资产（或资产置换等）方式偿债。此外，由担保人代为还债、与债权人协商延期还债等也是可供选择的偿债方式。另外，在债务人确实不能偿付到期债务本息的条件下，可以通过实行破产清算来保护债权人的权益，还可通过债权收购来满足债权人的诉求。在这些情况尚不清楚的条件下，人们对地方政府性债务表现出的各种担忧，是缺乏实际根据的。

对任何经济主体而言，债务是金融资源跨期配置的产物。在获得某项具体债务之前，谁都不拥有与该项债务数额对应的资产；在获得债务之后到偿付债务本息之前的一段时间内，谁都不需要随即偿付该笔债务本息。因此，从偿付债务的角度看，"风险"的关键点不在于承担了多少债务数额，而在于这些债务的偿付时间长短，即债务期限。债务在期限上可分为短期债务、中期债务和长期债务。不同期限的债务，对当期而言，其偿债风险是完全不同的。第一，从资产形成来看，对债务人来说，债务期限越短风险越大，债务期限越长则风险越小。第二，从偿债能力来看，对债务人来说，债务期限越短集中偿债的风险越大，债务期限越长集中偿债的风险越小。第三，从财务运作来看，偿债指的是清偿到期债务本息。这些原理反映了实践运作中的一个基本情形，即不同期限的债务不应合为一体地研讨"风险"，而应区别对待。

2011年6月，审计署公布了《全国地方政府性债务审计结果》以后，一些人对"截至2010年年底，全国地方政府性债务余额107174.91亿元"表现出特别的关注。在欧债危机的背景下，大肆炒作地方政府债台高筑可能引致风险，即将不同年份的偿债数额集于一体研讨所谓的风险。数据显示，2011年，地方政府性债务当期总额为26246.49亿元（其中，地方政府负有偿还责任的债务为18683.81亿元），占107174.91亿元的比重仅为24.49%。从银行数据、信托数据和2013年12月审计署公布的《全国政府性债务审计结果》来看，2011年至2013年6月，地方政府性债务本息得到了较好的偿付，并没有发生严重的到期不能兑付的现象。这一方面反映了地方政府性债务的各个承担主体有较强的还债能力，每年都能够清偿到期债务；另一方面说明了将不同期限债务合为一体地研讨风险是不切实际的。

2013年6月，审计署再次公布了《全国地方政府性债务审计结果》，一些人再次从地方政府性债务余额总数出发，强调与2010年年底的相比，地方政府性债务余额从107174.91亿元增加到178908.66亿元，增长了66.93%，据此认为地方政府的债务风险在持续增大，主张中央政府应采取更加严格有力的举措予以限制。事实上，2013年当期地方政府性债务中"政府负有偿还责任的债务"只有24949.06亿元，占比为22.92%。如今，2013年已经过去，2013年的地方政府性债务已经清偿，并且迄今并没有发生大面积严重违约现象。审计署的报告中没有明确指出地方政府性债务的违约率，但它指出："截至2012年年底，全国政府负有偿还责任债务的逾期债务率为5.38%，除去应付未付款项形成的逾期债务后，逾期债务率为1.01%；政府负有担保责任的债务、可能承担一定救助责任的债务的逾期债务率分别为1.61%和1.97%，均处于较低水平。"这些实践面的事实，说明了简单将各期债务相加来研讨债务风险，可能会因过分夸大风险而引致误导政策面的选择。

要贴近实践面的情况研讨地方政府债务风险，不仅需要将各期债务分别开来，而且需要分析与各期地方政府性债务承担主体相对应的现金流的可能状况，其中至少包括收入类（如相关实体企业的经营收入、事业单位收入和地方政府性收入等）、借款类（如各类债券发行募集的资金、银行信贷资金、向信托公司等金融机构借入的资金等）、投资类（如通过财政投资提供的资金、通过 PPP 等方式获得的投资资金、项目融资等获得的投资资金等）和资产类（如通过资产销售获得的资金、通过资产置换缓释的资金等）。只有在偿债现金流分析的基础上，明确偿债风险的程度，才可能切实厘清地方政府性债务的各期风险，为对应举措的选择提供有价值的参考依据。

厘清不同特性的债务效应

债务性产品众多，不论是银行贷款、信托贷款、债券，还是租赁、保险等均属债务性金融产品。在许多人看来，这些债务性产品的属性相通，效应也就大致相同。但从金融的角度看，这些债务性产品的功能差别甚大。以银行贷款与债券的各自功能为例，两者的差别至少有如下五个方面。

第一，对信用膨胀的影响力度不同。银行信贷既可在放出贷款的同时创造新的存款，又可通过存款的增加再放出贷款，由此利用存贷款机制，银行贷款可以不断地创造出新的资金，使银行信用持续膨胀。债券作为直接金融产品，在由资金供给者直接从资金需求者手中购入债券的场合，虽然资金供给者的资金转移到资金需求者手中后，发债人又将这些资金存入银行，因此，银行存款数额并无减少，但资金需求者通过发债获得经营运作所需的资金就减少了（甚至不再需要了）银行贷款，由此抑制了银行贷款再创造资金的信用膨胀程度。银行信贷膨胀程度的收敛，直接意味着经济金融运行中的杠杆率提高趋势受到了抑制，这为"去杠杆化"创造着基础性条件。

第二，债务资金的资本性质不同。在企业的资产负债表中，银行信贷记入"流动负债"科目。其内在机理由审慎性经营原则所决定，不论是一家银行、100家银行还是1万家银行，也不论是中资银行还是海外银行，在各种各样的金融风险面前，它们都是首先强调安全性，因此在银行经营原则的排序中"安全性"先于"营利性"。由于债务资金的期限越长风险越大，对债权人就越难以控制，所以，银行在经营运作中总是倾向于发放短期贷款。在发达国家中，除住房抵押贷款（这由特殊机制保障）外，银行对实体企业的信贷基本限定在短期贷款的范畴，只有一些政府的大型项目在采取银团贷款方式运作中选择了中长期贷款。在中国，受金融体制机制制约，虽然存在大量的银行中长期贷款（其比重可达贷款余额的60%以上），但银行贷款的投放依然有明显的短期投放色彩。大多情形是，在某一5年期投资项目需要贷款20亿元的场合，如果银行审贷后批准给予放款，则每年按照工程进度预定计划落实放贷。第1年需要贷款资金5亿元，银行投放贷款5亿元；第2年需要贷款资金4亿元，银行投放贷款4亿元；第3年需要贷款资金5亿元，在货币政策紧缩的背景下，银行仅投放贷款2亿元；如此等等，严重影响项目建设的工期和建设效率。因此，不论是短期贷款还是中长期贷款，在借款人的资产负债表中，银行信贷均属债务性资金。与此不同，中长期债券募集的资金虽属债务性的范畴，但由于在财务上它们不是当期需要偿付本息的债务，所以在经济金融运作的实践中，5年期以上债券所募集的资金具有准资本功能，记入"中长期债务"科目。

第三，债务资金的价格不同。银行贷款利率建立在吸收存款利率和银行经营成本的基础上。在中国当前条件下，按照1年期存贷款基准利率计算，存款利率为3%、贷款利率为6%，存贷款利差有3个百分点。在新增贷款规模行政管制条件下，贷款利率有继续上行的趋势。与此不同，债券利率对资金供给者和资金需求者属同一利率，在一般情况下，它高于同期存款利率、低于同期贷款利率（差额为金融脱媒所提高的效率），有利于提高资金供给者的金融收入、降低资金需求者的融资成本，因此，在成熟金融市场中，其受实体经济部门（实体企业和城乡居民）

的欢迎程度高于银行存贷款。对中国金融体系改革而言，债券市场发展是诸多金融改革措施落实到位的前提性条件，是发挥金融市场在配置金融资源中的决定性作用的突破口和先导性机制。

第四，信息披露公开的程度不同。银行贷款建立在"一对一"谈判的基础上，其信息大多属于相关银行的商业机密，基本不对社会公开披露，因此，有明显的信息不对称特点。与此不同，债券属公开发行的证券，债券信息的准确和及时公开披露是其发行的基本条件。在实行发行注册制的体制机制安排中，发行人公开披露信息更是投资者（即资金供给者）了解发行人状况、做出投资购买债券决策的基本条件。信息公开披露的另一方面效应就是，发行人接受社会各界（包括媒体等）的持续性监督。在互联网时代，通过大数据、云计算等技术手段，这种持续监督的力度和及时性将加大。此类社会监督不仅影响债券的市场交易价格走势，而且有利于提高信息对称程度、市场的成熟程度和透明发债人的风险状况。

第五，市场的可交易程度不同。银行贷款属于非标准化金融产品，各笔贷款之间在时间、条件、利率、数额和贷款对象等方面不尽相同，难以直接对比，因此，它们基本处于不可直接交易状态，也很难有二级市场的交易价格（除非进行信贷资产证券化）。与此相比，债券属于标准化证券的范畴，有较为充分的二级市场交易。其对债权人来说，既可以通过交易来调整资产的流动性头寸，也可通过交易来提高这部分的收益水平（与存款相比），还可通过交易来优化资产组合；对债务人来说，既可通过交易来理解和把握市场价格走势（为后期的债券发行做准备），也可通过交易价格波动来调整债券赎回策略，还可通过交易提供的其他信息来调整经营运作、公司治理结构和发展取向等。

由上不难看出，债券是一种市场化程度、透明程度和金融效率等均较高的金融产品，是中国金融市场发展中应着力推进的主要债务类产品。与此对应，在债券市场发展中，随着金融脱媒的展开，银行贷款在资金供给中所占的比重将明显降低。

数据显示，2013 年 6 月底，在地方政府性债务中"政府负有偿还责任的债务"总额为 108859.17 亿元，其中，仅"银行贷款"就达 55252.45 亿元，占比达 50.76%；如果假定"短期融资券""应付未付款项""信托融资""其他单位和个人借款""垫资施工、延期付款""证券、保险业和其他金融机构融资""集资"等均为短期债务资金，则这些科目的短期债务资金达 27847.9 亿元，占比达 25.58%；两者相加，占比达 76.34%。因此，地方政府性债务主要由短期债务资金构成。

将资金来源与资金用途相比较可以看出，两者在期限上明显不匹配，"短资长用"的现象十分突出。诸如市政建设、交通运输、保障性住房、教科文卫、农林水利、生态建设、工业和能源等的建设需要投入的是中长期资金，但用于支持这些建设的资金来源却以短期债务资金为主。这种资金期限的不匹配，不仅使地方政府每年需要花费大量时间和精力筹措资金，可用资金的捉襟见肘，而且在资金对缝式协调配置中，常常不得不拆东墙补西墙，这既严重影响项目施工进度和效率，也带来了一系列风险和其他不可预见的后果。

要跳出这种资金期限错配的困境，克服由此引致的种种弊端，一个可供选择的政策路径是，加大地方政府的项目发债规模，提高中长期债务比重，改变以短期信贷资金为主的格局，以中长期债券募集的中长期资金来支持地方政府的各项基础设施建设。这也有利于降低地方政府债务融资的成本，加快中国债券市场的发展。

厘清不同特性的财政债务

在研讨地方政府性债务过程中，一些人总是将这些债务余额与地方政府的财政收入进行直接对比，以此论证地方政府的债台高筑，存在种种偿债风险。但实际上，地方政府性债务论及的范围并非财政的范畴所能囊括的。

首先，对"融资平台公司"和"国有独资或控股企业"来说，不论是《中华人民共和国物权法》《中华人民共和国公司法》《中华人民共和国破产法》等法律规定，还是相关财务制度都规定，公司作为独立法人机构，它们承担的债务应由它们自己负责清偿，如果不能清偿到期债务本息，它们应进入破产清算程序，因此，这些债务不属于由地方政府财政清偿的范畴。数据显示，"融资平台公司"的债务在 2013 年 6 月底达到 52318.08 亿元，占比达 50.07%，但这些债务不应属于地方政府负有偿还责任的债务。与此对应，这些公司的债务也不应形成地方政府的或有债务，"融资平台公司"和"国有独资或控股企业"的"政府或有债务"达到 48742.22 亿元，占比达 72.56%。另外，如果这些公司的债务由地方政府财政承担，那么其与《中华人民共和国反补贴条例》的要求相冲突，这既不利于建设公平竞争的市场环境，也不利于这些公司进入国际竞争。其次，"自收自支事业单位"属于实行企业化管理的事业单位。对它们来说，"政府负有偿还责任的债务" 3462.91 亿元和"政府或有债务" 2562.55 亿元应由它们自己清偿，不应由地方政府财政承担偿还责任，否则，"自收自支"的企业化管理就失去了最基本的财务含义。因此，它们的债务也不应直接列入与地方政府财政对比的范畴。最后，2013 年 6 月的《全国地方政府性债务审计结果》明确指出："用于城市轨道交通、水热电气等市政建设和高速公路、铁路、机场等交通运输设施建设的债务，不仅形成了相应资产，而且大多有较好的经营性收入；用于公租房、廉租房、经济适用房等保障性住房的债务，也有相应的资产、租金和售房收入。"这也反映了相关的"融资平台公司"和"国有独资或控股企业"的债务并不需要由地方政府承担偿债责任。因此，这些债务不应直接与地方政府财政收入挂钩并由此算出财政债务率。

财政收入通常指的是 1 年内某级政府财政通过税收及其他方式获得的收入总和。在债务资金全额被政府部门用于提高社会福利或增加其他公共服务开支而消耗掉了（即不增加实物资产）的条件下，偿还债务的状况取决于随后各年的财政收入走势，由此将这些债务直接与财政收入挂钩并通过计算财政债务负担率来预计政府部门偿债能力，是有积极意义的。由于欧美等西方发达国家的公共财政特点是，财政收入在满足经常性支出、提高社会福利和其他公共服务之后就所剩无几，并不形成具有收入来源的资产。所以，他们可以直接用政府部门的债务与其财政收入相对比算出财政债务负担率。但在中国，情况明显不同。首先，中国各地方政府收入，除了财政预算内收入外，还包括地方政府性收入（如地方政府基金收入等）、国有独资或控股企业中的国有股权收入、出售资产收入和其他收入。这些收入不是简单用预算内收入所能囊括的，也不是用预算内收入计算的财政债务负担率所能反映的。其次，在实践过程中，经济主体用于偿还债务资金并不是经营利润，只要有现金收入和其他的资金来源，就可清偿到期债务。"融资平台公司""国有独资或控股企业""自收自支事业单位"等都可用经营运作过程中产生的现金流来偿付到期债务，因此，并不需要将它们的债务列入地方财政的债务负担的范畴（当然，如上所述，也不应当列入由地方政府财政承担债务偿还的范畴）。最后，中国地方政府在以往投资中已形成大量资产，其中不乏优质资产和有良好现金流的资产，在必要时可通过出售这些资产来偿付到期债务，因此，债务清偿的资金来源并不完全局限于财政预算内收入。

偿还到期债务是一个当期的范畴。在使用长期债务资金投资形成实物资产的条件下，某一确定时点（如某年）的地方财政债务负担数额也许可以选择用"中长期债券所募资金的资本数额"的方式进行计算，将当期不需要偿还的未来债务数额列在当期的财政债务负担的范畴之外。例如，某项10年期的100亿元债务，第1年此项债务不列入财政债务、第2年列入10亿元为财政债务、第3年列入20亿元为财政债务，如此逐年按比例列入财政债务的范畴，到第10年将100亿元列入财政债务。这样的计算方法，既比较符合实际的经济活动情况，将形成资产的财政债务与不形成资产的财政债务相区别，从而真实地反映以资产为基础的财政偿付债务能力变化情况，又可避免社会各界因财政债务增加产生的各种风险担忧，为地方政府基础设施建设提供一个相对宽松的社会舆论环境。

总之，计算财政债务负担率需要具体情况具体分析，既应贯彻市场经济规则和法律制度要求，避免将国有经济部门中不同主体承担的债务均列入地方政府财政负担的范畴，也应根据财政债务的资产形成状况，参照资产负债表机理，将不是当期需要偿付的债务，逐年按比例记入负债的范畴，以此支持地方政府通过长期债务性资金进行基础设施建设，为有效缓解城镇化过程的教育、文化、医疗、道路、桥梁、住房和养老等一系列供求缺口创造消费条件，以推进消费结构升级和实现全面小康。

通过长期债券转变地方债务承担方式

党的十八届三中全会在《决定》中指出，要"建立透明规范的城市建设投融资机制，允许地方政府通过发债等多种方式拓宽城市建设融资渠道"。实际上，对地方政府来说，其面对一个严重的矛盾。一方面要缓解经济社会运行中在教育、文化、医疗、道路、桥梁、住房、供水、供气、绿化和环保等方面的一系列供求缺口，由此必然要加大和加快相关的资金投入；在可支付财力严重不足的条件下，只能通过借入债务性资金来满足这些基础设施建设的需要，为此，债务数额增加和债务负担率上升都将是必然的趋势。另一方面，债务数额增加和债务负担率上升又将引致偿债压力增大和偿债风险提高，借入的债务资金期限越短则偿债风险越大。在这种财力与事权严重不匹配的格局中，发行长期债券也许是一个可考虑的应对之策。

之所以通过发行长期债券来缓解地方政府的财力与事权矛盾，主要有三种考虑。第一，中国的城镇化建设正处于高峰期，这个过程需要延续 15 年左右时间；在此之后，随着城镇化建设趋于完成，地方政府的基础设施建设投资将逐步减少。由于长期债券所募集的资金在债券期限内不需还本（只需按年付息），所以它既能够满足这一建设高峰期的投资资金需求，又有利于缓解这些投资资金的偿债压力。与地方政府性债务资金主要来源于银行信贷等短期资金相比，长期债券不仅有利于保障资金运作的稳定，给相关项目建设以稳定的资金支持，而且有利于降低总体融资成本，减弱经济运行中宏观经济政策调整带来的波动性影响。第二，长期债券的本金在经济发展中受到物价上行的侵蚀。在 20 年的递增中，只要每年物价上升 3.7%，本金的初始价值就将在期末为 0。在中国经济发展过程中，1978~2012 年的 34 年间 CPI 上行了 4.80 倍、商品零售价格指数（RPI）上行了 3.35 倍，1985~2012 年的 27 年间 PPI 上行了 2.93 倍。如果这种物价上行幅度在未来 15 年依然延续，那么 15 年期的长期债券本金的实际价值在到期偿还时将趋于 0，这将大大减弱偿债压力。第三，在 15 年间，只要这些长期债券资金在项目建成后的经营运作效率高出偿债利率 5 个百分点左右，累积的利润总额就能够满足偿付到期本金的需要，由此既满足了 15 年间相关消费对象和消费条件供给的需要，推进了这些方面供求缺口的改善，又具有兑付到期本金的能力。不难看出，长期债券的这些功能，是简单运用银行信贷或其他短期借贷资金所难以实现的。

在推进地方政府发行长期债券中，需要注意解决好以下八个方面的具体问题。

第一，界定发债主体。从"举债主体类别"中可以看到，诸如"融资平台公司"和"国有独资或控股企业"等属于独立法人机构，按照《中华人民共和国公司法》等法律法规的规定，它们本来具有举债的独立资格，可以自己的名义发行长期债券，因此，应准许它们根据城镇化建设项目的需要，自主发行长期债券。如前所述，这些债券形成的债务应与地方政府财政分立。另外，在非公司制运作中，可考虑选择项目债券，即以这些项目现金流为偿付基础、辅之以地方政府的信用支持；对那些纯公共性产品（如城区道路、绿地等）的建设，可考虑发行有担保的长期债券，担保者既可以是国有独资的城建公司等，也可以是地方政府基金，还可以是地方政府财政。

第二，公开披露信息。从改革的角度看，地方长期债券的发行将从审批制转向注册制。在注册制条件下，信息公开披露是一项核心机制。它不仅决定了债券发行价格的高低，决定了债券信用程度的高低，而且决定了债券发行的顺利程度，决定了债券市场发展的前景。为此，应着力明确债券发行所应公开披露的各项信息，并运用大数据、云计算等最新技术手段来丰富和完善相关债券的信息公开披露程度，以取信于投资者。

第三，明确发行对象。长期以来，中国的债券绝大多数向银行等金融机构发行，这对发行人虽有发行期短、发债资金到位快等好处，但因银行等金融机构并非是资金的供给者，同时银行属于风险厌恶者的范畴，所以，它既不利于各种风险程度不同的债券发行，使相当多的不符合银行风险偏好的债券难以发行，也不利于提高债权人对债务人的监督程度。要改变这种状况，充分发挥债券在金融运行中的多方面功能，就必须使债券回归直接金融产品，由此债券的发行对象就应当以城乡居民和实体企业为主。

第四，明确债券条件。债券依具体条件而有众多的分类。按照抵押担保状况，债券可分为抵押担保债券、抵押债券、担保债券和无抵押无担保债券等；按照是否可赎回，可分为可赎回债券、不可赎回债券等；按照风险程度，可分为投资级债券、高风险债券；按照是否可转换为股票，可分为可转换债券和不可转换债券，如此等等。地方政府在发债中应选择既适合项目投资又适合投资者的债券条件，尤其是考虑到长期债券的延续期限较长，其间各种条件都将发生变化，所以更应选择适当的发债条件，给债权人和债务人以更多的市场选择权。

第五，划定发行区域。地方性债券的发行未必都要在银行间市场或证券交易所市场进行，为了降低对债券风险的担忧程度，地方债券可选择在本地区（如本省或本市）范围内面向社会公众和实体企业发售，项目债券尤其应当考虑这一选择。原因是：一方面认购者对本地区的情况较为熟悉，对发债资金的投资项目等有较强的鉴别能力；另一方面，认购者对发债人有较强的监督能力，可迫使发债人履行到期偿债的义务。

第六，发债渠道。以往发债选择的是银行间市场、交易所市场和柜台发售等，这些渠道的一个特点是发债成本较高，并且不利于推进地方债券市场的形成。要降低发债成本且推进地方金融市场的发展，可考虑利用互联网渠道和技术，公开向社会公众和实体企业发售长期债券。这种渠道最初可能会因认购者不了解、不熟悉此种路径而使发债的速度慢一些，但随着发债只数的增加，它的效率将明显提高，优势也将逐步展示。此外，它有利于建立以互联网为依托的新的债券交易市场。

第七，强化资信评级。资信评级是债券发行中不可或缺的机制。它不仅对债券发行价格有重要影响，对投资者认购行为有导向作用，而且是监督发债人的重要机制，对债券交易价格走势也有至关重要的影响。中国的债券资信评级不成熟、不发达，这是现实状况，但它只能在债券市场发展中、在资信评级市场竞争中逐步走向成熟。

第八，落实发行失败制度。债券发行受到各种条件的制约，由于某些条件不成熟或发债方案未能得到投资者的认同，实际发行的债权数额可能明显低于预期发债数额（例如，发行期结束时的实际发债量为预期发债量的60%以下），由此引致发债资金难以满足项目建设的需要，又使前期认购者的购债资金面临较大的风险。在这种情况下，应启动发债失败程序，全额清偿前期认购者的本息。这样做的好处是，既维护了发债人的声誉，使其避免陷入尴尬境地，又避免了草率发债现象的发生。

发行长期债券还需要考虑交易市场的建设、到期不能偿付的清算机制等一系列问题。从地方政府债券的角度看，还要考虑财政集权体制的中央财政与地方财政的关系等问题。长期债券市场的发展是一项复杂的系统工程，其中不免存在各种各样的难点。但如果不起步，这些难点便始终存在，不仅会影响经济发展潜力的发挥和经济发展水平，而且难以推动城乡居民消费结构的升级、民生工程的兑现和全面小康的实现。要切实"解决好人民最关心最直接最现实的利益问题"，就必须选择在发展中克服难点的政策取向。

地方政府债务风险可控

中国社会科学院金融研究所　刘煜辉

十二届全国人大常委会第八次会议审议的《预算法（修正案草案三审稿）》指出，拟适度放开地方政府举债的权限，同时设立多道"防火墙"规范政府举债行为。

2014年政府财政预算报告提及的财政政策工作重点与预算法修改方向基本一致。一是将研究赋予地方政府依法适度举债融资权限，建立以政府债券为主体的地方政府举债融资机制；研究制定地方政府债券自发自还改革方案，推动部分地方开展改革试点。二是对地方政府性债务实行分类管理和限额控制，有一定收益的公益性事业发展举借的专项债务，主要由地方政府通过发行市政债券等专项债券融资，以对应的政府性基金和专项收入偿还；没有收益的公益性事业发展举借的债务，由地方政府发行一般债务融资，主要通过公共财政收入和举借新债偿还；推广运用政府与社会资本合作模式，鼓励社会资本通过特许经营等方式参与城市基础设施建设等投资与运营。三是建立债务风险预警及化解机制，列入风险预警范围的高风险地区不得新增债务余额，推进建立考核问责机制和地方政府信用评级制度。

地方政府债务风险整体可控

尽管近两年地方政府债务规模增长较快，但从目前来看，地方政府债务的风险整体可控。

其一，中央和地方政府（与财政责任相关的）的债务规模占 GDP 的比例控制在 60% 以内。刚刚发布的全国各级政府债务审计结果显示，截至 2012 年年底，全国政府负有偿还责任债务占 GDP 的比例为 36.7%。若将政府负有担保责任的债务按照 19.13%、可能承担一定救助责任的债务按照 14.64% 的比例折算，则总债务占 GDP 的比例为 39.4%，它们均处于国际货币基金组织确定的债务率控制标准参考值范围之内。

其二，在单一制国家中，政府有很强的控制力，能将债务在中央政府、地方政府、企业和住户部门之间转移。一个部门的负债对应的往往是另一个部门的资产，只要国家对国外经济部门保持相当规模的净债权状态，发生债务危机的概率就不大。

其三，从短期来看，我们可供选择的减杠杆的政策空间很大，包括政府资产的转卖、债转股、用长期债务替换短期债务，将负债期拉长，减少错配的风险，等等。

未来中央政府信用救助是可以考虑的重要手段。在单一制下，地方政府实际上是没有单独承担风险能力的主体（它的行为可以公司化，但产权关系是模糊的），这好似一艘没有做底舱隔段的船（任何一级政府的风险都可能是上级政府和中央政府的风险）。所以中国未来要利用好仍处于健康状态的中央政府的表（2012 年中央政府债务占 GDP 比例只有 23%），通过低成本融资将企业和地方政府的存量债务逐步有序地转移至中央政府的表上，集中进行债务重组（具体执行的技术细节可以再进一步探讨，比方说中央可能要跟地方和银行谈一个价格，不能全额埋单，要"倒逼"硬化约束机制的建立，减少未来道德风险的发生）。

这要先"转移杠杆"，再行"去杠杆"，如果组织有序，能最大限度地避免"去杠杆"过程中的无序和相互践踏风险，将有效缓解流动性紧张，既可以降低存量债务系统循环的成本，也可以为实体经济提供充裕的流动性。

总之，我们认为地方政府债务风险是完全可控的。

地方债务治理的两个关键

从长期来看，地方债务治理机制主要要解决两个问题。

第一个问题是，切实推进政府职能转变、强化债务约束的预算改革，这是落实市场在资源配置中起决定性作用的关键所在，是个系统工程，是如习主席所说的"啃硬骨头"。这可能要改变中国的分权式竞争体制（GDP竞争的政绩考核制度），重构中国经济增长的引擎。在分权式竞争体制下，一旦经济下滑，地方融资和竞争性发展的这种特征就会出现。治一阵子又起来一段，起来一段又治一阵子，地方债务治理永远跳不出这个循环。

第二个问题是，地方政府未来要成为一个真正合格的市场融资主体，就必须有配套的制度保障，从而获得相应的与债务匹配的偿债收入，这样才能设计对应的金融解决方案。

在成熟的国家中，与地方政府举债相对应的偿债结构主要是两个制度安排。

第一个是高效率的城市基础设施市场化运营机制。基础设施的运营不是完全靠政府财政补贴，相当一部分是靠市场化运营和使用者付费，而中国目前主要靠财政补贴。比如，北京拥有全世界最完善的基础设施，但收费可能是最便宜的。党的十八届三中全会提出，在自然垄断性领域（电网、铁路、油气、水网等），可以根据不同行业特点实行网运分开、放开竞争性业务，推进公共资源配置市场化，进一步破除各种形式的行政垄断。这有利于形成支撑公共基础设施项目的合理偿债收入。

第二个是地方政府要有稳定的主体税源。在成熟国家中，地方政府的收入是以不动产税、消费税和资源税为主体的。由于分税制没有形成地方财力与事权相匹配的体制，中国的地方政府越来越求诸"土地财政"，行为短期化导致了越来越严重的机会主义和道德风险（通过土地出让，50年或70年的土地租金事实上被政府一次性收取，而一届政府的任期只有 3~5 年。这种不对称性是诱使地方政府无休止地占用辖地土地资源的根本原因）。

城市建设投融资机制的改革对策

党的十八届三中全会在《中共中央关于全面深化改革若干重大问题的决定》（以下简称《决定》）中提出，要"建立事权和支出责任相适应的制度"，并明确"区域性公共服务作为地方事权"。《决定》提出要"建立透明规范的城市建设投融资机制，允许地方政府通过发债等多种方式拓宽城市建设融资渠道"，这为建立权责明晰、多元化的城市建设投融资体制指明了方向。

根据《决定》的精神，我们就未来城市建设投融资体制（金融解决方案）提出以下四种对策。

一是产权对策。通过资产证券化，实现基础设施产权向社会资本的转让。为此应建立基础设施的产权交易市场，完善地方政府投资项目的退出机制，以便于地方退出部分国有股权，盘活地方政府融资平台现有的资产，通过资产证券化等金融运作手段为新项目和在建项目筹集资金。

二是机构对策。设立城市基础设施投融资专营机构，或是在国有商业银行设立特别账户，封闭管理平台资金运用和偿债资产收益。

三是市场对策。以城镇化未来收益为支撑，积极探索多样化的市政项目发债模式。根据市政项目收益状况的不同，可以考虑分类处理。

如果项目本身收益具有完全偿债能力，如水务类公用事业、车流量较大的高速公路等都可以通过收费获取稳定收益，实现还本付息。这类项目可以由地方政府授权机构或代理机构发行债券筹资，并明确以项目收入作为偿债来源，国际上称为项目收益债券（Revenue Obligations）。

如果项目自身收益不能完全偿还债务，那么加上其附加价值则可满足偿债要求。港铁公司就是通过开发地铁上盖土地，用上盖土地增值收益偿还的债务。对于这类项目，国际上一般混合使用市政债券和资产证券化（ABS）。

如果项目自身收益加上其附加价值仍不足以完全满足偿债要求，那么偿债缺口还需要用地方政府财税收入予以弥补。这类项目偿债就需要项目收益、土地增值收益和财政补贴共同构成合理的偿债结构。

国际上通行的是公共部门－私人企业－合作模式（PPP模式）。应允许有条件的地方，根据实际情况进行不同模式的试点和探索。为此，市政债券应享受税收减免待遇，并在地方政府预算中设立特别账户，封闭管理发债资金运用和偿债资产收益，同时按市政债的要求强化其信息披露和惩罚约束责任。进一步推动利率市场化改革和分层次的信用体系建设，发挥信用评级在强化市场约束中的作用。进一步推动各类金融机构完善公司治理，形成有效的决策、执行、制衡机制，促使投资者按市场化理念和原则，基于透明的地方政府财务信息和信用评级结果进行投资决策。

四是外资对策。继续推动汇率自由化和资本项目开放的进程，以便利境外投资者参与地方政府债券市场。

地方政府债券关乎财政金融改革大局

中国社会科学院金融研究所　张跃文

地方政府债券发行的正规化和常态化，不仅仅为国内债券市场增加了一个可投资品种，更重要的是，它打开了一个改革的时间窗口，为完善我国地方政府债务管理体制，提高国内直接融资比重，增加人民群众财产性收入创造了契机。因此，地方政府债券是关乎我国财政金融改革的一件大事。

财政部不久前发布了《2014 年地方政府债券自发自还试点办法》（财库〔2014〕57 号），将地方政府债券自发自还的试点范围从 6 个省市区扩大到 10 个，发行总额约为 1100 亿元，占全年计划发行地方政府债券的 27.5%，期限为 5～10 年。相对于地方政府近 11 万亿元的债务而言，1100 亿元并不是一个很大的数目，短时间内也很难依靠发行债券完全解决地方政府的债务问题。但是地方自行发债试点，却实实在在地打开了地方债务管理体制改革和国内金融改革的重要时间窗口。第一，地方政府办理债券自发自还业务，这意味着中央政府将偿债责任正式落实到地方政府身上。与以往以银行贷款为主的融资方式相比，发债融资的市场化程度更高，地方政府需要适应并逐渐擅长通过公开市场募集资金和接受市场监督。鉴于市场投资者多元化的特征，地方政府需要根据投资者的不同需求以及市场形势，有针对性地制定债券发行方案，提高发债主体和债券自身的信息透明度，接受债权人监督，以逐步提高市场声誉，控制融资成本。这同以往仅通过少数银行融资的方式有了较大区别，对地方政府举债融资机制提出了新要求。第二，我国地方政府债券通常被视为准主权级债券，同国债一样具有刚性兑付特征。但地方政府不像中央政府那样具有货币发行权，理论上不能通过超发货币的方式履行兑付责任。因此，地方政府只能通过常规渠道组织资金，履行到期兑付责任。这对地方政府完善债务管理机制以及风险预警系统提出了新要求。第三，对于很多地方而言，发行地方政府债券的主要功能是以债券融资替代银行信贷融资，以中长期资金替代短期融资，以政府显性债务替代隐性债务。而中央政府一个很重要的目标是分散地方政府债务过分集中于银行体系的风险，将风险通过债券市场分散和转移出去。这就要求向地方政府出借资金的主体应逐步由银行转换为多元化的市场投资者。目前，以银行为主体的银行间债券市场尽管是我国主要的债券发行及交易市场，但它还不能完全满足投资主体多元化的需要，这对我国建设多层次债券市场提出了新要求。

财政部有关负责人日前在回答关于地方政府债券自发自还试点意义的时候表示，自发自还试点"是落实党的十八届三中全会、中央经济工作会议提出的'建立规范合理的中央和地方政府债务管理和风险预警机制''着力防控债务风险'等要求的重要举措，也是落实国务院关于2014年深化经济体制改革重点任务'建立以政府债券为主体的地方政府举债融资机制'的重要内容，有利于消除偿债主体不清晰问题，有利于进一步强化市场约束，控制和化解地方债务风险，探索建立地方债券市场并推动其健康发展"。这里我们需要稍微分析一下，为什么说地方政府债券自发自还能够成为中央规范地方政府债务管理和防控债务风险的重要举措。从融资方式来看，银行贷款和公开发行债券都是举债融资方式，只不过有关法律规定地方政府不能直接从银行贷款融资，此前多是由地方融资平台进行贷款操作。在中央政府对地方融资平台进行多次审计和整顿后，地方政府通过融资平台公司向银行举债的路径基本被堵住，而现在以直接发行债券的方式代之，并且中央提出要逐步"建立以政府债券为主体的地方政府举债融资机制"，显然，如果仅仅将地方政府自行发债理解为融资方式表面上的变化，那么这一事件的意义就不会如财政部有关负责人所表述的那样重大。换句话说，地方政府自行发债被认为可以借助市场力量，强化外部约束，迫使地方加强债务管理和建立风险预警系统，确保地方财政安全。因此问题的核心就转向了我们是不是拥有一个足够强大的债券市场，能够有效规范地方政府举债行为。

在发达市场，地方政府债券一般可以豁免发行注册程序，信息披露也可以适当简化，投资者的利息收益甚至可以免税。但是这并不意味着地方政府可以随意举债甚至逃避偿债责任。美国历史上的橙县破产事件以及2008年以后多个地方政府债台高筑，陷入破产边缘，已经为美国投资者提供了充足的反面教材。地方政府可以像企业一样拖欠债务甚至破产，在发达市场早已不是新鲜事。在我国，由于政治体制差异和传统财政体制的影响，中央政府仍然对地方政府债务承担连带责任，投资者从总体上还不需要为地方政府的债务风险担忧。但是，随着近年来地方政府债务的迅速膨胀，中央对于地方债务的潜在担保也显得不那么保险了。根据审计署报告，截至2013年6月，地方政府负有偿还责任的债务总额已接近11万亿元，超过了中央政府债务，年均增长20%。其中超过80%的债务在未来4年内到期。此外，地方政府负有担保责任的债务尚有2.7万亿元，可能承担一定救助责任的债务为4.3万亿元。地方政府债务负担迅速增加是在中央和地方的事权、财权不对称，地方财政管理体制不健全的大背景下出现的，其对中央政府信用的透支已经到了危及国家财政安全的程度。如果不改变现行体制，那么地方政府债务的持续膨胀必将突破中央政府承保底线，这将导致国家主权债务风险上升，恶性通货膨胀的可能性加大。

显然，中央希望通过允许地方政府自行发债，借助市场力量强化对地方举债的约束。但实现这一目标需要满足几个条件。第一，中央财政与地方财政实现了某种责任切割，或者中央对地方债务的担保责任能够被量化和固定下来，使市场可以更好地判断地方政府债券的违约风险及损失程度，进而通过价格杠杆调节地方政府融资成本，约束其举债行为；第二，地方政府的行政体制能够有效统一举债责任与偿债责任，强化财政投资回报意识，党政一把手切实对政府债务承担责任；第三，地方财政体系能够保持较高的透明度，能够接受外部审计监督，建立相对有效的信息披露机制；第四，债券市场摆脱由少数大型银行机构控制的局面，能够对地方政府的主体信用和债券信用进行公允评级和定价，减少传统银政关系通过债券市场渠道对地方政府举债的产生影响行为。显然，前述第一、第二和第三个条件能否得到满足，取决于我国财政体制改革的成效，而第四个条件则取决于金融体制改革。财政体制改革在我国是一个老生常谈的问题，它事关国家政治体制改革，以及中央与地方关系。在推动金融体制改革方面，特别是建立多层次债券市场方面，我国确实有许多工作还没有完成。仅就地方政府债券而言，财政部2014年57号文对于债券品种、发行规模、发行程序、定价机制和交易场所都做出了比较明确的规定，参与试点的地方政府事实上并没有太多的选择余地；但是对于市场普遍关心的信息披露、偿债责任、违约处罚等关键性问题，该文件仅做出原则性规定，甚至没有规定。因此可以说这个文件只是起了规范参与试点的地方政府发行债券行为的作用，对于培育和规范地方政府债券市场的贡献不大；而且地方政府债券发行试点实际上沿用了以往"谁发起，谁监管"的传统证券监管方式，没有解决债券发行与交易如何同现有债券市场监管机构和监管规则对接的问题。而财政部门事实上又无法承担起对地方政府债券发行及交易活动进行监管的职责，这一细分市场未来可能会出现更多监管空白。为做好地方政府债券发行试点工作，切实将中央意图贯彻到具体工作中，推动我国财政金融体制改革快速深入展开，建议由金融监管协调部际联席会议统一安排与地方政府债券发行与交易有关的重大事项，参照企业债务类融资工具有关规定，对地方政府债券的信息披露、交易规则、偿付责任、违约追索等提出细化要求；同时逐步放松对地方政府发行债券的行政性管制，让地方政府自主选择发行券种、发行场所、定价机制和制订偿债计划；另外，适当限制商业银行持有地方政府债券，积极引入银行体系外资金特别是个人投资者的资金，逐步建立和完善地方债券市场，形成"银行有限参与，市场梯度发展，群众积极监督"的地方政府债券发展机制。

地方债自发自还，市场化融资
推进城镇化进程

《2014 年地方政府债券自发自还试点办法》出台，上海、浙江、广东、深圳、江苏、山东等 10 个省份试点地方政府债券自发自还。广东作为试点先行省份于 2014 年 6 月 23 日招标发行 148 亿元地方债，主要用于保障房建设。这一系列政策的出台引发市场热议，其被认为是建立地方政府融资机制，推动地方政府债券市场发展的关键一步。

面对城镇化的进程，如何解决地方政府投资拉动经济的资金缺口问题，逐步推进市政债券的发行，建立地方政府市场化的投融资机制，降低财政风险和金融风险，完善地方政府债务风险管理等相关制度值得我们深入探讨。

地方债是债券市场重头戏

允许地方政府发行债券是实行分税分级财政体制国家的普遍做法。当地方政府税收收入不能满足其财政支出需求时，地方政府可以发行债券为基础设施建设及公共产品筹资，如英国、美国、德国和日本等国家的地方政府债在其财政收入及债券市场体系中都占有重要地位。20 世纪 90 年代中期以后，全球市场出现了以金融市场的快速发展来补充银行主导性金融系统的明显趋势，市政债的全球市场比例在总体上呈现迅速发展势头，并被广泛应用于公共投融资的各个领域，成为地方政府非常重要的融资工具。

实际上，近年来对地方政府融资机制的探索一直不断。2009年，财政预算安排2000亿元的中央代地方发债额度，地方政府债券正式启动。2011年，经国务院批准，启动上海市、浙江省、广东省、深圳市开展地方政府自行发债试点。2013年，新增江苏省和山东省可以自行发债的地方政府。试点地区自行发债收支实行预算管理，同时建立偿债保障机制。地方政府自行发债试点的启动，有利于地方政府逐步建立稳定和规范的融资渠道，同时将隐性债务显性化，这是化解财政风险和金融风险的必然选择。

城镇化需政府推动， 地方债不可或缺

新型城镇化需要积极的财政政策与货币政策协调配合来推动。地方政府必然需要在基础设施、公共服务和保障性住房建设等方面进行大量投资，融资和再融资的压力巨大。从欧洲、日本和韩国的经验来看，城镇化的进程在很大程度上得益于政府推动。美国虽然主要是由市场主导，但是政策支持也发挥了不可或缺的作用。

目前，在推进新型城镇化的过程中，如何加快财税体制和投融资机制的改革，创新金融服务，通过体制的创新来推动政府层面和企业层面等多元化的资金保障成为关注热点等。从发达国家的经验来看，建立市场化的地方政府投融资机制，并发行市政债为城镇化建设融资是主要的手段之一。

应多因素考量地方债发行模式

由于各地方政府财政状况和金融生态环境存在巨大的差异，因此未

来地方政府独立发债必须遵循渐进的原则。地方政府的举债行为也会受到金融市场发展水平的制约。一是市场是否具有对投资风险有相当评判能力的专业化投资群体，这一点是基础。二是是否有独立的信用评级机构等中介机构对各地区的经济发展和财税金融基础设施状况进行客观的分析和评价，这主要涉及财政等信息透明度的问题。

目前我国金融市场发展不完善，相关法律和监管框架缺乏，因此在发展地方政府债券的起步阶段，一定要完善地方政府债券风险管理机制，从地方政府债券的发行、交易、偿还和监管各环节进行严格规定。这一般包括举债权的控制与发债规模的确定、市场准入的限制、信用评级体系的构建、投资项目管理与评估、监管的协调以及法律框架的完善。

从金融市场发展的角度来看，完善与地方政府债券相配套的政策主要包括：建立推动地方政府债券的市场化发行制度，确定合适的发行与承销主体，完善发行与定价机制，丰富地方政府债券市场的机构投资者层次，完善债券收益率曲线，提高市场流动性以降低投资风险，完善评级及信息披露制度等。同时，提高相关市政项目的投资效益也是重要的方面。

在借鉴国际经验的基础上，逐步建立以信用评级制度、信息披露制度和债券保险制度为内容的信用风险管理的"三驾马车"基本框架。逐步完善以法律法规为基础，以信息披露为核心，以规模控制、信用评级、风险预警、偿债基金和危机化解等为手段的风险监控框架体系，在政府层面为有效防范市政债券系统性风险提供源头性保障。

未来，随着地方政府债券相关法律制度的完善，建立地方政府债券信用评级体系并提高发债主体长期偿债能力十分迫切。从投资者的角度来看，地方政府债券的风险主要包括信用风险、流动性风险以及利率风险。从信用风险和偿债机制来看，地区经济情况、政策扶持力度、财政状况、金融生态环境、投资项目的效益、基础设施建设能力、流动性和监管环境的变化等都会影响发债主体的融资成本和偿债能力。

同时，要逐步完善地方政府债券市场多层次管理机制，这包括市场化发行定价机制、发债规模与期限结构、信用评级体系、信息披露制度、信用增进制度和保险制度等投资者保护机制，也要逐步实现监管的协调以及法律框架的完善。

另外，如何吸引更多的民营资本参与城镇化也值得深入探讨。这包括在利用国际及国内民间私人资本进行公共基础设施建设时，可以考虑广泛采用 PPP（Public – Private – Partnership）作为项目融资模式，而设立民营银行也是引导民资进行金融创新的有效路径。城镇化过程也要从统筹出发来考虑周边的经济效益和社会效益，稳步推动区域金融与经济合作的进程。

公司债券回归，直接金融助力经济
走出运行难局

中国社会科学院金融研究所　王国刚

中国经济运行正处于一个艰难的调整周期。"艰难"不仅表现在经济上行乏力（如果贸然放松宏观调控政策，加大货币投放数量和固定资产投资力度，将给后期经济运行带来更加严重的后果），表现在近年来经济结构调整、经济效益提高从而经济运行质量改善等方面的效果尚不尽如人意，而且表现在实体企业的融资成本还在上升，金融机构为自己服务的比重仍无降低，表现在各项金融深化改革举措难以落到实处。在急于寻求破解难局良方的争论中，一些人似乎又陷入了困境。毫无疑问，经济运行复杂程度和前行难度已大大提高，要走出这一难局，需要综合考虑各方面因素，在不引致经济金融大波动的前提下，充分发挥市场配置资源的决定性作用。笔者认为，"债券回归直接金融"应是一个可供选择的关键性举措。

走出间接金融体系的困境

中国金融体系是一个以商业银行存贷款为主体的间接金融体系。它运用商业银行存贷款再创造货币的膨胀机制，向经济运行和经济发展注入巨额且不断放大的资金供给，曾经给中国的经济发展和经济改革做出了积极重要贡献。但时至今日，这种金融体系的弊端愈加明显，已到非改不可的程度。

这种金融体系表现出两个显著特点。第一，1999~2013年，中国各层次货币供应量快速增加。M0从13455.5亿元增加到58574.44亿元，增长了3.53倍，年均增加额大约在3000亿元；与此相比，M2从117638.10亿元增加到1106524.98亿元，增长了9.41倍，年均增加额在6.3万亿元左右，是M0的21倍左右。M2的增长率显著高于M0，由此引致M2与M0的差额从1999年的104182.6亿元快速增加到2013年的1047950.54亿元。在中国的货币供应量统计中，M0是央行发行的流通货币，M2大于M0的部分在名义上属于各类主体的"存款"，在资金供给上则是由商业银行等金融机构通过存贷款机制再创造的货币。由此可以看出，在经济运行中，中国主要依靠商业银行等金融机构的存贷款再创造货币机制来增加货币供应量（而不是通过央行发行货币增加货币供应量）。第二，1999~2013年，M2/M0的倍数持续提高。从1999年的8.74倍提高到2013年的18.89倍（其中与2008年相比，2009年提高了2.07倍，这反映了2009年新增贷款规模突发性加到9.6万亿元的后果）。货币乘数原本是反映商业银行等金融机构通过银行信用再创造货币的概念。如果不是教条式地按照西方公式计算，而是根据中国实践状况，将法定存款准备金率对货币乘数数值的影响程度舍去不计，就M2与M0的对比值而言，中国的货币乘数长期处于快速扩张的走势。

单一运用银行信用膨胀机制的金融体系有诸多缺陷，不可避免地给经济金融运行带来一系列严重的后果。其中，一个突出的现象是资金错配。在中国经济金融运行中，资金错配主要表现在五个方面。

第一，主体错配。在经济金融的本源上，资金配置在城乡居民与实体企业之间展开。为数众多的城乡居民在风险喜恶程度上呈现复杂多元的结构，它能够与众多实体企业经营运作中复杂多元的风险状况相匹配。这是一个通过金融市场的竞争机制复合选择的过程。但在中国金融体系中，资金配置主体转变为商业银行等金融机构。这些金融机构，一方面以最低廉的利率从存款人手中获得资金。另一方面又以昂贵的利率（不论是其中的金融链条有多长）将这些资金借贷给实体企业，从中获得卖方垄断性收益。金融资源配置的市场功能为商业银行等金融机构所取代，它们成为嵌在资金供给者和资金需求者之间且不断膨胀的媒介主体。由此资金配置主体严重错配现象持续发生。

第二，性质错配。在经济金融运行中，资金在性质上大致可分为资本性资金和债务性资金两种。其中，资本性资金是承担债务性资金的基础条件，也是保障按期偿还债务从而维护市场信用和市场秩序的资金基础。但在中国经济金融运行中，资本性资金的形成极为困难。每年通过实体企业利润和折旧金、股市融资额、股权基金投资和外商投资等形成的资本性资金数额远远低于每年固定资产投资数额按照资本金制度的规定比例所需要的资本性资金数额。这一方面使得实体企业的各种经营运作活动严重缺乏资本性资金的支持，长期处于寻求银行信贷等短期债务资金的困境中；另一方面，使得中国经济金融长期在债务性资金扩张中运行，债务链条不断延长且复杂程度不断提高，各种运作风险日益累积。

第三，期限错配。银行信贷实质上属于短期债务性资金的范畴（尽管在中国商业银行等金融机构放贷中也存在"中长期贷款"科目，但这些资金依然按照投资项目的工程进度逐年投放）。商业银行等金融机构属于风险厌恶的范畴，放贷期限越长则风险越大，由此引致了短期信贷资金与长期投资项目之间的诸多矛盾现象发生。2013 年 6 月 20 日银行间拆借市场中出现的"钱紧"现象、2013 年 11 月 20 日之后的银行间拉存款大战、2014 年 1 月 10 日之后的利率快速上行现象等，在深层成因上均由资金期限错配引致。这种资金期限错配使得中国经济金融运行中呈现出一种不可思议的"宽货币、紧资金、高利率"的怪象。

第四，产品错配。几何学认为，两点之间直线距离最短。在金融学上，这表现为直接金融的交易成本最低，因此，就金融体系而言，应以"直接金融产品为主、间接金融产品为辅"。但在中国金融体系中，与商业银行等金融机构存贷款等间接金融产品相比，公司债券等直接金融产品的规模，非但不成比例，而且发生了严重变异。在 259108.49 亿元债券余额中，由实体企业持有的数额仅为 152.18 亿元，由城乡居民持有的数额也仅有 4866.42 亿元，金融机构持有的比例高达 95%。在经济金融运行中，金融机构并非资金供给者，它们购买债券的资金来源于城乡居民和实体企业的"各类存款"等，由此债券由直接金融工具转变成了间接金融工具，即由存贷款的替代品转变成了存贷款的补充品（这解释了近十年来中国债券发行规模明显扩大，但商业银行等金融机构并无感到金融脱媒挑战的主要成因）。

第五，市场错配。金融市场可分为货币市场和资本市场。从交易量看，在国际金融市场中，资本市场的交易量远大于货币市场。在中国，金融市场分为银行间市场和证券交易所市场。银行间市场主要展开的短期金融产品交易（相当于货币市场），它每年的交易量远大于证券交易所市场；同时，银行间市场的参与者只能是金融机构，由此它成为金融机构彼此之间交易金融产品、进行短期资金融通的市场，远离实体企业和城乡居民。

在这些资金错配之下，各种累积的金融机制矛盾不断加重，受体制制约，又从商业银行等金融机构表内业务中衍生出了银信合作、银证合作、银保合作、银行理财产品等一系列变种类型。但不论是金融链条如何延长、金融机构的业绩如何增加，结果都是实体企业的融资成本进一步提高，中国金融乃至实体经济步入难局。

要破解这种步入难局的趋势，就要改变资金错配状况，提高直接金融比重，重新构建中国金融体系，变间接金融为主为直接金融为主，从各方面权衡，加快发展公司债券属于风险最小、效应最明显且最易于推进的选择。

"金融改革落到实处" 以何种机制实现

党的十八届三中全会《决定》中指出：深化经济体制改革要"紧紧围绕使市场在资源配置中起决定性作用"而展开。这对以商业银行存贷款为主体的间接金融体系提出了一个值得深思的问题：就中国金融体系改革的取向而言，是要继续发挥商业银行等金融机构在配置金融资源方面的决定性作用，还是要通过金融体制改革逐步形成发挥金融市场在金融配置资源方面的决定性作用？如果是前者，那么不仅金融体制改革的方向并不符合市场机制的要求，而且金融体制机制与实体企业的要求将更加渐行渐远，经济与金融之间的不协调（乃至矛盾）将在运行中进一步扩展。如果是后者，那么金融体制改革的一个主要目标将是弱化乃至改变商业银行存贷款为主体的间接金融体系，建立以"直接金融为主、间接金融为辅"的新的符合市场机制要求的新体系。这一体系有两个基本要求：一是在实体企业融资成本降低落到实处的同时，资金供给者的金融财产收入明显提高；二是金融机构为自己服务的比重明显降低。以这两个要求来度量，近年来中国已推出的各项金融改革措施难以为继。实践中的突出现象是，2012 年 12 月以后，中央明确提出了要降低实体企业的融资成本和金融机构为自己服务的比重，但迄今为止，实体企业的融资成本不仅没有降低反而继续提高，金融机构为自己服务的比重不仅没有降低反而继续提高。这凸显了现存金融体制的弊端。

第一，从利率市场化改革来看，2013 年 7 月 20 日，中国人民银行出台了《中国人民银行关于进一步推进利率市场化改革的通知》（以下简称《通知》），提出要"全面放开金融机构贷款利率管制"，取消金融机构贷款利率 0.7 倍的下限、取消票据贴现利率管制和取消农村信用社贷款利率 2.3 倍的上限。对此，有观点强调，这是存贷款利率市场化改革的里程碑事件，它标志着存贷款利率中 90% 以上已经市场化，只需要将存款利率上限放开，中国的存贷款利率市场化改革就完成了。但实际上，这不过是将存贷款利率"去行政化"与存贷款利率市场化混淆的结果。

存贷款利率原本属于商业银行等金融机构根据存贷款市场供求状况而自主定价的范畴。由央行定价就属于政府给企业的范畴，它是违反市场机制要求的。在《通知》中使用了"放开"和"取消"两个用语，可知"放开"不是"取消"。事实上，中国人民银行在贷款方面管控的是"贷款基准利率"，但《通知》中对此丝毫没有提及。按此逻辑，在放开存款利率上限后，它依然可以运用行政机制管控存款基准利率。因此，存贷款利率的行政化机制并不会因为放开上限和下限而根本改变。在任何一个完全竞争市场中，价格应由供求双方的三项竞争而形成。但在中国存贷款市场中，商业银行等金融机构处于卖方垄断地位，即便存贷款利率完全"去行政化"了，以实体企业和城乡居民为主的存款人和借款人在存贷款市场上与商业银行等金融机构依然难以展开有效竞争。如果在拉存款大战中，商业银行等金融机构吸收资金的成本提高，那么它们完全可以选择"高进高出"的经营策略，将这些成本转嫁给借款人，结果使实体企业融资成本更高。存贷款利率市场化改革在客观上要求商业银行等金融机构实现业务转型，但2008年以来，它们集中在存贷款方面的业务总量并没有减少，每年10万亿元以上的存款数额增加意味着，有3000亿元以上（按照存贷款净利差3个百分点计算）的新增营业收入。2013年的M2 - M0余额是2007年的2.81倍，这意味着2007年之后的6年间，商业银行等金融机构创造的派生存款比2007年之前48年增加了1.81倍。存贷款利率市场化作为中国金融改革中的关键性举措，是一个"五位一体"工程，它需要同时解决货币政策调控机制从直接调控向间接调控转变、存贷款利率由市场机制形成、商业银行等金融机构业务转型、金融市场向实体企业和城乡居民开放、实体企业融资成本降低和城乡居民金融财产收入提高等五个相辅相成的问题。但从多年的实践看，这"五位一体"问题的解决似乎并无实质性进展。

第二，从存款保险制度来看，改变由政府信用隐性担保的存款机制是市场机制的内在要求，就此而言，实行存款保险制度是一个必然趋势。但在严重缺乏可供选择的金融产品条件下，广大城乡居民和实体企业的巨额资金被迫以存款方式进入金融体系，同时在商业银行等金融机构继续实行"存款立行战略"的条件下，贸然实行存款保险制度，不仅可能给存款人（主要是实体企业和城乡居民）造成政府"甩包袱"的错觉，而且可能因存款"搬家"引致一部分小微型存贷款金融机构陷入经营困境，引发区域性金融风险。一项好的改革举措，需要有一个好的实施条件。要推进存款保险制度的实施，需要先开渠解决100万亿元存款的资金分流机制，以降低"堰塞湖"压力。

第三，从资本账户开放来看，经过35年的改革开放，就外商直接投资而言，中国的资本账户已大致开放（开放度甚至超过了日本、韩国等），目前尚未开放的项目主要集中在"金融交易账户"方面。尽管一些人多年来积极努力地要求推进中国金融交易账户开放，并认为"条件已经成熟"。但事实上，在下述两个条件未形成的背景下，金融交易账户即便对外开放了，也无海外非居民进入中国金融市场开展交易的可能性（它意味着金融交易账户事实上并没有对外开放）。这两个条件是，其一，可交易的金融产品。在缺乏可供海外非居民交易的金融产品的条件下，海外非居民实际上不可能进入中国金融市场展开金融交易活动。一个突出的现象是，中国境内实体企业和城乡居民除了将资金用于存款就很少有他们进行金融投资的金融产品。这一条件决定了中国境内并无富余的金融产品可供海外非居民进行金融投资。其二，金融产品价格体系的基本稳定且可预期。在汇率、利率依然受行政机制严重影响且国债收益率曲线还难以有效形成的条件下，中国金融产品的价格体系建立在不成熟的市场基础上，很难说得上稳定，也很难为各类市场投资者所预期。这不仅大大增加了海外非居民的投资风险，而且大大增加了他们理解中国金融市场运行趋势，从而把握金融投资分寸的难度。在此背景下，对于已经熟悉国际金融市场投资运作的海外非居民而言，他们有什么理由非到中国金融市场中冒险进行不熟悉的金融投资运作？因此，要实现金融交易项目的对外开放，需要先解决金融市场的对内开放，使广大实体企业和城乡居民能够自由进入金融市场发行、购买和交易金融产品。

公司债券的五个方面功能

公司债券是存贷款的替代品，它将资金供给者和资金需求者直接相连，有如下五方面功能。

第一，它的利率对资金供求双方来说属于同一利率，高于存款利率，低于贷款利率，因此，有利于推进资金供给者的金融财产性收入水平提高、降低实体企业融资成本；另外，在充分发行公司债券的条件下，资金供给者可以在购买债券和存款之间展开资金运作的选择，由此提高他们在存款市场上与商业银行等金融机构的竞争力；资金需求者可以在发行债券和贷款之间进行选择，由此提高他们在贷款市场上与商业银行等金融机构的竞争力。在此背景下，即便存贷款基准利率依然采取行政管控，但存贷款利率的市场化进程也一样会加快。

第二，在资金通过公司债券直接流向实体企业的背景下，每年的存款增量、贷款增量逐步减少，随着时间的推移，存款余额和贷款余额也将减少，由此金融脱媒的发展迫使商业银行等金融机构放弃"存款立行战略"，真切地实现业务转型。另外，随着存款"堰塞湖"压力的减弱，存款保险制度的实施条件将日趋成熟。

第三，在存贷款基准利率和新增贷款规模等方面的行政管控逐步失效的条件下，央行继续实行直接调控的客观条件已不存在，由此运用价格机制实行货币政策间接调控就成为必然选择。在这个过程中，为了提高间接调控能力，修复央行资产负债表结构不可避免。

第四，随着利用存贷款机制再创造货币的银行信用的减弱和通过直接金融发挥市场信用的机制增强，实体企业和城乡居民直接进入金融市场，中国外部植入型金融体系将逐步转变为内生性金融体系；在这个过程中，商业信用将得到恢复性发展，由此由商业信用、银行信用和市场信用构成的金融信用体系将在发展中走向成熟。

第五，在中国境内金融市场交易频繁、价格体系比较稳定从而能够给投资者提供形成金融投资预期的条件下，实现金融交易项目的对外开放就将形成"水到渠成"之势。

公司债券应回归直接金融

以公司债券为引领，推进金融体制改革、走出经济运行难局，关键在于使公司债券回归直接金融。公司债券回归直接金融的含义是，公司债券由发行人（公司）直接向城乡居民和实体企业发售，改变主要由商业银行等金融机构购买（从而公司债券成为间接金融产品）的状况。

2014 年 5 月 6 日，国家开发银行通过中国工商银行柜台向社会大众发售 1 年期债券、票面利率为 4.5%，既明显低于此前在上海证券交易所发行的 5 年期、票面利率为 5.84% 的水平，又明显高于 1 年期存款 3% 的利率水平，由此迈开了债券直接向城乡居民和实体企业发售的步伐。

市场是以产品为交易对象所形成的交易关系。有多少种可交易的产品，就有多少种市场划分。介入市场的交易主体、交易制度、交易价格以及其他相关设施也围绕交易对象而展开，因此产品（或交易对象）在市场中占据基础性地位。从各种金融产品的实施条件和经济功能等方面对比的角度看，以公司债券为引领金融体系改革、走出经济运行难局的主要抓手，有较为明显的优势。第一，1994 年《中华人民共和国公司法》第五章就已对公司债券的发行做出了最基本的规定，2005 年在修改中虽然将其中的一部分内容移到了《中华人民共和国证券法》中，但相关条款依然是具体充分的。第二，公司债券作为直接金融产品有充分的共识，不论是教科书还是西方的实践都已给人们以明确的结论，因此争议不大。第三，经过 20 余年的股票市场发展，一方面投资者的投资风险意识已大大提高，公司债券的风险低于股票，所以资金供给者（存款人）有更容易接受的市场空间；另一方面，发行人公开信息披露制度已日臻完善，可以直接借鉴发股的信息披露机制来完善发债的公开信息披露制度。第四，中国迄今没有任何制度规定，公司债券不能向实体企业和城乡居民发行销售，因此，公司债券直接回归金融并无直接可见的制度障碍。

在公司债券回归直接金融过程中，需要着力解决好几个方面的问题。第一，实行公司债券发行的注册制。面对中国境内存在的"五龙治水"状况，应出台统一的公司债券发行制度，分别由国家发改委、中国人民银行、中国证监会、中国银监会和中国保监会等审批发行的各种名目的经营性机构债券统一为"公司债券"。同时，按照注册制要求的信息公开披露规定和审核程序，实行全国统一的公司债券发行的注册制。第二，为了降低公司债券的发行风险，可以考虑选择地方性实体企业的公司债券在本区域内直接向本区域实体企业和城乡居民发行的方式。换句话说，并非所有的公司债券都要采取全国性发行方式。第三，为了降低公司债券的发行销售成本，也为了摆脱公司债券发行受金融机构网点制约，应积极探讨利用互联网渠道发行公司债券的方式。第四，建立公司债券"发行失败"制度。受多方面因素影响，各家公司发行的债券并不一定每期都成功。为了保障投资者的权益，也为了提高公司债券发行的质量，应当对那些在发行期限内不能按照预期发售数额充分发行公司债券的行为进行制约，建立公司债券的"发行失败"制度。例如，某公司预期发行 1 亿元面值的债券，但在发行期内实际发行销售数额不足 7000 万元，由此根据制度规定，界定为"发行失败"，要求发行人全额回购此期已发行在外的债券，偿还投资者本息。第五，强化对发债人的资信评价机制。公司债券作为金融市场的信用产品，需要一系列机制对其信用能力进行维护，其中发债人的资信评价是一个不可或缺的重要机制。鉴于中国境内的资信评价机制并不成熟，所以在公司债券发展过程中，资信评价机制也需要经历一个逐步发展成熟的阶段。

公司债券交易机制的建立是保障公司债券发行的基础性条件。从交易成本最低和交易便捷程度最高出发，应积极推进以互联网为平台的电子交易系统建设，其中包括以下几个方面。第一，建立公司债券交易的无形市场机制。证券交易所等有形市场有较高的经营运作费用，这些费用通常需要通过证券交易收费予以补偿，在管理运作中，证券交易所等有形市场有扩大证券交易量和推高交易价格的内在追求。公司债券属于固定收益证券的范畴。如果投资者每交易一笔公司债券就需按照交易额缴纳一笔费用，那么两个现象就将出现：一是交易量（从而交易的活跃程度）降低，即投资者为了获得公司债券票面所规定固定收益，在连续交易（从而不断缴费）和减少交易（从而保障收益）之间，只能侧重选择后者；二是交易价格降低，即在每日连续的交易过程中，公司债券每年根据固定利率所获得的利息收益将仅够支付交易费用，同时，公司债券的交易价格在一年的时间延续中也将呈逐步下行之势。这两种现象与证券交易所的内在要求有明显矛盾。一个较好的解决方案是摆脱有形市场的局限，利用互联网的电子交易平台，实现论笔数收取低额交易费用的方式，有效降低投资者的交易费用，同时保障公司债券的顺利发行。

在这方面，第一，可以充分借鉴欧美国家已有的成熟技术和经验。第二，积极推进第三方的资信评价机制形成。在公司债券的连续性交易中，由于存在期限变化、发债公司的经营运作情况变化和宏观经济运行状况变化等情况，因此有必要对各只公司债券的资信状况进行重新评价，以供投资者参考。第三，强化资讯服务和媒体监督作用。在发债公司根据制度规定进行信息公开披露的基础上，利用互联网的大数据、云计算等功能，加深咨询服务和媒体监督程度，向投资者提供更多信息参考，促使公司债券交易市场走向成熟。第四，落实公司债券的退市机制。公司债券退出交易市场有多种情形，既有到期兑付退市的，也有发债公司主动要求退市的，还有因达不到入市条件而退市的。这应在制定交易规则中就对此予以明确，并随着交易市场的发展而进一步完善。

切实落实到期兑付，是保障公司债券市场顺利发展的又一基础性条件，为此需要解决好三个问题：第一，避免运用行政机制，强制进行刚性兑付。刚性兑付虽然有利于保障公司债券持有人的利益，但容易损害市场机制的贯彻，给投资者造成公司债券投资无风险的错觉，不利于公司债券市场的健康发展。第二，落实《破产法》。在众多发债公司中，有一些公司受各种因素影响，不能履行到期偿付本息的现象是可能发生的。对此，一方面需要加强对公司债券投资者的风险教育，提高他们防范公司债券风险的能力；另一方面，当某些发债公司不能履行到期偿付本息义务时，应根据《破产法》的相关规定，坚决对其实施破产清算，以改变发债公司的"发债无风险"的侥幸心理，使其他公司在发债时更加谨慎，维护市场信用秩序。第三，积极推进债权收购市场的发展。在中国，长期以来公司并购主要采取股权并购的方式。但在西方国家，从19世纪起债权并购成为一个突出的现象。债权并购不仅成本远低于股权并购，而且对维护公司债券市场的健康发展有一系列积极而重要的功能。一方面债权并购迫使发债公司谨慎发债，避免因不能偿付到期债务而引致公司被并购；另一方面，债权并购迫使发债公司严格履约，避免陷入被并购和破产的两难选择。第四，债权并购有利于增加商务活动中借贷策略，使债权人有更多的商业谋略选择，促使债权债务关系更加严格和更加成熟。

股票市场改革

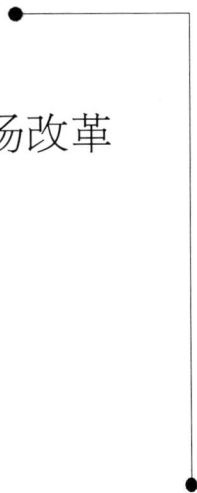

新股发行改革重在打破利益固化樊篱

中国社会科学院金融研究所　张跃文

我国的新股发行市场，在长期行政管制下呈现典型的卖方市场特征，进而衍生出"打新"者所青睐的短期无风险利润。新股发行改革要顺利展开，决策层需要拿出更大的勇气和魄力，打破利益固化的樊篱，坚持市场化改革方向，坚持不走回头路，将股票发行和定价权真正交还给市场。

回顾我国新股发行审核制度的演变，从最早的额度制到通道制，再到现在的保荐制，尽管其从形式上增加了承销商和发行人的责任，但监管机构对于新股发行审核的控制始终没有放松。关于新股发行审核、发行价格、发行时间等重要事项，监管机构以各种方式保留了实质上的一票否决权。保证发行人质量，防止新股发行过度冲击市场，是监管机构调控新股发行的主要理由。正是在较强的行政管制下，长期以来我国新股发行市场形成了一种非正常格局：新股供求严重失衡，发行人和承销商基本没有发行承销压力，申购中签者可以获得高额稳定回报，新股价格风险主要由二级市场投资者承担。根据我们的测算，2010 年以来上市的 800 余只新股，其相对于发行价的上市首日涨幅平均达 32%，在考虑了中签率因素以后，单只新股的网上申购年化回报率为 6%，网下申购年化回报率为 54%。网上申购的参与主体是个人投资者，网下申购则以机构投资者为主。从网上和网下申购中签率和实际回报率可以看出，个人投资者和机构投资者在新股发行市场中的待遇有较大差别，个人投资者从总体上居于弱势地位。如果说机构凭借其资金、研发或者其他客观优势取得高于个人投资者的收益，那么这种差异是可以理解的。但在很多情况下并非如此，现有的新股发行制度保留并不断巩固着对机构投资者和个人投资者差别性待遇，机构投资者可以获得更大的定价参与权及更高的中签率，由此形成高于个人投资者的"打新"收益。上述现象表明我国新股发行市场的主要矛盾并不在于发行人与投资者，而在于现行体制与承销商自利行为所导致的个人投资者与机构投资者的矛盾。对监管机构有更大影响力的承销商和机构投资者，期望继续保留网上、网下按照投资者分类发行新股的单一模式，发行人和承销商同样偏好无风险的发行制度，于是既有利益分配格局逐渐固化。据不完全统计，2010 年以来新股承销商所获承销收入超过 340 亿元，平均每只新股的承销费用为4700 万元。在一个几乎无风险的市场中获取如此高的承销收入是否合理，这值得商榷。

发行市场的高收益难以揭示新股真实价值。根据我们测算，新股进入二级市场以后，总体看其市场表现一路走低。上市后 5 天，新股平均跌幅即达 2.6%，10 天为 3.9%，3 个月为 7%，1 年为 14.6%。随着观察周期的拉长，新股跌幅持续加大。如果将新股的一级市场和二级市场表现联系起来看，"打新"的投机性特征则一目了然。市场中存在较强的投机情绪和大量短期资金，这是我国股市不同于发达市场的一大特征，实际上也是新兴市场国家股市的共同特征。这既与不确定的经济发展轨迹、不完善的市场制度和信息不对称有关，也与一国的社会发展及文化基础有关。投机群体会围绕某一类证券展开投机活动，他们很少关注证券的真实价值，但偏好高流动性证券，因为投机者的收益主要来源于迅速转手的买卖差价。容易转手的证券可以帮助投机者降低持有风险。新股发行市场的超额收益以及新股的稀缺性，使其很容易成为市场投机者的目标。据我们测算，新股上市后 5 天平均换手率即达到 248.5%，20 天达到389%。如此高的换手率在很多发达市场一年也难以实现，而在"炒新"者积极交易策略的影响下，我国股市在极短时间内就已经实现了。化解投机情绪，抑制投机活动，是我国股市的一项长期任务。这需要逐步完善市场机制对资金配置的决定性作用，为投资者提供更多的中长期投资机会，同时提高投机成本和风险，并逐步提高投资者素质。

纵观新股投资收益的分配格局，不难发现收益主要留在了"打新"者群体中，这从新股上市首日换手率即达 70% 这一点就可以看出。这一天，大部分"打新"者以获利了结，而此后"炒新"者的接力游戏则只是一个损失分配的过程而已。可见，新股投资的关键利益环节在发行阶段，利益分配的主要矛盾体现为网下申购者与网上申购者的分歧。对于承销商而言，利用网下发行活动照顾好以关键客户为代表的各方面利益，是其考虑的首要目标。发行人的要求在高行政管制下基本上可以通过较高的发行溢价得以满足，而参与网上发行的普通投资者，由于同承销商的核心利益较远，因此难以获得更多关注。近年来，监管层把新股发行改革的关键着力点放在了平衡网上投资者与网下投资者的利益上，试图通过强制性的行政规定，找到限制承销商自利行为与保持发行的充分市场化之间的适当尺度，进而更好地保护占据申购主体的网上公众投资者的利益。实践证明，这个尺度很难把握。如果规则过多、过死，则限制了承销商的商业活动空间；如果承销商获得灵活处置权，则会激发更多的自利行为。

在中国新股发行市场，我们需要面对两个基本事实：第一，新股发行在市场层面基本没有阻力，投资者对新股投资有很高的热情，对于发行人而言，新股发行失败的可能性很小；第二，新股发行的市场化以市场主体的逐利行为为基本前提，因此以制度限制承销商合法的逐利行为，并不适合市场化改革的基本方向。在这两个事实的基础上，我们需要考虑的是到底什么样的新股发行制度才能够更好地协调各市场主体利益，充分发挥股票市场配置资金的功能。笔者以为，在一个供不应求的市场中过分强调推销员的作用是不适当的，至少在现阶段的中国新股发行市场，弱化承销商的新股分配职能，为发行人提供更多低成本发行选择，是有利于发行人与投资者利益的。比如，允许发行人自选发行方式，自定发行价格，委托证券经营机构代销，甚至通过证券发行系统自行向广大投资者直接发行新股；也可以开放新股承销市场，鼓励承销商竞争，切实降低承销费用。尽管这些做法有可能导致证券业传统投行业务收入的减少，但也会迫使证券公司寻求开发真正有价值、有内涵的投资银行业务，而不仅仅局限于行政管制下批发式的文件制作。可以预见，真正放开的新股发行市场，终会令投资者的"打新""炒新"热情逐步减退，"新股"的信息弱势与"老股"的信息优势，会让投资者对它们重新估值。在任何成熟的股票市场中，资金都是最稀缺的资源，发行人对投资者的争夺将取代当前的投资者对新股不分质量的热捧。届时，投资银行的作用才能够真正体现出来。

优先股与商业银行改革

中国社会科学院金融研究所　全先银

优先股作为已经在发达资本市场存在了100余年的成熟证券产品，不仅是公司融资的一种重要方式，而且是注重现金股利、希望收益稳定的投资者可选择的重要投资渠道。其对完善资本市场的产品结构、构建多层次资本市场结构等都具有不可替代的作用。随着中国资本市场改革日渐深入，上市公司发行优先股问题已经提上议事日程。

商业银行适合发行优先股

虽然优先股是一种可同普通股相提并论的类别股，其对于资本市场的重要性也多被人们提及，但是对于资本市场来说，优先股并不具有与普通股同等的重要性，也不是所有公司都适合发行优先股。以优先股最为发达的美国为例，根据标准普尔的统计，2012年美国优先股市场规模为4000多亿美元，相对于9.5万亿美元市值的普通股市场和4万亿美元市值的债券市场来讲，优先股市场规模仍然很小，因此，优先股只能是资本市场普通股的一种有益补充。

造成这种状况的原因在于并非所有上市公司都适合发行优先股。一方面，从优先股投资者的角度来说，由于他们追求比投资普通股更低的风险、比投资债券更高的收益率，所以就要求优先股发行公司必须是经营业绩稳定，现金流量好的企业。另一方面，从优先股发行公司的角度来说，通常只有资金需求量大并且对权益资本有硬约束的公司才更有动力去发行优先股。符合上述条件的公司并不多，其中大多是金融机构。2013 年上半年，美国 68% 的优先股是由金融机构发行的。按照这一标准，我国目前适合发行优先股的公司主要是一些大盘蓝筹公司，其中能够不断融资满足资本充足率要求，同时投资回报率较高，而且本身现金流也没有问题的上市银行最为适合。

优先股对于商业银行改革具有重要意义

对于我国商业银行改革来说，优先股的推出对于丰富商业银行资本补充渠道、发挥危机救助功能、完善公司控股权结构具有重要意义。

1. 作为资本工具，丰富商业银行资本补充渠道

优先股具有融资功能。对于商业银行来说，优先股是重要的资本补充工具。随着巴塞尔协议Ⅲ在我国的稳步推进，在 2013 年实施的《商业银行资本管理办法（试行）》中，将核心一级资本和一级资本工具进行了区分，并且为一级资本工具预留了 1% 的空间。一般来说，一级资本工具包括可转股的一级资本工具、可减记一级资本工具和优先股等。2008 年金融危机后，国际银行业越来越多地将优先股作为一级资本工具使用。

目前，我国商业银行一级资本主要由核心一级资本构成，即主要由普通股和留存资本来实现。单一的一级资本构成存在两方面的隐患。一是给股票市场带来重大压力。近 5 年，我国商业银行资产规模年平均增长率达 20%，资本消耗年平均增长则高达 25.8%，商业银行通过外源性融资方式补充资本约 1.33 万亿元。据测算，在不存在外源融资的情况下，如果商业银行保持过去 5 年的平均增长速度，分红比例为 40%，利润年均增长率同样为 20%，则我国商业银行将于 2014 年出现资本缺口达 4000亿元，2015 年将达 1 万亿元。如果上述资本缺口完全由发行普通股来弥补，则必将给我国股票市场带来巨大压力。二是普通股融资成本较高。作为我国商业银行资本补充工具的主导，普通股融资成本普遍高于其他

一级资本和二级资本工具。据测算，我国大型商业银行普通股融资成本为12%～15%，远超国内银行发行的次级债和混合资本债券等二级资本补充工具的票面利率。高资本对应的高成本影响资本补充的可持续性。因此，利用优先股大力拓展资本补充渠道对银行业来说至关重要。

2. 作为危机救助工具，有助于迅速稳定金融市场，恢复金融体系功能，防范风险扩散

优先股除了可以作为商业银行日常资本补充渠道以外，还可以作为危机发生后对商业银行的救助手段。2008年全球金融危机爆发后，优先股作为一种特殊的注资方式，在危机爆发和蔓延阶段，成为实施金融救援计划的主要金融工具。2008年10月，美国政府宣布1250亿美元购入花旗银行、摩根大通等9家主要银行的优先股。这一措施，对于维持美国金融体系功能，避免危机进一步蔓延，保持市场信心发挥了重要作用。

同其他救助手段相比，政府采用优先股形式注资金融机构，对金融机构来说，可以提升金融机构的资本充足率，在金融市场几近崩溃的情况下，缓解金融机构的融资压力，避免风险的进一步扩散；对政府来说，通过优先股形式注资陷入困境的金融机构，不仅能获得丰厚的优先股股息，还可以避免干涉金融机构的内部经营，破坏金融机构的经营自主性。

利用优先股作为危机救助工具，对我国商业银行金融安全网的构建同样具有重要意义。我国过去对商业银行的救助主要通过政府普通股注资或中央银行再贷款来进行。这两种救助方式不仅会极大改变商业银行控制权结构，进一步恶化国有股权一股独大的局势，而且难以对商业银行经营形成有效约束。政府利用优先股注资可以有效避免上述情况，一方面可以在金融市场崩溃时，在不改变商业银行控制权结构的前提下解决商业银行资本困境；另一方面优先股股息不仅可以保证政府注资的收益，而且可以对商业银行经营形成约束，缓解道德风险。

当然，我们还要意识到，利用优先股进行危机救助并非适用于所有陷入融资困境的商业银行。这种方式仅适用于那些因金融市场崩溃而融资困难，而银行资产质量没有显著恶化、未陷入破产境地的商业银行。

3. 商业银行发行优先股，有助于完善公司控制权结构

优先股不具有像普通股一样的表决权，对既有商业银行公司的控制权没有影响。这也是美国在金融危机中采用优先股对金融机构进行注资的重要原因之一。对于我国商业银行来说，优先股同样具有重要功能。随着商业银行资产规模的扩张，商业银行需要越来越多的一级资本，如果仅依靠发行普通股来补充，那么商业银行控股股东需要不断追加投资才能保持控股地位，这对希望保持控股地位的股东，尤其是国有股东是一种负担。发行优先股融资则有助于商业银行控股股东保持控股地位。

除此之外，优先股成为商业银行的类别股份之一，可以缓解国有控股和市场化之间的矛盾。将商业银行部分国有股转为优先股，一方面能使国家获得丰厚的股息收入；另一方面可以减少国家对公司日常经营的干预。再辅之以特定条件下的投票权恢复制度，确保国家在银行经营上对某些重大经营事项的决策权，既有助于维护金融安全，也有助于国有资产的保值增值。

优先股功能的有效发挥，有赖于
优先股制度的完善

优先股作为一种新型的类别股，虽然我国公司法和证券法为其发行预留了空间，但相关制度缺失是其目前面临的最大障碍。从制度完善的角度来说，立法需要对优先股的种类和设置方法、优先股占公司总股本比例和优先股股东利益保护等问题做出规定，为我国资本市场优先股发展奠定基础。

同时，我们也要看到，同普通股相比，优先股具有更强的意定性。优先股股东的权利和优先股发行人的义务更多取决于公司章程的规定，或者投资者与公司的协商。在这种情况下，商业银行发行优先股不仅需要遵守上述优先股基本制度，还要遵守银行监管部门对银行优先股的特殊规定。只有这样，才能使商业银行发行的优先股既符合银行资本监管制度的要求，又具有各商业银行独特的个性。

股东积极主义不宜直接移植

中国社会科学院金融研究所　郑联盛

近期，和谐健康保险通过二级市场"举牌"上市公司金融街。此前，生命人寿保险、安邦保险等"举牌"金地集团，华商基金、泽熙投资、鹏华基金等机构也有相似举措。机构投资者纷纷"举牌"甚至进入上市公司董事会，凸显了机构投资者积极参与上市公司的公司决策与治理，这在国外被称为"股东积极主义"。何为股东积极主义？其在国外的发展经验如何？其对中国有何启示？这成为目前资本市场热议的话题。

美国实践的三个阶段

股东积极主义是指当上市公司董事会经营决策不符合广大股东利益时，部分股东积极采取行动来促进上市公司改变决策，改善公司治理，甚至重构董事会和管理层。积极主义是相对于大多数消极股东而言的，在现代公司治理中，由于股权的分散性，股东往往委托具有专业性优势的董事会和管理层代为行使股东权利，而大部分股东实际上并不参与公司的任何治理，因此成为消极股东。采取积极主义的股东可以是个人投资者，也可以是机构投资者，在现实中绝大部分是机构投资者。

资本市场发达的美国和英国，股东积极主义较为盛行。以美国为例，其股东积极主义大致经历了三段演进历程。

第一阶段是20世纪70~80年代，这是股东积极主义的初步发展期。

实际上，股东积极主义可以追溯至 1932 年。当年，伯利（Adolph Berle）和米恩斯（Gardiner Means）出版的《现代公司与私有产权》明确指出了委托－代理的利益悖论，股东在将经营权转移至代理人之后，其所有权应该享有的利益可能会损失，特别是当股权过于分散时，其甚至会失去公司的控制权。但是，股东积极主义初步发展是在 20 世纪 70 ~ 80 年代，美国资本市场蓬勃发展，以养老基金和公共基金为代表的机构投资者开始认为，对公司治理的适度干预是必要且有效的，股东积极主义开始流行起来。

第二阶段是 1992 年至 2008 年金融危机之前，这是美国股东积极主义蓬勃发展阶段。1992 年，美国证券交易委员会允许股东及股东代理人之间可以进行直接联系，这使得股东积极主义在美国具有法律基础，股东及其代理人之间对公司治理的干预变得极为便利。而此前，股东如果要获得公司控制权，就必须争夺代理投票权。争夺代理投票权这一行径因为"搭便车"问题和沟通问题而成本高昂、效率低下，在美国被认为是"最后的选择"，甚至是比集体诉讼更逊的无奈之举。

第三阶段是 2008 年金融危机之后，这是美国股东积极主义规范发展阶段。2008 年金融危机之后，美国进行了"大萧条"以来最为深入的金融及监管体制改革，出台了"多德－弗兰克法案"，该法案的核心内容之一就是保护消费者利益，美国因此成立了消费者金融保护局。股东积极主义在一定程度上成为保护消费者利益的更为有效的行径之一。2011 年，加利福尼亚州公务员基金否决了 201 项投资公司的薪酬方案，2012 年 4 月，花旗银行薪酬改革方案亦遭股东否决。

股东积极主义的利与弊

现代公司理论认为，委托－代理关系可以发挥董事会、管理层的专业性优势，代理人可以通过更加专业化的经营为委托人创造更大的价值。但是，也有理论强调，委托－代理问题是公司治理中难以规避的难题。

股东积极主义实际上是干预了代理人对公司的经营管理，改变了股东与董事会、管理层之间的委托－代理关系。因此，理论界和实业界对股东积极主义褒贬不一，但赞成股东积极主义的仍为大部分。整体而言，股东积极主义被认为是改善委托－代理关系、优化公司治理结构和提升股东价值的有效手段之一。

一是股东积极主义有利于改善公司治理，提升股东价值。股东积极主义信奉公司治理创造股东价值的理念，坚信良好的公司治理将会提升公司长期发展竞争力和经营业绩。股东在认识到现有管理层的重大缺陷或改革空间之后，采取积极主义行动，在一定程度上可以有针对性地提升公司的经营和业绩。

英国《经济学家》杂志援引相关研究结论指出，1994～2007年，美国约有2000项股东积极主义干预，其后5年考察期内，公司股价和经营业绩都有实质性改善，而且改善最为显著的是考察期的后期。

二是股东积极主义的本质是解决股东与管理层之间的委托－代理问题，可优化委托－代理关系。从法律关系上，股东是公司所有者，理论上应该享受公司发展的所有收益，但是，在委托－代理关系中，管理层的利益诉求可能与股东的利益诉求大相径庭，最后利益受损的往往是股东。特别是在美国，很多上市公司的股权极其分散，使得管理层在经营上具有主导权，股东利益受侵蚀的可能性很大。但这也为股东积极主义提供了股权结构的基础，如果股东掌握了较多股权或者关联股权，就可以采取积极行动，通过重构管理层或干预管理层来改变公司运营方式，改变并优化委托－代理关系。

三是股东积极主义的主体往往是机构投资者，其具有一定的专业性。美国资本市场是机构投资者主导的市场，这决定了机构投资者在市场具有实质性的主动权；更重要的是，美国机构投资者多为长期投资者，他们对所投资的公司的治理更关注，能较为深刻地认识到公司治理的缺陷和代理人的企图，及其对公司业绩与股东价值的影响，他们整体也表现出良好的专业性。为此，以机构投资者为代表的股东积极主义在美国、英国最为盛行。

当然，从现实经验来看，股东积极主义具有三个明显的弊端。一是公司负债率上升。股东更愿意多分股息、扩大债务、增加产能甚至股票回购等，这些行为往往都会导致公司的负债率上升，从而使资产负债表风险加大。二是股东层与管理层之间形成敌对之势。股东积极主义往往会导致公司管理层的离职率较高，就职期限较短，这对公司的稳定发展较为不利；况且并非所有的股东积极主义都能获得斐然成果，相关研究显示，大约有四成的股东积极主义行径最后都得不偿失。三是股东利益的内部分化。部分股东积极主义干预并非以全体股东利益最大化为目标，比如部分机构投资者干预公司治理是为了制造股东价值提升的市场信号，从而改变股价走势，最后可能导致其他股东或新进股东的利益受损。

移植中国恐水土不服

国外的经验表明，股东积极主义在整体上有利于公司治理的改善、股东价值的提升和资本市场的发展。相比在中国，资本市场已经发展20余年，上市企业也基本建立了现代公司治理体系，但是，整体而言，股东积极主义在中国并没有实质性的发展。近年来，公募基金、私募基金，以至近期保险公司也开始"举牌"上市公司，股东积极主义行为在中国也有普遍化的迹象。

但是，中国目前尚未形成股东积极主义普遍化的深厚土壤。一是中国资本市场并非是以机构投资者为主导的，目前公募基金、资产管理公司、私募基金等仍然是中国股市的少数派，而股东积极主义行为的主体绝大多数是机构投资者。二是中国上市公司的股权结构相对集中。不管是国有企业还是私营企业，都具有绝对控股或相对控股的股权结构。而机构投资者力量有限，难以形成实质性抗衡的力量。三是中国资本市场投资短期化特征明显，这决定了机构投资者不会长期关注公司治理，鲜有采取积极干预行为，"用脚投票"更普遍。四是委托－代理关系的利害关系没有被广泛熟知和应用，很多投票都流于形式。比如美、英、德等十分流行的股东提案、股东协商、股东与管理层会议等，在中国并没有实质性地开展起来。

因此，中国应该借鉴国外经验，逐步建立股东积极主义行为框架。这必须先将股市建设成为一个融资市场，再建设成为居民财富增值的资产市场，股市不应只是融资工具，更应注重股东回报，这是资本市场长期可持续发展的基础；同时，大力发展机构投资者，破除机构投资者力量日益萎缩的内在制约；秉承长期投资理念，关注公司治理与股东长期价值的关联性；大力优化股权结构，适度改变"一股独大"的局面。当然，股东积极主义的缺失也反映了中国资本市场诸多体制机制弊端，从一个侧面反映了中国资本市场需要进行全面深化改革的重要性和紧迫性。

新股发行制度为何屡改屡败

中国社会科学院金融研究所　尹中立

　　20 余年来，中国 A 股的新股发行制度一直在修修补补，几乎没有间断过。经过几十轮修改后的新股发行制度，似乎又回到了改革的起点：2014 年新股发行家数将控制在 100 家，发行进度不是由市场决定，而是回到了从前的指标制和额度制；发行价格不再与二级市场价格水平挂钩，一、二级市场价差再次被人为拉大，似乎又回到了"一刀切"的行政定价模式，新股发行将再续不败神话；券商的自主配授权再度被冻结，投资银行依然是低级的材料制作人和监管政策的公关者，与国际同行的差距越来越大。如此下去，中国证券市场将无法摆脱日益边缘化的命运，沪、深交易所将可能逐步沦为与美国纽交所、中国香港联交所一样的场外市场。

　　由上可见，技术性修修补补已无法挽救中国的证券市场，证券市场改革应当学习中医的精髓思想，先找到问题的根源，然后辨证施治。新股发行制度屡改屡败的根源在于证券市场缺乏定价功能，而导致证券市场缺乏定价功能的主要原因在于市场退出机制不到位、市场风险不能及时而充分暴露。当大多数投资者不能或不愿意有效识别市场风险时，监管部门必将陷入进退维谷之中而不能自拔。因此，新股发行制度改革的重点，应当是市场退出机制的严格执行，以及监管部门有意提升自身对市场风险的承受能力。待市场投资者培育出一定的定价功能以后，监管部门只要逐步放松对现有的 IPO 制度管制即可。

市场定价功能缺失是失败的根源

中国证券市场的价格体系一直处于紊乱状态，小盘股、绩差股长期享受超高溢价，大盘绩优股长期无人问津。臭名昭著的绿大地股价在造假事件爆发后仍可长期维持在 17~18 元，而拥有丰富石油资源的中石油股价仅在 7~8 元；作为零售行业龙头公司的大商股份市盈率仅为 6 倍，而销售规模小、主营业务亏损的津劝业却长期享有 100 多倍的市盈率。市场配置资源的效率之所以高于行政手段就在于市场具有灵敏的价格调整体系，如果价格体系出现了系统性混乱，则市场的效率反而不及行政手段，证券市场同样也无法摆脱上述规律的约束。奥赛康（300361.SZ）和金轮股份（002722.SZ）是 2013 年 12 月 IPO 重新启动后发行的公司中最受诟病的两家，奥赛康因大股东高比例套现被监管部门紧急叫停，金轮股份上市后连续十几个涨停板让监管部门倍感尴尬，很多人纷纷指责奥赛康大股东的贪婪以及参与金轮股份炒作的中小投资者对风险的漠视，但其实际问题均在于市场定价功能的缺失或扭曲。

按照奥赛康 73 元的发行价格计算，奥赛康公司发行前的总市值已经达到 153 亿元，但奥赛康公司外资股东于 2011 年 5 月转让股权时，奥赛康公司整体估值仅 2.9 亿元，公司在两年时间估值增长了 53 倍；近年来，该公司收入结构并没有实质性改善，单一品种的销售收入及利润贡献一直超过 50%，一旦该品种出现替代性产品或出现质量事故，则奥赛康公司的盈利能力必将受到重大影响。从以上两个方面我们不难看出，70 余元的发行价已经远远超过了公司内在价值，大股东焉有不套现之理？

金轮股份主营业务是传统的纺织机械部件，招股书已明确提示纺织行业整体下滑、公司现有产能利用率不高等实质性经营风险，但无数的中小散户无视这些基本面，连续十几个涨停板，将其二级市场市盈率一路拉高到 100 倍，而目前国内证券市场中的传统制造业股票基本上都在 10 倍市盈率左右。中小散户敢于炒作的主要原因就在于金轮股份总股本小，其发行后的总股本仅有 1.3 亿股，是不可多得的优质壳资源。

如果说推动金轮股份价格不断攀升的力量主要来源于中小散户，那么敢于为奥赛康定高价的几乎全部是机构投资者。可见，国内证券市场定价功能缺失是市场投资者面临的普遍现象。

退出机制缺位导致定价功能缺失

证券市场的定价能力主要体现在对标的公司风险的识别和度量方面，而上市公司摘牌和破产是证券投资风险的最主要体现形式。自 2001 年退市制度建立以来，证券市场因业绩原因被勒令退市的上市公司累计仅有 40 余家，在 2012 年之前的七八年时间内上市公司退市几乎全面停滞。在 2012 年年底所谓"退市大限"来临时，真正退市的上市公司仅两家，远低于市场预期，因此绝大多数投资者在选择股票时根本就不考虑退市这个风险因素。不仅如此，上述这些名义上已摘牌的退市公司至今仍在老三板市场上"阴魂不散"，仍受到包括地方政府在内各方力量的关注，部分股票动辄就被拉上几个涨停板，很多公司的股价还能长期维持在 1 元以上，因此，即便因运气不好而"中枪"退市的上市公司股东依然不必彻底绝望。2012 年，监管部门又专门为退市公司制定了恢复上市的文件，恢复上市的门槛明显低于 IPO 和借壳上市，并且不需要 IPO 漫长的排队和证监会严格的财务审查，因此很多退市公司都在地方政府的协助下包装重组，期待着有朝一日重回沪、深市场，这就不难理解为何 ST 长油（600087.SH）在退市前的最后几个交易日股价不跌反涨。可见，退市制度对绝大部分投资者基本不起作用。

如果说上市公司退市制度威慑力不大，那么上市公司破产则完全属于空白领域，20 余年来没有一家上市公司被破产清算，这绝对算得上世界市场经济发展史上的"奇葩"！只有让经营彻底失败或重大违规的少数上市公司破产清算，才能让其股东切身感受到"股市有风险、投资需谨慎"的深刻含义，一家公司的破产可抵得上监管部门上百遍的风险提示。

如果说退市制度不到位和破产制度的缺失导致了投资者对上市公司风险的漠视，那么泛滥的借壳上市则直接颠倒了投资者的风险观念，一大批原本濒临破产的上市公司因借壳重组而"乌鸦变凤凰"，近年来，最大的牛股基本上都来自借壳上市的重组板块，因此很多人不仅不回避退市风险，而且还专门选择资不抵债、麻烦缠身的ST公司进行"长期投资"。

当资不抵债的ST公司普遍可获得20亿元市场估值的时候，任何刚发行的小盘新股自然都可以获得30亿元甚至40亿元以上的估值，这就是金轮股份连续拉十几个涨停板的市场基础；当市场关注点长期在小盘股、重组股方面时，机构投资者的理性投资自然孤掌难鸣，他们不可能花大成本养一批平时很难派上用场的真正行业专家，也就无法为像奥赛康这样产品结构特殊的公司进行准确定价了。2014年6月20日发行的莎普爱思同样存在产品结构过于单一的问题，仅莎普爱思滴眼液一个产品2013年的收入就占该公司总收入的60%以上，利润占比更高，但绝大部分投资者均无视这些风险，对其趋之若鹜。可以预计，未来一旦限售股过了锁定期，原始股东们将纷纷以各种理由减持套现，在奥赛康身上出现的问题将换一种形式重演！

在沪、深交易所的市场制度改革长期不见成效的情况下，很多人将改革希望寄托在新三板上，但正如中国证监会主席肖钢所言，场内市场才是证券市场的压舱石，具有不可替代的作用。由于绝大部分机构投资者都没有在几十年的场内市场中有效培育出自身的定价能力，当面对经营规模小、风险高的新三板挂牌公司时，它们必将无所作为，也无法作为。因此可大胆预计，新三板要么在交易量不断萎缩中死亡，要么在投机氛围高涨中疯狂，但很难为场内市场探索出一条可行的发展之路，因此证券市场的改革还必须立足于现实。

定价功能缺失的负面影响

定价功能是否缺失不仅决定了新股发行制度改革的成败，而且对国家产业结构调整步伐等一系列重大问题均有一定影响。

第一，在定价功能健全的情况下，证券市场给予奥赛康、金轮股份这样的公司的估值可能是 10 倍市盈率，它们的股东很可能就放弃 IPO，直接接受行业龙头或具有整合协同效应的上下游企业的并购重组了，中国产业调整的步伐将因此大大加快。发达国家的中小企业直接 IPO 的比例并不高，绝大部分都将股份转让给有品牌、有渠道的大企业，成为其分支机构之一。如果像奥赛康、莎普爱思这种拥有某一优势品种的医药类公司自愿接受同行业大企业的整合，则中国医药行业将很快就可诞生出自己的辉瑞、强生公司，因为它们在品牌、渠道、质量控制、研发等方面均可产生明显的 $1+1>2$ 的效应。

第二，在证券市场定价功能正常的情况下，很多经营不成功的上市公司股价可能只有几分钱，参与投资的小股东无法赚钱，大股东也无法大规模减持套现。反观现在的情况，不论大股东是否真正在用心经营企业，只要编几个重组故事、涉足一些时髦的概念，股价就可扶摇直上，大股东就可以很轻松获得几个亿，甚至几十亿元的资金，人为地加剧了社会收入分配的不公平。

第三，在定价功能不健全的情况下出现的 IPO 财富增值效应，让很多原本不需要上市的企业拼命挤进证券市场，这导致监管部门审核 IPO 的标准越来越复杂、审批流程越来越长，很多急于上市融资的新型业态公司，如京东、阿里巴巴等只能远走海外市场。随着优质新型业态上市资源的大批流失，沪、深上市公司的产业构成显得越来越传统和沉重了，这就不难理解为何中国经济一直在发展，而股指却一直徘徊在 2000 点。

监管部门应敢于担当

很多人认为退出机制不畅通的原因在于现有制度有漏洞，容易被上市公司规避。其实不然，退市制度早在 2000 年前后就已明确写入沪、深交易所的上市规则，但很快就被沪、深交易所以所谓的"补充材料不计入审核时间"为理由规避了七八年之久；借壳上市虽然在材料形式上已经等同 IPO，但审核周期和审核标准相差甚远，即使借壳申请被否决，当事人也不必担心，因为可迅速再次"闯关"，无须任何时间间隔。既然事实已证明万福生科的 IPO 资格是通过财务造假骗来的，那么监管部门只要撤销当初的行政许可即可让万福生科退市，何必再等有关退市规则的修改？上市公司破产案例的空白更是不可思议。早在 1986 年，国家就已经颁布了专门的公司破产法，一大批国有企业都成功实施了破产清算，为何上市公司可以独善其身？

以上事实已充分说明，导致新股发行制度屡改屡败的根本原因在于监管部门自身长期不敢直面风险，而不是新股发行过程中的任何技术性问题。因此，未来的改革应当从监管部门自身做起，痛下决心解决好"有法不依、执法不严"的问题，让证券市场退出机制发挥其应有的优胜劣汰功能。一家上市公司的退市和破产涉及成千上万的个人投资者的切身利益，证券监管部门和各级地方政府过去均不约而同地选择了将问题不断延后的"鸵鸟政策"。在证券市场规模尚小的时候，这种政策的负面影响还是很有限的，但如今在证券市场已过"弱冠"之年，需要在产业调整等国家战略中发挥主力军的作用时，这种政策的负面影响就日益彰显了。马克思早就告诉我们，资本来到世间，从头到脚，每个毛孔都充满着血和泪。我们在享受着直接融资的高效和便捷的同时，自然不应当回避风险和死亡。

目前，以 ST 国恒为代表的"中技系"不断曝出丑闻，如何尽快依法处置这些上市公司、确保不再法外开恩将再次成为证券监管部门和有关地方政府态度的试金石。

信托产品刚性兑付制约股市发展

中国社会科学院金融研究所　尹中立

从党的十八届三中全会精神看，决策层对资本市场的发展寄予厚望，但现实中 A 股市场表现却难令人满意。刚刚过去的 2013 年，全球主要股市都创新高，而中国蓝筹股的估值却创新低。中国股市的异常表现必有其内在机理。笔者认为，妨碍股市发展的最主要因素是信托产品的刚性兑付潜规则。

"影子银行" 规模超过股市

如果将时间拨回 2009 年，把信托市场与股市联系起来似乎有些天方夜谭。2009 年的信托市场只有几千亿元的规模，而当时的股市市值近 30 万亿元，二者完全不是一个等量级。当时的信托市场规模只相当于中信证券的股票市值。因此，2009 年之前的信托市场对股市不会产生任何影响。而 2009 年后的情形出现了大逆转，信托总规模迅速扩张，连续几年以超过 50% 的速度增长，截至 2013 年年底，其规模已经超过了 10 万亿元，已经相当于股市总市值的一半，与股市的实际流通市值旗鼓相当，股市不能再忽视信托的存在。

与信托市场类似的还有银行的各种理财产品市场等 "影子银行"。根据有关权威部门的数据，包括信托在内的全部 "影子银行" 融资规模已经达到 30 万亿元。"影子银行" 仅经过 5 年的扩张，其规模已经超过了股市。

从 2009 年下半年开始，包括信托在内的各类"影子银行"迅速崛起，而股市却一蹶不振，二者之间似乎存在"跷跷板"的关系。

推高无风险收益率

从金融资产定价的内在逻辑分析，信托及其他"影子银行"的快速膨胀提高了金融市场的无风险收益率，这导致股市估值水平降低。在正常状态下，信托产品的收益率会高于国债的收益率，因为信托产品的违约风险高于国债，如果我们把国债收益率作为无风险收益率，则高于国债收益率的部分就是风险溢价。不知道从什么时候开始，各级监管机构开始形成"底线思维"，即守住不发生系统性或区域性风险的底线。每当出现涉及金额较大的金融违约行为时，有关监管部门总是习惯性地采取措施阻止违约事件的发生，有的甚至拿纳税人的资金来填补债务窟窿。按照此监管思维，各类信托产品必须保持刚性兑付。

无违约行为的信托市场扭曲了资金价格，这导致了资源错配。当监管者要求信托公司保持刚性兑付时，就给市场传导了错误信号，即信托产品高收益而无风险。当信托规模很小的时候，这样的潜规则对金融市场的定价影响不大，但在信托规模已经超过 10 万亿元的背景下，信托产品的刚性兑付实际上推高了整个金融市场的无风险收益率。在 2010 年之前，我国十年期限的国债收益率一直在 4% 以下，一年期的银行定期存款利率是 3%，即金融市场的无风险收益率为 3% ~ 4%。但 2010 年后信托产品和银行理财产品大规模扩张，这些产品的收益率都在 6% 以上，有些产品的收益率甚至常超过 10%，它们都存在刚性兑付的假设前提，从而使得该收益率成为市场的无风险收益率。

对金融市场冲击巨大

无风险收益率的大幅度提高对金融市场产生了巨大的冲击。首先，债券市场收益率提高，对应的债券价格出现下跌。2013年6月之后，中国各种债券的收益率迅速走高，十年期国债的收益率提高了100个基点左右。从中国近20年的历史看，只有当通货膨胀处在上升周期时，长期国债的收益率才会出现大幅度上扬，在物价指数平稳的状态下出现债券收益率跳涨的现象还是第一次，直接因素就是信托产品的大量发行及其刚性兑付的存在。

其次，股票市场估值不断创新低。2010年以来，沪、深300指标股的估值持续下跌，由30余倍市盈率跌到2013年年底的10倍市盈率，银行股的估值从2010年的16倍左右市盈率下跌到2013年年底的5倍市盈率。估值不断创新低的直接原因当然是资金流出，资金从股票市场流到了信托和理财市场，因为这些产品有较高的无风险收益率。

从2012年开始，就不断有市场人士建议扩大保险和社保资金投资股市的比例，他们希望以此来刺激股市。从数据来看，截至2013年年底，保险资金投资权益类资产的比例上限是25%，而实际投资比例只有10%左右。可见，保险资金对股市并不感兴趣，希望通过扩大保险资金入市比例来刺激股价的确属于"单相思"。当信托和银行的理财产品收益率达到10%的时候（并且无违约风险），保险资金为什么要买股票？

中国股市的估值曾经在1993~1994年达到过10倍市盈率，当时恰逢通货膨胀严重，物价涨幅超过20%，当时的银行一年期存款利率超过10%。而当前并无严重的通货膨胀，CPI增幅只有3%左右，银行的一年期定期存款利率只有3%，但股市估值水平却创历史新低，反常的现象背后是信托和理财产品的刚性兑付抬高了市场无风险收益率。

可见，信托的刚性兑付是导致债券市场和股票市场熊市的罪魁祸首，只要让信托产品出现违约，刚性兑付的预期就会破灭，信托或债券的"风险溢价"将自动上升，市场的"无风险收益率"会迅速下降，而股票市场估值会很快得到修正。

监管部门的两难选择

上述分析并非仅仅是笔者的逻辑推导，上述逻辑在现实中已经得到验证。2014年1月底，中诚信托的30亿元矿业信托产品到期，虽然在多方努力下，最终没有出现完全违约（投资者可以获得本金），但投资者也付出了一定代价，即投资者不能获得预期的收益。尽管这样的处理结果还没有完全打破刚性兑付潜规则，但是至少使得刚性兑付预期部分被打破，按照资产定价的逻辑来分析的话，此举降低了市场的无风险收益率，对股市而言属于重大利好。2014年春节期间，由于美国货币政策调整的影响，各国股市都出现了10%左右的下跌，而我国股市在春节后开盘却出现上涨。笔者认为，中国股市在马年首日逆国际市场收红盘的最主要原因是中诚信托30亿元信托产品的处理方式。

按照上述思路推理，如果让中诚信托的信托产品彻底违约，则市场的无风险收益率会降低更多，股市会得到更积极的响应。但彻底违约的闸门一旦打开，"影子银行"体系的系统性风险可能无法控制。根据有关方面的分析，中国的信托产品和各类理财产品的总规模大约有30万亿元，这些所谓的"影子银行"的主要融资对象是房地产市场和地方政府的融资平台。这些融资项目需要后续源源不断的资金补充才能维持资金链的正常周转，如果信托产品的刚性兑付不再成立，则新发行信托将受阻，系统性风险可能会被引爆。

因此，政策导向如何取决于监管部门的选择，如果监管部门选择把风险继续掩盖起来，继续让信托市场存在刚性兑付的潜规则，则市场的无风险收益率将继续保持高位，整个经济仍然在高资金成本的背景下艰难运行，股市和债市都不会有好的表现；假如让市场风险释放，则股市的短期市场风险较大，上证综指创2009年以来的新低也是有可能的，但好处是市场的无风险收益率大幅度降低，企业的经营成本下降，上市公司盈利将出现好转，股票估值将提升。

看来，决策者要面临一个两难选择：如果选择让信托等"影子银行"体系继续膨胀，则资本市场无法发展壮大；如果要发展资本市场，实现加大直接融资比重的目标，则刚性兑付的潜规则必须打破，"影子银行"体系将面临一个短期的冲击。

投资者应该等待决策者的选择确定后再做定夺。信托产品违约事件发生后将对股票市场产生短期冲击，而后将出现一个较好的股市投资机会。

互联网金融与普惠金融

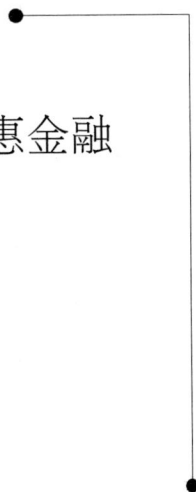

从网络金融看金融改革新趋势

中国社会科学院金融研究所 王国刚

2013年以来，"互联网金融"风生水起，不仅成为热度最高的金融话题，社会各界广泛议论，各种认识莫衷一是，而且支付宝、P2P网贷、众筹和余额宝等名目繁多的互联网金融模式或产品，给人们以纷繁多彩的思维冲击和目不暇接的视觉冲击。一些人认为，有别于银行主导的间接金融模式和金融市场主导的直接金融模式，互联网金融似乎正在开辟第三种金融发展模式，中国金融体系面临着互联网金融的"颠覆"。

互联网金融透视我国金融体制缺陷

金融源于实体经济部门中城乡居民与实体企业之间的资产权益与资金的交易，其中，城乡居民是资金的供给者，实体企业是资金的需求者，交易对象是实体企业的资产权益。因此，金融内生于实体经济。不论是宏观经济学的两部门模型还是发达国家的金融发展史，都揭示了这一基础原理。改革开放35年来，根据经济发展的需要，在借鉴发达国家经验的基础上，我国建立了一套从外部植入实体经济部门的金融体系。这种外植型金融体系，一方面以银行业的间接金融为主体，通过银行存贷款的再创造货币机制，保障了经济运行中所需的巨额资金供给，支持了我国经济的高速可持续发展；另一方面，又以最低廉的利率吸收存款资金和相对昂贵的利率贷放资金来保障银行业可获得稳定的卖方垄断利润，加之以现有分业监管模式下机构监管为重心，严重限制了实体经济部门内部金融活动的展开，既将实体企业多维一体的市场活动分切为若干个碎片，也给经济运行和经济发展留下了一系列严重隐患。从20世纪90年代初开始，实体经济部门就不断寻求突破，但成效甚小。

一个突出的现象是，消费金融内生于商业购物活动。在由商业机构开展相关业务的过程中，其集资金流、物流和客户信息流于一体，既给消费者带来了商家优惠，又给商家带来了资金和客户信息而有利于提高商家的市场竞争力和调整商业结构。但在中国，消费金融更多体现在银行卡消费上，出现了银行管资金流、商业机构管物流、无人管客户信息流的格局。在这种格局中，首先，商家扩展业务所需的资金要向银行申请，银行贷款既需要充足的抵押物，又利率高企，还延时甚多，给商家带来诸多不利。其次，由于缺乏客户信息和难以向这些客户提供专门的服务，各个商家迄今难有自己稳定的客户群，也很难根据特定客户的特色需求，量身打造商业服务和提供特色服务。最后，这限制了商家之间的服务竞争。从这个角度看，支付宝等起源于网上交易的需要，有将资金流、物流和信息流连为一体的功效，是一种从实体经济内部产生的金融活动。支付宝的流程与任何商场（或超市）的交易只有一个差别，即消费者将货款划汇给第三方与第三方将这些购物款划汇给供货方之间存在时间差，因此有资金沉淀。这些巨额沉淀资金的存在，意味着第三方有金融活动的空间及特点。其发放第三方支付牌照，在认同第三方支付的合法性基础上，使相关网商能够借此提高消费者和供货商对其认同和市场信誉，扩大营业规模。余额宝等就是在这一背景下的进一步拓展。发放第三方牌照将第三方支付纳入了金融监管视野之中，有利于规范网商的相关金融活动。

自第一次产业革命以来，欧美等经济体的金融信用大致经历了商业信用、银行信用和市场信用三个阶段。20世纪70年代末以后，在美国金融创新的发展中，市场信用异军突起，它借助债券和资产证券化等，推进了金融脱媒和银行业务转型，改变了以银行为主体的金融体系。市场信用虽然对银行信用有替代作用，同时舍去了银行信用中的货币创造功能，但它并没有完全取代银行信用。如今，在发达国家金融体系中，这三种金融信用机制同时存在，各自发挥着作用，因此，这些国家的城乡居民和实体企业有比较充分的金融选择权。在我国的外植性金融中，银行信用成为近乎唯一的信用机制，城乡居民消费剩余的资金除了储蓄存款很难有其他的金融投资运作路径，实体企业所需资金除了银行贷款也没有太多选择余地。2001～2013 年，我国债券余额规模增长了 10 倍左右，但金融脱媒现象并没因此变得突出，实体企业资金紧缺和资金错配的状况也没因此缓解。其主要成因在于，我国的各类公司债券主要向金融机构发售，由此直接金融工具转变为间接金融工具。银行等金融机构购买公司债券实际上成为发放贷款的补充机制。在此背景下，P2P 网贷、众筹和余额宝等的问世，突破了银行信用的限制，展示了市场信用的魅力，自然受到众多个人投资者的热捧。与此相比，这些金融模式或产品虽然发端于欧美国家，但由于其主流金融体系对金融需求的满足程度较高，所以并没有展示趋势性发展态势，更没有出现众多个人投资者的热捧现象。

金融监管体制是金融体系的重要组成部分。在经济发展中，各种经济关系日趋复杂化，与此对应，金融产品和金融服务也呈现复杂化的发展趋势。它既表现为每种新的金融产品都是多种金融机制在性质、特征、期限和选择权等因素组合的产物，也表现为它与实体经济运行紧密结合并仅存在于其中的某个（或某几个）环节中。但我国的金融监管以金融机构为主且实行分业监管体制，不仅人为地切断了各种金融机制和金融产品之间的内在联动关系，而且严重限制了金融机构的业务拓展与实体经济运行的链接程度。但这却为第三方支付等网商金融的快速发展提供了可利用的条件。网商不属于金融机构的范畴，其业务活动不受金融监管部门的直接监管，由此与网上商品交易对接的金融活动就成为网商可利用的业务范畴。与此不同，发达国家实行的以功能监管（或业务监管）为主的金融监管机制，不论是哪个主体，只要介入了该项金融业务，就由相关的金融监管部门予以监管；同时，各类金融机构的业务范围并不由哪家金融监管部门严格界定，商业银行可以代理股票、债券等的交易，投资银行可以发放贷款，等等，由此在网上商品交易的发展中，相关金融机构自然顺势而为地介入了网上金融活动之中。在欧美等经济体中，网上商品交易中的支付结算主要由各种信用卡公司（如维萨、万事达等）实现，它们并没有发展出像我国如此多的网上第三方支付机构，更没有因出现几家第三方支付现象就引致"颠覆"金融体系的轩然大波。

金融改革新趋势： 发挥金融市场决定性作用

在以银行为主体的金融格局下，面对实体企业融资成本不仅没有降低反而继续上升、金融机构为自己服务的比重持续提高的状况，一个值得深省的问题是，在金融配置资源方面，金融体系改革的取向究竟是要发挥银行的决定性作用还是要发挥金融市场的决定性作用？美国在金融创新过程中曾提出金融体系应由银行主导还是市场主导的命题。在金融脱媒的进程中，市场主导的趋势快速展开，迫使银行进行了业务转型，形成了以金融市场决定性作用为主导的现代金融体系。建立发挥金融市场决定性作用的金融体系，是我国金融改革的新趋势。

在完全竞争的市场中，价格应在买方与卖方的三方竞争中形成。如果只有卖方之间的竞争，缺乏买方与卖方的竞争，则市场处于卖方垄断格局。金融市场也不例外。在我国金融产品结构中，存款所占的比重高达90%，贷款所占的比重高达60%。要改变银行在存贷款市场中的卖方垄断地位，仅仅依靠互联网金融提供的渠道和技术几乎是不可能的。网商金融的发展虽然对银行经营有所冲击，但依然难以有效扩大城乡居民和实体企业的金融选择权。尽管建立在P2P基础上的网贷在2013年成交规模达到1058亿元，比2012年增长了5倍，但从2013年4月至2014年2月的10个月期间，有80余家P2P平台发生了关张倒闭、老板跑路或出现延期兑付等问题；进入2014年2月以后，余额宝的投资者数量增幅和融资增幅也已明显放缓。同时，一些银行等金融机构也已推出了各种类型的"银行宝"，由此这些网商金融的可持续性是否可靠还有待时间考验。另外，P2P 网贷、余额宝以高利率回报吸引投资者的资金，投资者暂时可以得到高于银行活期存款数倍乃至数十倍的收益，但金融交易并不创造价值，这些高利率最终要由使用资金的实体企业承担，无益于降低它们的融资成本。

金融根植于实体经济。金融改革应以金融回归实体经济为主要取向，由此必须充分扩大城乡居民和实体企业的金融运作选择权利，使他们在存款市场上和贷款市场上能够作为买方与银行展开有效竞争。从各种金融产品的对比来看，以公司债券为金融改革的主要抓手是最为合适的。第一，公司债券属于基础性金融产品，在我国的法律上没有障碍（《中华人民共和国公司法》和《中华人民共和国证券法》对此有明确规定），在理论上有高度共识，在实践上已有较为丰富的经验。第二，公司债券有一系列独特的功能：公司债券利率对资金供给者和资金需求者是同一的，它既有利于提高资金供给者的收益水平，又有利于降低实体企业的融资成本。实体企业通过发债获得中长期资金，则能够有效改善资金的期限错配状况，推进商业银行业务转型。第三，在金融改革中，公司债券的功能举足轻重。我国要实现存贷款利率市场化改革的目标，缺乏公司债券利率的机制作用是难以完成的。在公司债券大量发展的背景下，银行存贷款在金融体系中的作用明显降低，由此实施存款保险制度就不容易引致大的震荡。在资本账户开放中，大多数金融交易集中在公司债券及其衍生品方面，海外人民币的回流也主要通过这一渠道而展开。缺乏成熟的公司债券市场，就很难有效推进资本账户中金融交易项下的充分开放。

公司债券作为直接金融工具，理应直接向实体企业和城乡居民销售，这既有利于使实体企业摆脱资金来源受限于银行贷款、暂时闲置的资金只能存入银行的格局，也有利于提高城乡居民的财产性收入。为此需要做好以下几个方面的工作。第一，切实将《中华人民共和国公司法》和《中华人民共和国证券法》的相关规定落到实处，有效维护实体企业在发行债券中的法定权利。第二，建立全国统一的公司债券发行和交易制度，改变"五龙治水"的债券审批格局。第三，取消公司债券发行环节的审批制，实行发行注册制，强化信息披露程度。第四，积极推进按照公司债券性质和发行人条件决定公司债券利率的市场机制形成，在此基础上，逐步推进以公司债券利率为基础的收益率曲线形成，完善证券市场中各种证券的市场定价机制。第五，积极发挥资信评级在证券市场中的作用，为多层次多品种的公司债券发行和交易创造条件。第六，推进债权收购机制的发育，改变单纯的股权收购格局，化解因未能履行到期偿付本息而引致的风险。与此同时，切实落实公司破产制度，以规范公司债券市场的发展，维护投资者权益。

"互联网金融"的神话和现实

中国社会科学院金融研究所　殷剑峰

"互联网金融"是最近尤其时髦的词汇。作为一个研究者，由于笔者首先查阅了国际上有关这个词的研究文献。令人奇怪的是，既没有直译过去的"Internet Finance"，也没有类似网络经济（Network Economy，一个严谨的学术词语）的网络金融（Network Finance）。不过，在互联网泡沫达到顶峰的 2000 年前后，国际学术界倒是在热议一个与"电子商务"（E-business）相对应的概念——"电子金融"（E-finance）。

"互联网金融"的前世：电子金融

所谓电子金融，是指利用电子通信和计算技术来提供金融服务。从 19 世纪电报、电话到 20 世纪的计算机和互联网，电子通信和计算技术种类繁多，并且一直在持续的演化过程中。不过，由于彼时的互联网热潮，2000 年前后对电子金融的讨论主要还是集中在互联网技术的运用对金融业的影响上。显然，当下被热炒的"互联网金融"实际上十几年前就已经在金融和互联网技术较我国发达的其他国家那里得到了讨论，而且，当时包括国际清算演化、各国央行在内的宏观金融监管部门也对其相当重视。例如，2001 年 1 月 23 日，美联储在纽约专门组织了一个关于电子金融的讨论会，并发布了系列研究报告；其他国际组织如国际清算银行（BIS），也在 2000 年前后有过许多类似的讨论会和研究报告。

不过，令人奇怪的是，2001年后，国际学术界和监管部门对电子金融的热情似乎突然消失了，关于电子金融的讨论戛然而止。个中原因值得分析。因为，对电子金融热情的膨胀和消失恐怕也预示着今天在国内热炒的所谓"互联网金融"不过是过眼云烟的神话。

对电子金融热情的消失，首先源于先前有关电子金融将颠覆"传统"金融业的说法事后都被证明是错误的。关于电子金融将颠覆"传统"金融业的第一个预言是：由于网上金融交易系统无须过多的人员和有形的办公场所，所以，它将取代金融机构的物理网点，即所谓"鼠标对砖头的替代"。然而，正如ATM机的出现并未使美国银行业分支机构的数量下降一样，尽管到1999年美国开设网上银行的银行资产已经占整个银行业资产的90%，但美国银行业分支机构的数量依然从1990年的4万多个增加到1999年的6万个。而到了全球危机爆发的2008年，美国银行业分支机构的数量已经超过了8万个。

网上银行之所以无法取代银行的物理网点，是因为计算机和互联网技术只能处理基于标准化信息的标准化业务，如电子支付对现金和支票结算的替代，但是许多业务是基于非标准化信息的，如理财咨询、新客户和新业务拓展等。虽然计算机和互联网技术的发展使得一些非标准化信息逐步变得可以标准化，但是，至少在目前的技术水平下，金融服务的人性化体验是无法网络化的，尤其是对于非标产品和大额金融交易（如私人银行业务）。

关于电子金融将颠覆"传统"金融的第二个预言是："传统"的金融机构将遭遇"去中介化"（Disintermediation，又称"脱媒"），金融机构尤其是银行业即使不消失，也将大幅度减少。这个预言的理由主要有两点：第一，传统银行业主要依赖"关系融资"来挖掘借款人信息，但是，计算机和互联网技术使得信息的收集和处理能力大幅度上升，信用评分技术得到极大的发展，原先无法标准化的借款人信息可以变成标准化信息，从而可以用计算机来评估信用风险和设计相应的信用产品，银行业传统的信用风险管理功能不再需要；第二，计算机和互联网技术极大地降低了证券发行和交易的成本，并创造了覆盖全球的互联互通的金融市场，从而使得资产证券化变得极其便利，贷款可以迅速变成证券在全球销售，银行业传统的流动性转化功能——将不具有流动性的资产（贷款）转化为流动性的资产（存款）——已经没有存在的必要。

关于这个预言，在 2000 年前，我们确实观察到美国银行业的萎缩，具体表现为美国银行业资产在金融机构总资产中的份额持续下降。但是，从 2000 年之后，美国银行业发生了根本性的变化，不仅信用评分技术成为银行业信贷流程中广泛运用的技术，而且银行业的业务模式也从原先"放贷并持有"转变为"放贷然后销售"（originate – to – distribute）。由此银行业非但没有消失，反而通过资产证券化创造了庞大的"影子银行"。至危机爆发的 2008 年，美国资产证券化的市值已经相当于银行贷款的1.5 倍。其他被认为将消失的金融机构也通过对网络技术的运用实现了业务模式的转化，如证券业从以经纪业务和做市业务为主转向了资产管理。

国内 "互联网金融" 热的实质：希冀 进入金融业的互联网企业

既然曾经被热炒的电子金融仅仅是让"传统"金融业采纳了新技术、改变了业务模式，那么当下的"互联网金融"又会怎样呢？如前所述，"互联网金融"无非是"电子金融"的一类，即利用互联网来提供金融服务。但是，仅仅这样界定，我们就无法理解这么一个问题：既然在互联网技术最先发展并远比我们先进的美国，金融业都没有被互联网颠覆，那么为什么在这里却有如此之高的热度呢？答案就在于，对于国内热炒的"互联网金融"，其实质指的是一些互联网企业希冀进入金融业内，在金融管制的环境下，这引起了"传统"金融机构甚至监管部门的恐慌。

互联网企业进入金融行业主要包括三种模式，这三种模式也是从欧美复制过来的，只不过做了些许本土化改造，而且，在这三种模式中，并非没有金融中介，只不过是互联网企业取代了传统的金融机构，成为承担基本金融功能（处理信息、媒介资金）的新中介。

第一种模式是电子商务企业从事金融业务。这类模式的典型是从阿里巴巴发展出来的支付宝、余额宝以及网上保险销售等，其路径是从电子商务到电子支付，再由电子支付过程中产生的沉淀资金衍生出信贷等更复杂的金融业务。这类企业能够迅速发展的原因，一方面在于它们没有正规金融机构不得不面对的金融管制和监管，例如这些企业不用像正规金融机构那样缴纳法定存款准备金，其业务也没有接受严格的资本和业务监管；另一方面就是它们可以利用电子商务和电子支付过程中产生的大量信息，这些信息在经过收集和处理之后就构成了金融业务的基础。

第二种模式是工商企业利用互联网平台从事筹资和融资活动。这种筹融资活动在国外被称作P2P（Peer to Peer Lending），在国内被称作"人人贷"。其业务模式又可细分为三种：第一，纯中介型，即设立一个网上平台，将借款人和出资人撮合，平台提供基本的信息服务，但不承担借款人的违约风险；第二，逾期垫付型，即一旦借款人不还款，由平台垫付本息给出资人；第三，担保型，即第三方担保者通过平台向出资人介绍借款人，一旦后者违约，由第三方担保者偿还本息。

第三种模式是互联网企业开设的网上金融超市。这种模式主要是互联网企业开设一个网站，在其上销售金融产品和服务，它与金融机构官网的区别在于后者只销售自己的产品。在这种模式下，互联网企业一般不直接涉足金融业务，而只是以提供和分析信息为主，所以，除了可能出现假信息或者故意偏袒、夸大某家金融机构的产品和服务之外，其引发的金融风险较前两种要小。

在以上三种模式中，第三种模式最为脆弱，因为它依赖其他金融机构提供金融产品，并愿意分享金融产品销售后的收益；第二种模式发展的难点在于如何利用信用评分技术和借款催收手段来处理借款人的道德风险和逆向选择问题，以及如何解决出资人或其代理人监督借款人的"搭便车"问题，而这两个问题是"传统"金融中介早已经解决的问题；第一种模式是"互联网金融"最具挑战力的模式，因为这种模式需要拥有开展金融业务必须具备的基础，即收集和运用从贸易和支付过程中产生的信息。但是，掌握信息收集和处理能力是一回事儿，将这种能力用于从事正规的金融业务又是另外一回事——后者常常面临着严厉的金融监管乃至金融管制。

"互联网金融"热的背后：金融管制/监管租金和"钱荒"

国内"互联网金融"热的背后既有长期的体制性因素，也有短期的宏观因素。可以看到，国外的电子金融热之所以迅速销声匿迹，就是因为那些互联网和金融发达的国家都早在20世纪80年代左右就基本完成了金融自由化改革，正规金融体系已经是一个高度竞争、开放的体系，已经没有了管制引致的租金问题，并且金融监管的原则是基于金融功能而非金融机构属性。具体来看，国内的"互联网金融"热源于以下两个因素。

首先是管制和监管造成的租金。国内正规金融体系在受到严格金融监管的同时，还要承受金融管制的成本，这在体系内外人为造就了资金成本的落差。例如，银行业吸收存款要缴纳高达20%的法定存款准备金，即20%左右的资金要被冻结在低利率的央行账户中，而互联网企业不用。再如，银行业的存款利率是受到管制的，其与市场化利率之间存在利差。此外，正规的金融机构需要承担包括资本金约束在内的各项监管成本。在国内监管体系依然以分业监管和机构监管为主导的情况下，从事同样金融功能的互联网企业避免了监管成本。

其次是2013年以来"钱荒"导致金融机构同业利率大幅度上升，从而迅速拉高了市场利率与存款利率间的利差。"钱荒"的发生，从金融部门的资产方或者实体经济的负债方看，就是低成本、期限较长的融资工具（尤其是贷款）被高成本、期限较短的融资（如银行同业业务、信托等）替代；从金融部门的负债方或者实体经济的资产方（存款）看，就是狭义货币供应量M1大幅度萎缩，尽管广义货币供应量M2看起来是平稳的。

事实上，即使在金融自由化已经实施多年的金融和互联网发达国家，管制和宏观政策导致的利率飙升同样也构成了"互联网金融"发生和发展的基础。例如，为 eBay 提供支付服务的 PayPal（类似阿里巴巴的支付宝）自 1999 年就推出了美国版本的"余额宝"，但常年萎靡。由于金融管制（活期存款不得支付利息的 Q 条例直到《多德弗兰克法案》出台才取消）和宏观高利率环境（2005～2007 年的加息周期），其管理的货币基金资金在 2008 年金融危机前急速膨胀——即使如此，其也就一个中等货币基金的规模，可谓无足轻重。但是，一旦这两个条件发生改变，PayPal 管理资金的规模随即大幅度萎缩。

国内的"互联网金融"虽然对推动金融管制的放松有一定刺激作用，但是在当前金融形势复杂之际，它更易导致金融不稳定。例如，余额宝将低息的储蓄存款变为高息的同业存款，不仅提高了银行吸存的成本，再者，由于同业存款不纳入存贷比考核，这种转变又迫使银行要么收回贷款（意味着项目终止、企业破产），要么用短期、高息的理财、同业业务来为实体经济提供资金，而且，包括余额宝在内的各种金融产品，往往利用高收益甚至是由互联网企业补贴形成的高收益来吸引客户，其经营的稳健性令人质疑，流动性风险不容忽视。就"人人贷"而言，其发生和发展的前提也是没有金融管制和监管，因此，其潜在风险与过往的"非法集资"无异：一旦借款人违约，出资人、借款人以及网络平台和第三方担保者之间的合同纠纷将会导致大量的"三角债"。即使在金融自由化的美国，也对 P2P 这种筹融资模式进行了法律规范：2008 年，美国证监会要求 P2P 平台必须将其产品注册为证券，并接受监管，这对当时"欣欣向荣"的 P2P 平台打击甚大。

总之，短期内对所谓的"互联网金融"采取规范甚至限制是必要的。但是，着眼于长期，更应该尽快采取改革措施，在完善金融监管的基础上，放松金融管制。例如，需要改革法定存款准备金政策及其背后的外汇管理体制，需要充分发展资本市场并借此推进利率市场化，建立和完善金融机构准入及退出机制，等等。

需要注意的是，正如蒸汽机的出现取代了基于人力和畜力的货物运输和贸易模式一样，随着互联网技术的进步，电子商务、电子支付和网络互动平台成为商业贸易发展的长期趋势。实体经济的需求决定了金融的发展，因此，基于电子商务、电子支付和网络互动平台的信息收集、处理和分析将决定金融机构未来的业务调整方向和新产品的开发。可以想象，随着金融管制的取消，不论是现有的金融机构，还是希冀进入金融业的互联网企业，都可以在统一的金融监管原则和框架下开展公平有序的竞争。

移动支付普及还面临几大突出瓶颈

中国社会科学院金融研究所　杨　涛

可以预见，依托电脑为主的互联网渠道、依托手机为主的移动渠道，将成为网络理财的两大主要模式。只是，移动支付的普及还面临着安全、产业链环节多且尚未形成有效的、可持续的、各方共赢的产业发展格局以及缺乏应用场景等现实问题的制约。各类互联网、移动金融的创新，或许更应在收益率之外的用户功能上多做文章，毕竟随着利率市场化的推进，多种因素造成的短期高收益难以持续，竞争将会最终改变现有的金融产品收益格局。

随着微信红包在马年春节期间的风靡，再加上"嘀嘀打车"与微信支付、快的打车与支付宝等的支付补贴政策的助推，移动支付似乎在一夜间进入了大众狂欢的时代。

支付清算是金融体系最根本性的功能，在此基础上才能展开各种资金配置活动。在互联网金融时代，许多创新都发端于支付创新。近年来，以支付宝为代表的第三方支付企业的发展，引发了阿里小贷、余额宝等新兴金融组织或产品的兴起。P2P网络借贷和众筹融资的发展，背后也离不开支付结算环节的保障与创新。移动支付的兴起，带来了移动理财、移动财富管理的空前活跃。

我们看到，在智能手机为主的移动设备进一步普及的趋势下，越来越多的人离开台式机和笔记本，聚焦于能给他们更便捷、直接、及时体验的手机上进行财富管理。在此大环境下，移动支付的巨大发展前景不言而喻，市场蛋糕也将逐渐增大。不论是支付宝侧重的远程支付，还是微信偏重的近场支付，都深刻冲击着传统零售支付体系。

只是，移动支付的普及还面临着几大突出瓶颈。

首先，移动支付阶段的安全问题难以回避。在互联网支付时代，公众经常被媒体报道的各种负面事件困扰，面对相对陌生的移动支付，公众的戒心就更大。实际上，移动支付存在安全问题的根源之一，就是长期缺乏规范、统一的技术标准和安全标准。不过，这一障碍有望得到解决，2014 年 5 月 1 日，移动支付国家标准将正式实施，而央行的移动金融安全可信公共服务平台也于 2013 年年底建成并通过了验收评审，"山头林立"的不同机构的移动支付系统可以"联网通用"了。

其次，移动支付涉及的产业链环节尤其多，如银行、支付企业、软件厂商、手机厂商、运营商等，有的还尚未形成有效的、可持续的、各方共赢的产业发展格局，业务模式与定位不清晰，这导致各类主体之间缺乏明确的权责分担机制，使得现有的业务拓展和竞争还停留在低水平的"跑马圈地"阶段。

再次，即便许多习惯于移动时代的人群都希望更多运用移动支付模式，也需要有支撑相关交易活动的环境才行。正是由于缺乏这样的应用场景，制约了移动支付的进一步扩张。即使是作为行业领先者的支付宝，其应用场景拓展也还处于起步阶段，微信支付则更需要创新环境载体。比较来看，POS 机的普及对于信用卡使用起到基础性支撑，其间也经历过多年的改革与利益协调。移动支付要真正冲击甚至替代传统零售支付工具，非得在应用场景方面有所突破不可，而这并非是一两家企业能完成的，需要整个行业的共同努力。

最后，移动支付的习惯与文化不是短期内能形成的，主要障碍仍是存在潜在的安全漏洞。第一，手机病毒、木马的侵袭或支付软件自身存在的漏洞都可能会造成支付隐患。同时，移动支付所追求的就是便捷的用户体验和比互联网支付更简易的程序，但这降低了支付安全性。这些都可能对资金和交易安全产生影响。第二，长期以来我国严重缺乏对个人信息、隐私的保护机制，在互联网支付中已出现过类似的用户信息泄露事件，而在场景更开放的移动支付环境下，这个问题变得更加突出。

第三，由于移动支付的门槛更低，因此会带来对洗钱、腐败行为等灰色交易的担心。预付卡、购物卡的出现，就曾使人担忧其会助长隐蔽送礼、行贿受贿等行为，如今如微信红包之类的更便利的模式，似乎更易操作。由于处于起步阶段，这种影响还相对较小，但不得不正视。第四，无论在互联网支付还是移动支付中，某些风险的出现都是由于支付消费者的安全习惯较差，这也不是短期内所能改变的，而需要移动支付文化的逐渐形成。

如要深入剖析现有的移动理财模式，大致可分为这样几类。一是传统金融产品与支付企业的结合，现在主要表现为互联网货币市场基金，其在带来投资回报的同时，更多的是融合了消费支付功能，同时降低了门槛；二是传统金融机构设立的电子平台进一步向移动端拓展，利用移动支付方式来沟通银行理财产品、保险产品等；三是新兴的 P2P 网络借贷、众筹融资等在移动场景的应用；四是某些非规范的、处于灰色地带的投融资行为，披上"互联网金融"外衣，赶上"移动金融"的时髦。

由此看来，不同移动理财模式的风险特征是不一样的，前两者相对规范一些，但在公众纷纷介入之后，也要更重视风险的提示，因为即使是货币市场基金也不是无风险的，同时还要避免对收益率等信息的误导。对于第三种类型，其风险在于整个行业"良莠不齐"，可能出现"劣币驱逐良币"的现象，也缺乏有效的监管规则。最后一种则是民间金融"灰色成分"的变种，风险不言而喻。

长期以来，互联网产业更习惯于"眼球"经济，当与金融结合时，这种习惯可能会带来对创新根基的侵蚀。过于强调收益率，很可能会影响这一新兴金融模式的可持续性。对此，证监会在 2013 年已对百度的"百发"表态，浙江证监局也对数米基金开出了罚单。

眼下众多互联网金融活动还尚未有明确的思路，而由于移动金融活动的演进，完善监管变得更迫切了。笔者认为，从大致思路来看，首先，针对传统金融产品与网络渠道的结合，应落实线下已有规则，同时结合线上特点适当完善标准和细则；其次，对于 P2P 网络借贷、众筹等新兴模式，应尽快出台专门的新规则；再次，对互联网、移动金融中的非法投融资，则需从根本上加快完善民间融资相关法律制度的步伐，为网络投融资的健康发展奠定基础；最后，金融消费者保护原本就是薄弱环节，移动金融时代的消费者面临更多风险和挑战，因此，针对网络时代的技术特点，应加快制定面向互联网和移动支付、投融资产品、风险管理产品等的消费者保护规则。

第三方支付的转型与监管

中国社会科学院金融研究所　杨　涛

　　当前，第三方支付机构在我国支付体系中发挥着越来越重要的作用，目前获得《支付业务许可证》的已经达到 250 家。除了支付业务本身之外，2013 年以来，凭借与传统金融业的深度合作，第三方支付机构找到了众多新的业务增长点，并且与满足公众的金融需求更加密切地结合在一起。

　　正是由于对第三方支付的社会关注度越来越高，因此该领域的"风吹草动"极易引起热议。近期，关于央行对于第三方支付机构相关业务的规则讨论，在社会上被炒得沸沸扬扬，这在一定程度上偏离了监管者的意图，也不利于理性认识第三方支付机构自身的发展与完善。在此，我们有必要在全球支付领域新趋势、支付技术新变化的大背景下，对我国第三方支付的定位、主要矛盾及监管思路，进行更细致的分析和审视。

从支付行业本身来看的相关建议

　　进一步看，第三方支付的作用可归纳为六点。一是通过与电子商务充分结合，以及与居民日常生活关系密切的支出服务相配合，促进居民对商品和服务的消费。二是促进商业贸易活动效率的提高，并且通过供应链金融模式，对小微企业提供支持。三是促进支付清算体系功能的完善，如果说金融机构支付着重于满足大客户的"批发"服务，那么非金融机构支付则偏重满足居民和小企业的"零售"需求，后者正是现代金融体系的发展方向。四是对于货币结构和流通速度产生复杂影响，如减少人们的现金偏好，增加对电子货币的需求，并且间接促进信用数据的积累和信用体系的建设。五是为金融资金配置、风险管理、信息管理等金融体系功能的实现提供了支付的承载渠道。六是能成为促进人民币国际化的重要支撑，尤其是在金融机构支付清算体系跨境运作存在障碍的背景下，可以通过适度发展跨境非金融机构支付，为人民币境外市场的形成创造条件。

与此同时，从第三方支付行业自身来看，其目前也到了行业转型与发展的关键时期。此时制约行业健康发展的有几个方面问题。

第一，交易的支付安全问题。在支付环节中，便捷与安全往往是此消彼长的关系。随着市场竞争的日趋激烈，为了对市场份额和客户资源"跑马圈地"，第三方支付工具的创新越来越简单便捷，这在提高支付效率的同时，也必然会产生更多的交易安全及风险漏洞。此外，在国内对于客户信息保护的法律保障尚不完善的情况下，也难以充分保障消费者的利益。

第二，混业经营带来的挑战。目前，第三方支付的功能逐渐多样化，除了支付功能之外，还逐渐涉足其他资金配置、风险管理等金融领域，这样的角色快速转换，容易出现很多问题。不仅会使很多第三方支付机构重发展，不重视管理，而且没有形成相对健康的金融风险管理机制。除了在少数行业领先的第三方支付机构，多数第三方支付机构的内部控制、人员配置、风险应对等都比较薄弱，这也是现在第三方支付更容易出现洗钱、套现等行为的主要原因。

第三，能否理解金融文化、参与规则改良而非颠覆。不论是互联网企业还是互联网精神，"藐视权威"是其文化生命力的重要源泉。但是与21世纪初的草根阶段不同的是，当前行业领先的互联网企业，已经逐渐成为新"权威"的一部分，不管其是否承认或认识到这一点。传统金融文化是一种风险管理文化，也是一种利益分配文化，二者纠缠在一起。无论在中国还是欧美，二者实际上都难以区分开来。只要金融活动仍然存在，就会有"金融利益集团"，2008 年全球金融危机之后美国华尔街的兴衰，已经让我们充分看到了这一点。

对于支付企业、互联网金融企业来说，其既应该适应现有金融领域的风险管理文化，又要积极参与到利益分配规则的制定中，通过各方把"蛋糕"做大，逐渐在增长中实现共赢，同时有效服务于金融、支付消费者。无论从零售支付，还是整个互联网金融来看，现有支付企业和介入金融的 IT 企业，都无法真正对现有金融体系实现"颠覆"，而只能对既有运行机制实施"改良"，在满足更多底层人群利益的同时，自己也在其中获得合理的"蛋糕"份额。现在很多人所强调的普惠金融，英文"In-clusive Financial System"的含义，更多是指"包容""多元化"，这就需要各方以非对抗性的姿态介入其中。普惠金融的实质不是利益倾斜，而是政治经济学意义上的利益再平衡，实现横向、纵向相对公平。

在互联网时代，信息的高速传递、交易技术的改良、市场效率的提升、金融资源配置"无缝对接"的趋向，都使得系统性风险产生了新的演变。在大众金融狂欢的时代，风险亦可能会突然爆发，同时严重损害监管者、行业机构、公众的共同利益，这是必须要警惕的。

由此来看，各类领先的新兴支付机构、准金融组织都应该努力向行业"建设者"靠拢，增强自身适应和理解传统文化与规则的能力，在积极创新的同时，也充分重视创新风险的外部性，在此基础上发挥自己的建设与改良作用，实现市场经济、商业规则引领下的各方共赢。

从支付机构业务层面来看的监管建议

我们的整体判断是，第三方支付领域近年来的监管有点宽松，创新走得有点快，积累了一些风险。因此，我们需要适度放慢速度、加强监管，看清技术快速革新带给支付领域的风险，并且建立新的风险防火墙或舒缓机制。但是，监管政策不要走向另一个极端，即运用行政手段和模式干预。结合本文前面对第三方支付的功能定位，我们有几点看法。

第一，针对与电子商务相关、有真实交易支持的第三方支付机构业务创新，首先是政府应大力支持的重点。其次，支付机构如何利用大数据优势，发挥金融信息功能，也是亟须支持的创新业务重点。再次，针对与非真实交易支持的业务创新，应该采取谨慎性监管，监管部门要注意如何对支付机构实现外部约束。最后，针对与金融资金配置、金融服务弥补等有关的支付"渠道增值"业务，也就是余额宝代表的各种"互联网金融"创新，央行应该加强与其他"三会"等监管部门的协调，促进其业务与线下同类业务的同等合规性，尽量不在支付环节增加新的风险积累。等到金融市场化改革的过渡期结束之后，这些环节的套利空间自然就会减少。

第二，应该先在支付业务监管时间上将管理重心前移，尽可能地将问题消灭在萌芽状态。首先，在做好事后监督的同时，要突出事前管理，强化事中监管，避免不良后果的出现，有效规避管理风险。其次，要积极引入社会监督。例如，当出现重大问题、处理重大案件、出台重大举措的时候，依靠新闻媒体进行广泛宣传，社会公众通过微博等新型媒体方式快速传播，可以有效传递监管方面的信息，加大对违法违规行为的曝光，增强监督的威慑力，争取社会公众对行业的支持和信赖。再如，对于第三方支付机构的各类安全性问题，人们有时会存在不同看法，市场上也有众多真假难辨的信息。因此，监管部门和行业协会应该推动各类独立研究、官方研究等，形成权威的行业或业务的量化风险评价评估报告或者具体事件的分析报告，并且对社会公开，这既能够形成威慑力，也可使公众看清究竟有无问题、有多大问题。

第三，强化日常支付业务监管能力，加强支付监管部门的现场监管人员配置，尤其要加强动态监管，对静态监管形成有益补充，既要依据现有的法规对支付机构准入、业务范围、资本状况、内部控制、系统运行、风险管理等是否符合规定进行静态监管，又要从技术上完善监管手段，加大资金监测力度，建立动态、实时的风险监测和预警系统，及时评价和反映支付机构的业务与经营风险情况，便于监管部门采取有效措施防范和控制风险，保护有关各方的正当权益。

第四，构建分类监管标准。第三方支付包括支付网关型、虚拟账户型、电子货币发行型等多种类型，不同第三方支付模式的差别较大，因此，监管的个性化要求较高，需要建立分类监管的监管体系，而不宜采用"一刀切"的监管做法。目前我国对第三方支付的分类监管，主要体现在针对不同的地域范围要求不同的注册资本。未来，我国应针对不同的第三方支付业务模式，建立相应的监管模式。

第五，从行业层面来看，需要尽快推动第三方支付的市场退出机制建设，不能只进不出，从而降低支付牌照的"虚增"价值。同时，在整个金融消费者保护的大框架里，着重加强支付消费者保护，促进良好的支付消费文化形成，对整个市场的健康运行形成"倒逼"力量。

从改革与制度角度来看的监管建议

第一，推动支付清算体系中的重大制度改革。针对各类"线上""网络"支付交易的新特征，尽快推动成立新的网络支付跨行清算转接组织，由涉及清算环节的第三方支付机构、银行、非银行机构等组成股东或会员。

21世纪初中国银联的成立，是为了推动"金卡工程"的建设，解决商业银行支付体系"山头林立"的情况，提供支付效率。如今需要再次推动"金网工程"建设，解决各类网络支付清算环节的混乱状况。应该说，现有银行卡跨行支付、网上支付跨行清算系统都难以支撑这些新兴支付模式的功能属性需要和增长规模。

第二，建立支付系统重要性机构的遴选、监测、约束和控制机制。这可以充分借鉴国外支付体系的监管经验，对各类监管对象的支付机构，由不同监管部门协调建立支付系统重要性机构的选择和监管机制。对于银行、非银行金融机构、第三方支付机构，当其可能影响支付系统安全稳定、风险有较大积累之时，就可以启动相关机制，抓住主要问题，没必要泛泛地对整个行业出台一般性政策，这也是宏观和微观审慎监管的国际趋势。

第三，推动支付创新业务的技术规则与标准制定。我国整个移动支付领域的规则标准都相对落后，虽然 2014 年 5 月将有国家标准，但是还需要完善各类具体业务的安全规则。例如，对于二维码支付，真正的风险不在于二维码本身，而是在二维码读取过程中的金融安全与金融技术标准缺失，以及客户身份的难以确定等。这里就需要支付监管者与信息技术监管者、行业企业等的密切联系与沟通，加快推动相关标准的制定。

第四，加强政策事先解释与沟通，以及事后评价。首先，政府要加强与公众的沟通。在信息化时代，监管者要强化应对公众、互联网、媒体的能力，尤其是在与老百姓密切相关的零售支付领域，应主动进行政策的事先解释、事中沟通、事后论证与评估，而非被动进行。例如，我们相信在党的十八届三中全会确立的改革路径之下，行业保护性的政策已经不是主流，尤其是金融市场化的背景下，更多政策的出台是为了切实防范风险。那么，从监管者的角度来看，特定支付业务究竟有哪些风险呢？这就需要把一项政策的意图、制定依据、防范风险的内容、量化评估衡量的标准等，向公众表述清楚，否则就容易产生思路误读、概念扭曲以及观点误导。

其次，政府应加强与被监管对象的沟通。这里有双方面的原因，对于互联网企业来说，其在激烈的 IT 市场竞争中形成了"急脾气"，习惯先做后说、"跑马圈地"，还没能充分接受良好的金融文化，这是其需要适度调整的。对于监管部门来说，其既要注意促使被监管对象培养自己的监管交流文化，并且更主动地进行动态监管，及时发现问题，了解创新动态，及时交流意见；还应该尝试确立支付创新业务申请的程序原则、材料报送原则，等等。如果政策有重大的调整，监管部门应尽量给予支付机构足够长的缓冲期和适应转型期。

最后，事后评价很重要。比如，银行卡收费定价政策改革之后，究竟其对中小商户产生了什么影响，对居民消费又产生了什么影响，我们认为需要进行定量的调查分析，这样才能知道一项政策作用究竟如何，从而在未来的政策制定中汲取经验或教训。

第五，高度重视支付理论、实务与政策研究。从总体上看，国内支付领域的研究相对落后，一方面对国外支付清算体系的最新情况缺乏把握；另一方面很多国内的支付创新又在全球领先，没有先例，也缺乏理论分析与指导。正是由于整个支付清算尚未形成健全的理论学科体系、教育培训机制等，所以在实践中难以形成共识，尤其是在各类与公众利益密切相关的热点讨论中，有大量非专业的观点，这导致理解与认识的混乱，以及非理性的行为。

第六，以支付为着手点，推动跨部门的监管协调，加快推动更高层面的法律规则建设。党的十八届三中全会指出，要"加强金融基础设施建设，保障金融市场安全高效运行和整体稳定"。这里的金融基础设施，在很大程度上就是指支付清算体系。因此，应该把支付体系从过去的技术后台，逐渐放到金融体系的中前台，甚至放到与货币政策同等重要的地位。我们看到，很多国家的中央银行除了成立专门的支付体系管理部门以外，还有专门的支付结算委员会，用于进行监管协调，这是我们完全可以借鉴的。

互联网金融的现状、模式与风险：
基于美国经验的分析

中国社会科学院金融研究所　郑联盛　刘　亮　徐建军

随着中国金融机制改革的日益深化，金融业转型成为各界极为关注的焦点。随着互联网应用的普及，网络带给人们的巨大信息交流量已经超过这之前人类史上的信息交流量总和。新的网络虚拟世界成为与现实对应的另一个重要存在，互联网平台经济迅速崛起。中国金融业务也呈现信息网络化趋势，而部分信息产业又呈现金融化特征，特别是众筹融资、P2P 贷款、阿里金融、余额宝等新型网络金融业态的出现，使得互联网金融成为国内颇受青睐的议题。有观点指出，互联网金融是对传统金融业态的一种颠覆性革命，将成为一个独立的新兴业态。但从美国的发展经验来看，互联网金融并没有从本质上改变美国金融体系的实质与功能，其作为一种独立的业态并没有获得普遍共识。

美国堪称互联网经济和互联网金融发展最为充分的国家。自 20 世纪 90 年代的信息化革命以来，美国金融机构和信息科技企业均抓住互联网契机，利用现代信息技术对传统金融经营模式和业务方式进行"信息化"升级，呈现"花开数朵、各表一枝"的互联网金融生态。本文在回顾美国互联网金融发展历程时，首先对美国互联网金融发展现状和趋势进行简要分析，同时对美国互联网金融的业态模式及其对传统金融业务模式的影响等进行初步的总结，接着对美国互联网金融存在的风险及其监管进行分析，最后是简单的结论与启示。

美国互联网金融的发展状况

从定义上讲，互联网金融并没有明确的定义，其在美国还有网络金融、在线金融、电子金融等相关的称谓。从范畴来说，互联网金融是依托互联网来实现资金融通的金融业务，而且这种资金融通是以信用作为基础的。要认识互联网金融，实际上需要将其与金融的本质相互联系起来。金融最为核心的功能有三个：一是期限转换；二是流动性转换；三是信用转换及增强。笔者认为，真正的互联网金融必须能够实现金融的三大功能。

从发展经验看，美国是互联网金融发展的鼻祖。目前，美国基于互联网的新型支付体系、新型贷款模式以及新型筹资模式等蓬勃发展起来。美国互联网金融发展的历程大致可以分为以下三个阶段。

第一个阶段是20世纪90年代前后的传统金融机构和金融业务的信息化阶段。这个阶段主要是在信息化兴起的过程中，传统金融业务建立信息化体系和进行业务流程再造的过程，这个过程使互联网成为金融业务的一个内嵌式的软件框架，二者有机地融合起来，从而使得美国甚至全球的金融体系一体化进程大大加速，并形成了全球性的金融信息化和支付体系。

第二个阶段是从20世纪90年代中后期开始的基于传统业务和互联网融合的创新性业务探索与实践阶段。区别于上个阶段的电子银行，这个阶段出现了纯粹的、没有任何实体柜台的"网络银行"等网络型企业。网上发行证券、网上售卖保险、网上理财等业务模式也不断涌现。可以看出，美国这个阶段的互联网金融仍然是基于传统业务的升级，但是逐步呈现相对独立的经营业态。

美国安全第一网络银行 SFNB（Security First Network Bank）成立于1995年，是全球第一家无任何分支机构的"只有一个站点的银行"，其前台业务在网上进行，后台处理集中在一个地点进行。安全第一网络银行

业务处理速度快、服务质量高、存款利率高和业务范围广，在成立后的
2～3 年里最高拥有 1260 亿美元资产，成为美国第六大银行。同样成立于
1995 年的纯粹网络保险公司 INSWEB，曾在美国纳斯达克上市，涵盖了
从汽车、房屋、医疗、人寿到宠物保险的非常广泛的保险业务范围。1992
年创立的专营网上经纪商 E-TRADE 提供的交易佣金率比以嘉信理财
（Charles Schwab）为代表的折扣经纪商的更低廉。网络银行、网络保险、
网络证券成了风靡美国的新潮流，并且确有赶超传统金融机构的势头。
不过，这些互联网金融业务的发展并非一帆风顺，他们存在三个固有问
题：一是客户黏性；二是产品开发；三是风险管理。随着 2000 年前后互
联网发展低谷的到来，SFNB、INSWEB 先后被收购，而纯粹的网络经纪
商也一直没能超越和取代传统的证券经纪商。

另一个值得关注的是全球第一只互联网货币基金——PayPal 货币市
场基金。它成立于 1999 年，由 eBay 的子公司 PayPal 创办，是目前中国流
行的 "余额宝" "零钱宝" 等的 "祖先"。PayPal 用户账户中的现金余额
自动投资 PayPal 管理的货币基金。其在保障流动性的同时，又使得投资
者的收益大幅度提高。基金规模在 2007 年达到巅峰的 10 亿美元。但在
2008 年金融危机期间，流动性和保本性这两大基石都垮掉了，广大投资
者蜂拥赎回。加之美国实行 "零利率" 政策以后，PayPal 货币基金大幅
亏本，规模逐步缩小，于 2011 年 7 月正式关闭。

第三个阶段是 21 世纪初以来，区别于传统金融业务的新型互联网金
融业务蓬勃发展起来，主要是非传统信贷业务、支付体系的变迁以及虚
拟货币的发展。一方面，基于互联网的信用与资金融通业务开创性地发
展起来，2005 年，美国第一家 P2P 借贷平台 Prosper 成立，这是美国互联
网信贷业务发展的新起点。2007 年，美国最大的网络贷款平台 Lending
Club 成立。2013 年，这两家公司的成交量总计 24.2 亿美元，比 2012 年
增长 177%。2013 年，共有 300 万人向众筹平台 Kickstarter 的项目投入了
4.8 亿美元，成功筹资项目达 1.99 万个，相当于每天筹资 131.5 万美元，
每分钟筹资 913 美元。另一方面，基于智能终端的普及，非传统支付迅猛
发展起来，非金融企业利用互联网积极推进业务支付的网络化是其发展

的基础动力，比如 Facebook 的 Credits 支付系统、PayPal 的微支付系统 Digital Goods 系统、Square 公司的读卡系统以及星巴克（Starbucks）的移动支付程序等。美国三大移动运营商 Verizon、AT&T 和 T‑Mobile 利用其话费账户也在积极切入支付领域。在虚拟货币方面，主要是在金融危机的影响下，全球进入了一个流动性宽松的新时代，传统货币的购买力日益被销蚀，比特币的货币功能更加凸显，成为全球"最坚挺的货币"。

美国互联网金融的主要业务模式

经过 20 余年的发展，美国互联网金融大致经历了信息化改造、信息化融合以及信息化创新三个阶段，成为美国金融体系一道亮丽的风景线。但是，从美国互联网金融的发展历程及其与传统金融业务的关联上来看，互联网金融并没有完全成为一个独立的金融业态，也没有改变美国金融体系的架构及功能。目前，美国互联网金融业务模式可以分为四种。

一是传统金融业务互联网化，即传统金融业务的服务信息化，也被称为金融互联网。这主要是传统意义上的商业银行、证券、保险、个人财富管理、资产管理等金融机构通过互联网实现新的业务形态，实际上是对原有金融业务的信息化升级。金融互联网是美国互联网金融发展的最初业态，也是基础的动力源。

二是基于互联网的金融支付体系。以第三方支付、移动支付为基础的新型支付体系在移动终端智能化的支持下迅猛发展起来。特别是非金融企业利用互联网积极推进业务支付的网络化，如 Facebook 的 Credits 支付系统、PayPal 的微支付系统 Digital Goods 系统等。在商业支付方面，Bill. Com 整合了最主要的会计和银行系统，包括小型商务财务软件 Quick-Books 在线、美国英泰软件股份有限公司（Intacct）、NetSuite、Sage Peachtree、谷歌 Apps 以及 PayPal 商务集成等，为企业提供支付、收款、现金流管理等服务。网络支付极大地促进了支付体系与互联网的融合，其已成为美国金融体系"基础设施"的重要组成部分。

三是互联网信用业务。这主要包括网络存款、贷款、众筹等新兴互联网金融信用业务。网络债权融资方面的典型代表是 P2P 业务。通过 P2P 网络贷款平台，资金需求和供给双方在互联网上就可以完成资金融通。该业务完全脱离于传统商业银行体系，是金融脱媒的另一种表现。一些互联网企业如 Avant Credit 运用了机器学习算法来实时评估客户信用的可靠性。贷款的整个过程在网上仅需 5~10 分钟就可以完成。此外，融资者只要将抵押物邮寄给网络典当公司 Pawngo，便可获得为期 3~6 个月的贷款。网络股权融资方面的典型代表就是众筹平台。该类平台集中平台上众多参与者的资金，为小企业或个人进行某项活动等提供资金支持。

四是互联网货币。eBay、Facebook、Google 等都在提供虚拟货币。网络虚拟货币存在与真实货币转换的可能性，美国 Target 等连锁超市销售 Facebook 虚拟货币卡。此外，一种新型电子货币——比特币（Bitcoin）脱离了中央银行，甚至都不需要银行系统参与。这种数字货币方便，而且难以追踪，脱离了政府和银行的掌控，并且有供应总量上限。德国政府已认可了比特币的法律和税收地位。2013 年，全球第一部比特币自动提款机于加拿大激活。比特币开始向货币流通领域渗透。这将使得互联网金融与传统货币政策框架交织在一起。

互联网金融对传统金融业务的影响

在美国网络银行盛行发展阶段，特别是美国第一安全网络银行在短短 2~3 年成为美国第六大银行、INSWEB 成为无所不包的保险公司之际，互联网金融将颠覆传统金融的论断在美国出现过。但是，在随后的发展过程中，美国的网络银行、保险、证券等更多还是与传统的金融业务和金融机构相互融合发展，比如在 2008 年金融危机之前，美林银行在网络证券领域比 1992 年成立的 E-TRADE、1996 年成立的嘉信理财更具有综合竞争力。

美国的互联网金融发展存在两大趋势：一是与传统金融业务的融合

日益深化；二是脱离于传统金融的新兴互联网金融蓬勃发展。从目前的情况看，互联网金融在美国虽然对银行体系或金融体系的业务及风险冲击较大，但仍没有成为一个独立的金融生态体系。互联网信息技术仍在潜移默化地影响经济与金融运行，传统金融体系的组织方式尚未发生颠覆性改变。传统金融机构凭借其在人才和产品方面的优势，仍然是互联网金融创新和市场的主导者。

以基金销售为例，在以"余额宝"引爆的这类中国关注度极高的基金销售业务上，美的互联网基金销售似乎并未对传统的基金销售格局产生实质性的影响。传统上，美国的独立顾问销售了绝大多数的股票和债券类基金。数据显示，互联网基金销售机构自从出现后，市场份额有所增加，但是这一份额被同期基金公司的网络直销幅度的下降所抵消，结果是基金独立销售顾问仍然牢牢把握着基金销售的主要份额。除了货币基金这类标准化产品，其他较复杂基金的互联网销售在美国并未得到大规模发展。从传统金融业务信息化看，整体而言，互联网金融在冲击传统金融业务的同时，也是在促进传统金融业务的创新发展，并适度整固了传统金融的现有地位。美国移动信用卡、手机银行等发展较为快速，但是这没有弱化信用卡、银行的金融功能，反而提高了传统业务的信息化水平。比如，传统支付服务商美国运通公司推出的电子支付平台 Serve 与PayPal、Square 等展开竞争。Visa 公司与 GAP 达成协议、对 Square 进行战略投资等，与两家 P2P 金融交易公司 CashEdge 和 Fiserv 形成了合作伙伴关系，并向它们开放了 Visa 的支付处理网络 VisaNet。这些都促进了新兴支付体系的发展。

从新兴的互联网金融业务对传统金融业务的冲击看，一是在支付领域，第三方支付确实会弱化传统支付体系的功能，但很难实际取代传统支付体系。二是在互联网信用业务上，2013 年美国两大 P2P 网贷公司Lending Club 和 Prosper 的成交量总计 24.2 亿美元，但是相对于美国金融体系万亿美元级的社会融资规模而言，网络贷款仍然是极小的部分，对以银行为主导的银行信用体系以及以资本市场为主导的市场体系等都没有实质性的影响，基本不存在所谓的"取代"银行体系和资本市场的功能，互联网信用业务更多是一种多样化的金融服务，是现有信用体系的一种多元化的但规模较小的补充机制。三是在虚拟货币上存在较大的不确定性。一旦虚拟货币被大范围使用，其对货币政策的冲击可能是实质性的。好在监管当局大多持慎重态度。目前，大多数国家的中央银行并没有承认比特币的法定货币地位。

简而言之，随着互联网金融的蓬勃发展，美国金融体系机构、产品、市场乃至风险结构都会发生一定的变化，特别是在个别领域可能会有较为实质性的改变，但是，从目前的发展趋势看，互联网金融在美国并没有形成一个独立的业态，并没有对传统金融业务和整个金融体系造成颠覆性的冲击。互联网金融在丰富金融体系的竞争结构的同时，也对传统金融业务的创新起到一定的积极促进作用。

美国互联网金融的风险与监管

美国金融监管当局并没有建立针对互联网金融的专门监管框架，而是运用一般性监管框架对其进行监管。美国在整体上对互联网金融采取较为宽松的监管政策，甚至还通过修改监管法律来适应互联网金融发展的需要。在监管上保持相对宽松的态势，这并不代表互联网金融没有风险。互联网金融的本性还是金融，而金融的核心是处理风险。从美国互联网金融发展现状来看，其风险主要体现在以下几个方面。

一是信息泄露问题。企业在互联网上申请融资，需要提供商业流水和营业执照等信息。投资者需要提供个人身份信息和银行账号等支付信息。由于交易双方并不进行现场交易，无法通过传统的面对面的方式确认双方的合法身份；各类交易信息，包括用户身份信息、账户信息、资金信息等要通过互联网传输，存在可能被非法盗取、篡改的风险。因而，互联网金融首要的风险是信息泄露风险。美洲银行、富国银行、花旗银行等五大商业银行进行的互联网业务满意度调查结果表明，信息安全是消费者最为关心的问题。

二是消费者保护问题。互联网金融更多是零售业务，其消费者更多是普通民众。这更加需要有健全的消费者保护机制才能保障其在互联网金融业务中的权益。以 P2P 和众筹为例，P2P 平台必须在美国证券交易委员会（SEC）注册登记。P2P 平台需要将每天的贷款列表提交给 SEC。投资者可以在 SEC 的数据系统和网站查到这些数据。这可以保证当有投资者对 P2P 平台提起法律诉讼的时候，该存档的记录可以证明是否存在错误信息误导消费者的可能。众筹平台同样必须到 SEC 进行注册登记，并且要求发行人至少在首次销售的 21 天之前，向 SEC 提交信息披露文件以及风险揭示，如果筹资额超过 50 万美元，需要披露额外的财务信息。这些举措都是为了实现高度完整的信息披露和富有针对性的风险揭示，以更好地保护金融消费者的权益。

三是身份识别问题。美国已经认定数字签名与手写签名具有同等法律效力。互联网金融的数字签名与手写签名无法现场核对以及在网络传输中面临截取、篡改、假冒等问题，使互联网金融成为经济犯罪的重要途径之一，并与腐败、洗钱与欺诈等经济犯罪相互联系。

四是有效监管问题。由于互联网金融无法进行现场监管，在技术协议、网络设置标准、交易记录、责任认定与风险处置等方面比传统金融更加困难，监管的难度较大，监管有效性相对较低。部分互联网金融利用了监管体系的制度性或技术性缺陷，通过互联网来规避监管，可能存在监管漏洞。互联网金融的内部监管也可能存在纰漏，比如交易员可以利用交易系统的问题扩大自己的交易权限，最后导致机构的重大金融风险。

五是技术系统失败问题。除存在传统金融业所面临的信用风险、流动性风险、市场风险和利率风险等风险外，互联网金融还可能存在信息技术问题，比如订单系统、交易系统、支付与清算体系等，导致整个或部分系统的失效，从而引发严重的金融风险。系统可靠性、稳定性和安全性的重大缺陷都可能导致巨额损失。此外，还存在互联网金融流程中对金融账户的授权使用、金融交易信息的传递以及真假电子货币识别等问题。

结论与启示

美国互联网金融发展已经有 20 余年的历史，大致经历了三个发展阶段，前两个阶段是传统金融业务的信息化以及传统金融业务与互联网融合创新的过程。如今，基于智能终端的新兴支付、脱离于传统金融业务的新型信用业务以及虚拟货币等成为重要的发展领域。目前存在传统金融业务互联网化、基于互联网的支付体系、新型互联网信用业务以及虚拟货币等四个主要的业务领域。从发展的趋势看，由于互联网渗透率和智能终端普及率的提高，以及中小企业及个人资金服务的持久性和多元化，支付体系和新型信用业务的发展更有爆发力。

美国互联网金融改变了整个美国金融体系的生态环境，但是整个金融体系并没有因互联网金融而出现金融业态的颠覆性变化。从互联网金融的业务发展看，并非所有的业务模式都具有长久的发展基础。互联网金融和传统金融只有相得益彰、相互促进发展才更具有可持续性。目前，美国对互联网金融采取一般性监管的原则，并没有设立专门的互联网金融监管框架，而且监管当局对互联网金融采取相对宽松的监管态度。但是，互联网金融的信息安全、身份识别、消费者保护、有效监管以及技术失败等都是需要重点关注的风险点。

互联网金融在中国受到的关注远远超过其在美国受关注的程度。与美国市场主导型的金融体系相比，中国的金融结构呈现银行主导的特征。随着我国利率市场化进程的不断推进，中国银行业面临着金融体系资本性脱媒和互联网技术性脱媒的双重冲击，而且互联网的发展和普及加强了金融脱媒的冲击。为此，互联网金融颠覆中国传统金融业务格局具有一定的合理性。

但是，中国互联网金融之所以受关注程度很高，更多在于中国存在一定程度上的金融抑制，这与中国部分金融体制机制的缺陷是紧密相关的。或者说，中国互联网金融蓬勃发展的背后反映了中国金融体制深层次的制度弊端。这些问题主要包括金融要素价格没有市场化；信用体系不健全，尤其是缺乏市场信用；资金供给和配置机制银行独大；小微企业主、个体工商户的融资需求无法有效满足，资金可得性差；稳健型、固定收益类的投资工具非常少，尤其是中小投资者更是缺少有效的投资渠道；银行等机构乱收费和服务质量差等。美国成熟的金融市场为各种投资需求提供了全方位的产品，中国银行业缺失对低净值的长尾客户提供的细分服务也给互联网金融的发展提供了重要空间，"余额宝"类产品的爆发就是集中体现。传统金融机构由于金融运营和交易成本高、资产和负债期限匹配难度大、流动性管理等原因存在理财产品门槛高、中小微企业无法获得融资等多种问题，无法满足市场需要，这便给互联网金融发展带来了契机。中国网络贷款1~2年的发展规模已经超过美国近十年的发展，这无疑是最好的印证。

随着中国金融体制改革的深化，特别是金融要素价格的市场化、金融基础设施和金融市场建设的深化、金融机构市场化退出机制的健全、金融监管机制和消费者保护机制的完善，预计中国将与美国一样，互联网金融更可能回归至对传统金融服务的升级上，回归到对传统金融服务的补充上，以及对现有信用体系的弥补上，而不大可能成为一种颠覆性力量。但是，如果金融体制改革进展缓慢或停滞，那么互联网金融将是"盘活存量"的最好方式，其可能会进入"野蛮生长"的状态，对传统金融服务的冲击将加大，对金融体系的安全与稳定也将是一个实质性的冲击。

普惠金融应注重商业可持续性

中国社会科学院金融研究所　曾　刚　李广子

如果普惠金融无法实现商业可持续，那么意味着政府需要不断地进行投入或补贴，其实质是以政府替代市场，这与政府的财政转移支付以及公益资助并没有本质区别，与党的十八届三中全会提出的"使市场在资源配置中起决定性作用"背道而驰。

普惠金融主张"人生来就应该被赋予平等地享受金融服务的权利——不论是穷人还是富人"。我国国民经济经过几十年的高速发展，目前在总量上已经高居世界第二位。但是，我国经济发展面临的结构性矛盾十分突出。就金融服务而言，包括小微企业在内的相当多的弱势群体的金融需求无法得到满足。在这种背景下，发展普惠金融对于深化我国金融体系改革具有特别重要的意义。

商业可持续是普惠金融实现发展的前提

尽管广泛的包容性是普惠金融最本质的属性，但是普惠并不等同于扶贫。普惠金融在强调包容性的同时还需要满足商业可持续，这也是普惠金融区别于财政转移支付及公益资助等的重要属性。所谓商业可持续是指，普惠金融机构本身提供的金融服务所产生的收入能够覆盖其运营操作成本和资金成本，以保证其收入大于支出，在不需要外部提供特别资助的条件下实现自我生存和发展的能力。商业可持续是普惠金融体系实现可持续发展的前提，也是保持普惠金融体系运行效率的基本条件，其成因是多方面的。

首先，从普惠金融的供给方来看，包括商业性金融机构在内的金融服务提供方广泛深度参与是普惠性金融存在的基础。如果无法实现商业可持续，则很难有足够多的金融机构愿意提供普惠金融服务，即使部分机构出于公益目的愿意提供普惠金融服务，这种服务能够覆盖多大范围以及能否持续下去都存在很大疑问。换句话说，如果无法做到商业可持续，金融机构便失去了提供普惠金融服务的根本动力。

其次，从普惠金融的需求方看，有盈利前景但融资难的经济主体应当成为普惠金融的主要惠及对象，普惠金融能有效满足这些经济主体的融资需求，而反过来这些主体自身的商业价值也是普惠金融得以继续生存的基础。对于那些既没有盈利前景又无法获得融资的经济主体来说，通过其他途径而非金融的方式改善发展水平可能更合适。

再次，从政府主管部门的角度看，如果普惠金融无法实现商业可持续，则意味着政府需要不断地进行投入或补贴。其实质是以政府替代市场，这与政府的财政转移支付以及公益资助并没有本质区别，而且在这一过程中，其也很难保证政府投入的效率。

最后，从国际经验来看，那些运行有效的普惠金融体系基本上都能够实现商业可持续，比如孟加拉国的乡村银行、玻利维亚的小额信贷体系等；相反，那些无法实现商业可持续的普惠金融体系通常很难持续下去，最终也必然会背离实现金融普惠的初衷。当然，普惠金融体系所追求的商业可持续与一般的商业金融机构追求高盈利存在本质上的不同。前者强调的是商业可持续，并非以盈利为目的，过度强调盈利反而会背离金融普惠的初衷。普惠金融机构的收益既可以来自业务本身，也可以来自政府的优惠政策扶持等其他方面。与之相比，一般的商业金融机构具有天然的逐利性，追求高盈利是其内在发展需求，其收益也主要来自金融业务本身。

完善政策扶持体系至关重要

从目前情况来看，制约我国普惠金融体系实现商业可持续的因素还有很多，比如普惠金融机构资金来源渠道狭窄、资金成本过高、资产规模相对较小、政府扶持政策不完善，等等。从长远来看，实现普惠金融体系的商业可持续可以考虑以下几个方面。

一是着力培育合格的普惠金融需求主体。只有合格的金融需求主体，才能够形成有效的普惠金融需求。首先要开展有针对性的培训。可以考虑结合具体的普惠金融项目，对农户、小微企业、城市低收入群体进行必要的生产技能、经营管理知识、专业技术培训等，增加普惠金融市场的有效需求，降低市场风险。其次要加大对普惠金融政策的宣传力度。加强对个人创业、农业生产、助学、转型减贫等方面政策的推广宣传，提高公众对各类普惠金融产品的认知。

二是培育合格的普惠金融供给主体。首先，要进一步完善利率定价机制，加强对普惠金融机构的利率政策指导，鼓励金融机构根据自身特点实行更灵活、自主的利率定价政策，完善利率定价机制，逐步构建、完善多层次的普惠金融利率体系。其次，要结合普惠金融需求的实际特点，推进金融产品、服务和技术创新。积极探索扩大抵押品范围的途径，加强对信息收集、甄别以及还款方式等方面的创新。再次，拓宽普惠金融机构融资渠道。提高金融市场利用程度，多渠道拓宽资金来源；建立小贷公司有效资金供给机制，以扩大融资比例、开展拆借业务为手段扩大资金来源；鼓励民间资本进入普惠金融体系，加强监测和规范引导。

三是完善政策扶持体系。探索成立跨部门的普惠金融工作机制，制定合理的普惠金融发展战略，并出台专门政策法规，如建立有利于金融服务渠道建设的财税支持政策体系，改进财政补贴方式，优化税收扶持政策，减免涉农贷款、小微企业贷款等贷款所得税，等等。此外，相关部门还要逐步建立起对金融机构为弱势群体提供金融服务情况的监测、评价和考核机制，引导企业提高普惠金融的参与度。

四是优化外部市场环境，完善金融基础设施建设。借助互联网技术的发展，增强支付结算、资金融通等服务功能，建立健全现代化支付清算体系，改善农村及边远地区支付服务环境。此外，还应健全信用体系，逐渐建立能够共享交易和信用信息的数据库系统，建立覆盖广泛的信用档案，实现信用管理，建立诚信的信用文化和及时更新的征信体系，等等。

保险业改革与金融风险控制

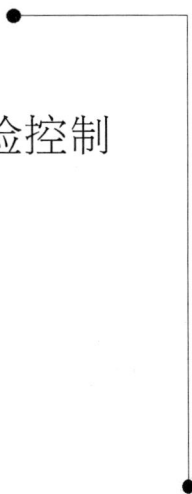

保险及其功能再认识

中国社会科学院金融研究所　郭金龙　周小燕

2014 年 7 月 9 日，国务院第 54 次常务会议审议通过了《国务院关于加快发展现代保险服务业的若干意见》（以下简称《若干意见》），这是我国保险业发展历史上的一件大事，对保险业提出了更加明确和具体的目标和要求，是引领保险业发展的重要指针。这同时也说明，随着经济社会的发展以及风险意识的提高，保险在我国经济社会中的作用也愈来愈重要，有关保险功能与作用的认识逐步加深和完善。但同时也存在一些疑义，比如保险为什么可以成为政府、企业、居民风险管理和财富管理的基本手段？其存在的基本条件是什么？是否还包括其他意思表述？回答上述问题首先要了解保险的本质。

对保险的本质、功能与作用的认识问题，一直是保险理论以及保险发展的核心议题。一般来说，保险功能反映了保险本质，保险作用则体现了保险功能带来的社会与经济效应。保险功能是保险本质的客观要求，不存在大小之分，保险作用则可能因为功能发挥的方式与手段、外部环境等因素产生较大差异。清晰认识保险的本质、功能与作用是准确定位保险的重要前提，也是制定保险行业发展政策、促进保险行业发展乃至经济发展的核心理论基础。

我国对保险功能与作用的认识正逐步加深

在 2006 年《国务院关于保险业改革发展的若干意见》正式出台前，

国内关于保险功能与作用的论述甚多。如只具有损失补偿的单一功能论；具有分散危险和经济补偿的基本功能论；除了分散危险和经济补偿之外，还具有资本融通、防灾防损、储蓄等的多元功能论；具有经济补偿和给付保险金的二元功能论，以及在分散危险和经济补偿两种基本功能基础上衍生发展派生功能等观点。而随着 2006 年《国务院关于保险业改革发展的若干意见》的正式出台，国内保险界对保险功能与作用的认识逐步达成一致：保险具有经济补偿、资金融通和社会管理功能，是市场经济条件下风险管理的基本手段，是金融体系和社会保障体系的重要组成部分，在社会主义和谐社会建设中具有重要作用。2011 年 3 月 5 日，十一届人大四次会议《政府工作报告》提出要发挥商业保险在完善社会保障体系中的作用；2014 年 6 月 14 日，中国保监会主席项俊波在"2014 中国保险业发展年会"上对保险进行新定位，提出保险是现代经济的重要产业、市场经济的基础性制度和风险管理的基本手段，可以在服务国家治理体系和治理能力现代化的进程中大有作为；2014 年 7 月 9 日，国务院第 54 次常务会议审议通过了《国务院关于加快发展现代保险服务业的若干意见》，明确了现代保险服务业在经济社会发展全局中的定位：保险是现代经济的重要产业和风险管理的基本手段，是社会文明进步、经济发达程度、社会治理能力的重要标志。在我国产业结构升级、发挥市场配置资源决定性作用的大背景下，保险业的定位具有鲜明的时代特征。《若干意见》明确了现代保险服务业发展的宏伟目标，到 2020 年，基本建立保障全面、功能完善、安全稳健、诚信规范，具有较强服务能力、创新能力和国际竞争力，与我国经济社会发展需求相适应的现代保险服务业，努力由保险大国向保险强国转变。保险成为政府、企业、居民风险管理和财富管理的基本手段，成为提高保障水平和质量的重要渠道，成为政府改进公共服务、加强社会管理的有效工具。由此可见，随着经济社会的发展以及风险意识的提高，保险在我国经济社会中的作用也愈来愈重要，有关保险功能与作用的认识正逐步加深和完善。但这同时也存在一些疑义，比如保险为什么可以成为政府、企业、居民风险管理和财富管理的基本手段？其存在的基本条件是什么？是否还包括其他意思表述？

回答上述问题首先要了解保险的本质。

保险功能的理论分析和历史视角

1. 保险是风险管理的基本手段

从理论上来看，认识保险必须从认识风险开始。风险使损失具不确定性，需要通过管理以减少损失发生的频率和损失的强度。风险是客观存在的，是不以人的意志为转移的，时时处处威胁着人的生命和财产的安全。风险的发生直接影响社会生产过程的持续健康运行和家庭正常生活，因而产生了人们对风险管理的需要。风险管理的程序和过程包括风险的识别、风险的测算和评估、选择风险管理的技术和方法、对风险管理措施及其效果的评价等。而风险管理的方法包括风险回避、风险控制（包括风险预防和抑制）、风险自留、风险转移（包括保险和非保险）。不同的风险需要不同的风险管理技术，保险是风险转移的重要手段。保险所承保的风险必须是纯粹风险，即只有损失而无获利可能性的风险。风险只有满足一定的条件（即可保风险的条件），才能成为保险经营的对象。

因此，从理论上来说，保险不是唯一的处置风险的办法，更不是所有的风险都可保风险。一般意义上的风险管理所管理的风险要比保险的范围广泛得多。同时，无风险就无保险，风险与保险之间存在着内在的必然联系，风险的客观存在是保险产生和发展的自然基础，风险的存在是保险得以产生、存在和发展的客观原因与条件，并成为保险经营的对象。保险是基于风险管理的一种财务安排，它着眼于可保风险事故发生前的预防、发生中的控制和发生后的经济补偿等综合治理。

随着现代科学技术的进步和保险技术的发展，原来不可保的风险也逐步变为可保风险，保险所经营管理的风险的范围不断扩大，保险利用其专业化的优势也逐步参与到风险的识别和评估过程，并综合运用预防、控制、经济补偿等手段管理风险。保险业的作用也越来越大，从而在现代经济社会体系中发挥着风险管理的核心作用，成为现代经济社会风险管理的基本手段。

2. 经济补偿只是风险管理的重要环节

从保险的起源分析，保险是最古老的风险管理方法之一。保险最初的功能只有经济补偿，并没有参与风险管理的全过程。商业保险发源于14世纪后半叶的意大利海上保险，由于未引进精算技术，保险仅是一种简单的风险分散机制，将事先集中起来的保费用于补偿因保险事故而遭受经济损失的被保险人，主要强调损失的补偿和风险转移。17世纪后半叶，保险精算学的产生促进了人寿保险的新发展。随着业务范围的拓展和保险经营技术的提高，社会对保险的经济补偿功能有了充分认识，从而保险的经济补偿功能也逐步得到充分发挥。经济补偿是保险的基本功能，是保险本质的重要体现。

现代保险业已经参与到风险管理的全过程，经济补偿只是风险管理的重要环节。例如，从财产险来看，机动车保险业务不仅仅是事故发生后的经济补偿，保险机构还参与到事前的防范、事中的风险控制以及事故后的救助，利用数据分析为机动车安全隐患及道路安全提供解决方案和建议，参与机动车安全标准的制定等；从健康保险来看，保险机构不仅为被保险人提供疾病发生后的经济补偿，还为患者提供健康管理服务，协助医疗机构制定诊疗标准；从宏观层面来看，保险业通过参与灾害风险管理中的灾害防范体系、灾害救助体系、灾后经济补偿，以及通过责任保险缓解社会矛盾，在国家风险管理体系中发挥重要作用。保险的这些功能和作用已经远远超出了经济补偿的范畴。

3. 保险的功能随着经济社会发展不断扩展

随着现代保险业的快速发展，保险业在现代金融体系中的作用越来越大，保险业的资金融通功能越来越强大。保险的资金融通功能是在风险管理和保障功能基础上发展起来的，是保险金融属性的具体体现。资金融通是指资金的积聚、流通和分配过程，保险的资金融通功能主要是指保险资金的积聚和运用功能。首先，保险机构主要通过销售保险产品等渠道，吸引、积聚大量资金。其次，为了确保未来偿付能力的充足性和保证经营的稳定性，保险机构需要进行资金的运用以提高保险资金的收益率，通过把资金投向资本市场，从而使保险机构成为资本市场的重要机构投资者。正是由于具有资金融通功能，所以保险业能成为国际资本市场的重要资产管理者。保险的资金融通功能还表现在为了方便被保险人，保单质押和保单贷款功能也有所发展等。

保险的资金融通功能只是保险金融功能的一个方面。保险机构还开发了许多新型产品，使得保险产品与其他金融产品越来越接近，例如投资联结保险、分红险等。近年来，保险业也逐步深入其他金融业务，例如，在 2008 年全球金融危机的形成机制和利益关系链条中，国际保险业扮演了多重角色，保险公司不仅充当了次级债券的重要投资者，成为次贷市场资金的重要来源之一，而且其提供的按揭贷款保险、单一风险保险和信用违约掉期等产品，大大增强了市场和投资者的信心，其成为金融危机形成机制中的重要一环。

需要说明的是，保险业在全球资产管理中发挥了重要作用，在全球机构投资者中，保险业管理的资产平均达 1/3。但是，由于各个国家金融结构的差异、金融体系的不同，保险业在不同的国家有不同的表现。在一些金融市场发达的国家，如美国，由于共同基金和养老金发达，保险业管理的资产比重较低，但是日本、德国的保险业管理的资产比重较高。但是，从人寿保险占家庭金融资产的比重来看，2002 年美国人寿保险的比重为 7.1%，而股票、共同基金、定期存款和储蓄存款的比重分别为 33.1%、12.9%、9.9%；2002 年欧洲人寿保险的比重为 17.2%，而股票、共同基金、定期存款和储蓄存款的比重分别为 21.3%、9.5%、1.3%；2002 年日本人寿保险的比重为 17.7%，而股票、共同基金、定期存款和储蓄存款的比重为 8.3%、2.4%、41.4%。每个国家人寿保险的比重都不是最高的。发达国家的情况还不能充分证明保险是政府、企业、居民财富管理的基本手段。

保险业作为一种新型服务业，具有特殊的社会管理功能。保险的社会管理功能是保险业发展到一定程度并深入社会生活的诸多层面之后产生的一项重要功能。社会管理功能是保险的又一衍生功能，随着保险业在社会发展中的地位不断增强，该功能日益突显。例如，保险参与社会风险管理，积极主动地参与、配合社会防灾防损部门开展防灾防损工作，能够有效承担风险管理的社会责任，通过积累大量的损失统计资料，为社会防灾防损部门进行风险管理提供可靠的依据，以尽可能地减少社会财富的灭失；责任保险减少社会成员之间的经济纠纷，如机动车辆第三者责任保险能使受害人得到及时救治和经济补偿，减少致害人与受害人之间的经济纠纷，从而起到安定社会的作用，等等。

几点建议

国务院第54次常务会议审议通过了《国务院关于加快发展现代保险服务业的若干意见》，这是我国保险业发展历史上的一件大事，对保险业提出了更加明确和具体的目标和要求，是引领保险业发展的重要指针。

1. 深入理解和落实关于"保险是风险管理的基本手段"的行业定位

《若干意见》明确了现代保险服务业在经济社会发展全局中的定位：保险是现代经济的重要产业和风险管理的基本手段，这是我国保险业认识和定位的又一重大进步。

之前对保险业功能的认识不完整，使保险行业的发展出现了一定的偏差，尤其是寿险行业产品结构出现扭曲。近年来保障水平较高的传统型寿险产品比重不断下降，而保障水平很低的分红险等新型寿险产品比重却超过了90%，致使寿险业偏离了风险管理的轨道，也使目前寿险业走出困境的步伐甚为艰难。必须在深入理解"保险是风险管理的基本手段"的行业定位基础上，通过进一步放开预定利率限制等措施，放松产品审批，强化偿付能力监管，切实落实"放开前端、管住后端"保险监管改革的总体思路，尽快摆脱保险业尤其是寿险业发展的困境。

2. 要大力支持巨灾保险、农业保险、责任保险、健康保险、养老保险等业务的发展

巨灾保险、农业保险、责任保险、健康保险、养老保险都是体现保

险的风险管理和保障功能的核心业务，其对灾害防范救助、社会风险管理、社会保障体系建设的作用巨大而独特。但是，目前这些业务的发展严重滞后，需要在税收优惠、宏观协调、财政补贴、部门配合等方面给予大力支持。

3. 要进一步强化风险管理的核心功能

准确认识保险的功能与作用，是促进保险业发展的重要前提。无论从理论上，还是从实践上，风险管理和保障都是保险最基本、最核心的功能，而保险是风险管理最重要和最基本的手段。如果偏离这一定位，保险业的发展就会出现偏差。"保险成为政府、企业、居民风险管理的基本手段"只是强调了微观层面的定位，保险也是宏观层面风险管理和国家风险管理的基本手段，如巨灾风险管理、农业风险管理、社会风险管理等。

"保险成为政府、企业、居民财富管理的基本手段"容易误导保险业侧重于发展财富管理业务而偏离保险的本质。现代保险是基于风险管理和保障的财富管理规划和财务安排，而不是简单的财富管理。

新型城镇化中保险业的定位与战略

中国社会科学院金融研究所　刘　菲

作为国家发展战略，新型城镇化建设是中国未来经济增长的重要引擎，将为经济和社会发展创造巨大需求空间。农业人口众多和城乡二元分割结构，决定了我国的城镇化建设是庞大的系统工程，面临经济发展和机制构建等全面挑战。新型城镇化建设及伴生的制度改革需要有效的社会管理和风险制约机制，而在精简行政机构和市场导向的趋势下，借助和利用兼具市场机制和社会管理功能的保险业来进行辅助管理和风险防范，对城镇化良性发展会发挥至关重要的作用。

新型城镇化建设：战略机遇和潜在风险

改革开放 30 余年来，我国进入城镇化稳定快速发展阶段。城镇化率从 1978 年的 17.9% 提高到 2014 年的 53.7%，城镇数量大幅增加，城镇化水平显著提高。但城乡二元结构的存在，使大量农民工虽然成为城市、城镇重要的产业支撑劳动力，但在人居环境、社会保障、生活方式等方面并没实现由"乡"到"城"的转变，而且由于缺乏系统性的配套措施，在高速经济增长之下自发的城镇化，积累和暴露出很多问题和弊端。城镇化给社会和经济带来基础和根本的变化——人口高度密集，财富集中，空气水质环境污染严重，城市可持续发展面临挑战，为城市移民提供基本需要以及缺失等这些带来的社会危险和不安定因素增加。

中国城镇化建设正处在变革的关键时刻。党的十八大提出促进工业化、信息化、城镇化和农业现代化同步发展和提高城镇化质量的明确目标。党的十八届三中全会明确提出要走中国特色新型城镇化道路，完善城镇化健康发展体制机制，推进以人为核心的城镇化。《国家新型城镇化规划（2014 - 2020 年）》出台，进一步明确未来城镇化的发展路径、主要目标和战略任务。我们要改变和扭转粗放式城镇化的发展路径，通过制度改革将城镇化的巨大红利释放出来。通过进一步市场化改革，使要素自由流动，最大限度优化资源配置。城乡统一建设用地市场，有利于土地资源的集约利用和高效配置；打破传统户籍二元结构，培育更健康、更合理的人力资源市场；金融产品和服务创新，为城镇化提供更多资金支持和更好的金融服务。

新型城镇化建设，潜力巨大，挑战也巨大。我们需要挖掘城镇化过程蕴藏的巨大潜力，同时管理、防范和补偿城镇化中潜在的风险和损失。

保险业发展与城镇化水平正相关

运用单因素回归模型分析表明，一国保险业的发展程度与城镇化水平显著正相关。城镇化率每提高 1%，人均保费收入增长约 5%，保险深度提高 4.4%。其中城镇化率与保险密度的相关性高于保险深度，并且这两者对保险密度变动的解释力更强。通过把经济体分组为发达国家和欠发达国家，进一步发现两者的正相关系在欠发达国家更显著，并且保险业随着城镇化的推进发展得也更快。除城镇化率以外，城镇化带来的风险意识、人口因素、人均收入、消费文化等也对保险需求造成影响。

通过研究发达国家的数据和经验，以及对城镇化与保险发展的内在逻辑进行分析，我们可以看出一国保险业的发展程度与城镇化水平显著正相关。这一论证的前提是城镇化与经济发展水平的正相关性。在发达国家，城镇化通常意味着财富的增加和生活水平的提高，其在新兴市场的相关性则不是那么明显。我们要避免拉美式城镇化和规模庞大的城市贫民窟的出现，借鉴美国等国家城镇化发展的有益经验，寻求适合我国国情的发展模式和治理机制，确保城镇化有利于经济增长和社会福利。

把握历史机遇， 助推新型城镇化建设，构建双赢格局

我国城镇化建设是庞大的系统工程，面临经济发展和机制构建等全面挑战。在应对城镇化风险和挑战中，保险作为市场化的风险转移机制和社会互助机制，不仅在城镇化建设投资、风险管理和补偿上能够发挥重要作用，而且在统筹城乡发展、完善社保体系、提高保障水平、辅助社会管理等方面也能够发挥重要优势。通过合理谋划和发展，城镇化建设和保险业发展可以形成双赢格局。

城镇化为我国保险业发展提供动力和机遇。城镇化意味着传统的以土地和血缘关系为纽带的家庭风险保障体系的断裂，城镇人口更需要以商业契约的方式寻求自我保障。城镇居民财富和收入的增长必定提高对商业保险和理财的需求。通常更高的收入和资产会促进居民对保险产品的需求，如汽车、房屋、寿险和健康险。城镇化会产生数亿失地农民和进城务工人员，如何提供针对性的务工人员意外险？失地农民的生存保险是我们面临的问题。大规模的基础设施和公共设施建设会推动对产险业务的大量需求，保险业应当做好调查研究确定发展策略，大力发展相关的建设工程质量保险、安全生产责任保险、公众责任保险以及自然灾害险和巨灾险等保险业务和产品。

保险业可以为城镇化过程提供资金支持。城镇化过程中大规模的基础设施建设面临着大量的资金缺口，保险资金期限长、来源稳定等特点决定了其与城镇化建设的资金需求具有很高的契合度。2012年保险投资改革放宽了保险公司投资基础设施建设和不动产的各项要求，为保险资金参与城镇化建设创造了契机。

商业保险作为公共服务功能的辅助与补充，在城镇化过程中可以向

养老、社会、医疗等领域提供补充商业保险服务，提升城镇化过程中公共服务的服务水平和运营效率，满足城镇化过程中多层次的社会保障需求。

我国保险业在城镇化中的定位和发展战略

《国家新型城镇化规划（2014－2020年）》对保险业促进新型城镇化建设提出了具体要求。要推进商业保险与社会保险衔接合作，开办各类补充性养老、医疗、健康保险，有序推进农业转移人口市民化，推进农业转移人口享有城镇化基本公共服务，扩大社会保障面；建立巨灾保险制度，健全防灾减灾救灾体制，提高城市可持续发展能力，加强和创新城市社会管理，发挥社会力量在应急管理中的作用；鼓励公共基金、保险资金等参与具有稳定收益的城市基础设施项目建设和运营，创新城镇化资金保障机制，建立规范透明的城市建设投融资机制，逐步建立多元化、可持续的城镇化资金保障机制。

保险行业应切实从新型城镇化建设的风险和挑战入手，分析城镇化建设中的保险需求和风险管理，借鉴和防范城镇化与保险发展的国际经验和教训，探讨保险业在城镇化中的定位和发展策略，为城镇化建设提供有效的风险管理和必要保障。

第一，我们要高度重视参与和服务新型城镇化建设。在城镇化过程中，社会关系、经济形态、产业结构等都将发生深刻变化，社会矛盾和经济矛盾将会更加突出，发挥保险在社会保障、资金融通、社会管理等方面的作用对推动城镇化发展意义重大。保险业需逐步推广责任保险的相关险种及其使用范围，如雇主责任险、火灾公众责任险等，以市场化的方式参与社会管理，解决经济社会各领域的矛盾纠纷，激励、约束各主体行为，促进城市和谐发展。

第二，将保险机制纳入城镇化发展规划，从国家战略高度和顶层设计出发，合理、有效利用保险保障机制。政府应积极发挥监管引导和政策协调作用，推动保险机制与城镇化建设配套制度衔接，优化保险服务城镇化建设的政策环境。具体来说，政府可以通过税收优惠或降低资本要求等方式支持保险产品创新，鼓励保险企业为失地农民、农民工提供养老、医疗等保险服务，推出环境污染责任保险等有利于城镇化建设的险种。同时，适度放宽保险资金投资基础设施建设的要求，简化审批流程，并积极引导险资进入最有利于城镇化建设的领域。

第三，保险业在城镇化社会保障体系建设中可以发挥积极作用。保险业可利用自身市场化、专业化和灵活性等特点，参与社会保障体系的建设。首先要加强保险对失地农民支持，健全失地农民养老保障体系。解决被征地农民长期保障问题。其次要发挥保险对农民工的保障作用，积极为农民工提供养老、医疗、意外、生育等方面的保险服务，解除农民工后顾之忧。根据不同需求，设计并提供养老、疾病、医疗、护理等多种保险品种，有助于构建多层次的社会保障网，促进消费结构转型，提升城镇化质量。

第四，保险业要在城镇化防灾减灾体系中发挥作用。城镇化使人口、产业、资金等向城镇集中，推动农业生产经营向集约化发展，但灾害的破坏性随之加大，这加重了政府的财政负担。保险业灵活、高效的参与将是对我国现行过度依赖行政指令防灾减灾体系的有益补充。

保险行业应致力于完善保险产品结构，进一步强化理赔服务水平，研究制定及时赔付措施、培养专业化的人才队伍，改进与各类重大灾害相关的保险服务。保险行业应建立重大灾害风险预警及预估、评估机制，完善突发事件应急预案，充分发挥保险在防灾减灾中的作用，切实提高防灾减灾效率，保障居民生命财产安全。

抓住科技风险的管理要点

中国社会科学院金融研究所　　曾　　刚

随着信息技术和互联网的飞速发展，银行业对信息科技的依赖也越来越大。一方面，信息科技、云计算以及物联网等信息技术极大地提高了银行业务发展和风险管理的效率，为银行业加速创新奠定了基础；另一方面，经济活动的互联网化和虚拟化，给银行服务渠道和服务模式提出了新的要求。应对互联网企业的跨行业创新（如余额宝等），不断加大自身科技投入，并加强与互联网企业的融合，已成为银行在互联网时代赢得生存和发展机遇的必然选择。不过，在不断加大投入、使用更多先进技术的同时，银行也开始面临更多的前所未见的信息风险问题。最近，某家城商行核心系统数据库发生故障，导致各项业务终止了37个小时，这便是这种风险的极端体现，其造成的负面影响相当严重。对于科技基础相对薄弱、人员素质较低的农村金融机构，信息科技风险也相当突出，这需要及时引起关注，并建立和完善与之相适应的风险管理制度。

一　信息科技风险

根据中国银监会的界定，所谓科技信息风险，是指信息科技在商业银行运行过程中，由于自然因素、人为因素、技术漏洞和管理缺陷产生的操作、法律和声誉风险等。与传统的各种风险（如信用风险、操作风险等）相比，银行所面临的信息科技风险具有完全不同的特征。

第一，信息科技风险具有高度的复杂性。作为金融业务与信息技术、互联网生态相结合的产物，商业银行的信息科技风险不但兼具了不同领域专业性的特点，而且由于不同领域以及主体的交叉，又衍生出了新的特性。特别是近年来，随移动终端和社交网络的兴起，互联网金融在一定程度上对传统的金融服务模式形成了冲击，现有的监管规则以及银行的风险管理体系都面临着越来越大的挑战。

第二，与传统风险相比，信息科技风险的不确定性更加突出。随着新技术的不断应用，当前银行的业务运行与内部管理基本依赖信息系统完成。信息系统的故障或其他意外可能导致业务无法运行，而且也可能造成数据丢失、外泄甚至无法恢复，对客户和银行声誉造成无法估量的影响。

第三，信息科技风险的外部性更强。信息科技应用的发展改变了银行的业务模式和流程，在传统模式下客户与银行之间相对简单的关系，变成了有更多外部主体参与的复杂链条。第三方支付、移动运营商、外包服务商以及互联网商务平台，等等，都成为新的银行交易流程中的组成部分。在这其中，任何一个参与者的错失都可能形成风险，而且其影响所涉及的主体也更加广泛。

二 管理上的不足

过去几年中，在信息技术应用不断发展、相关风险时有暴露的背景下，监管部门以及银行自身都加强了对信息科技风险的重视。2009 年，中国银监会颁行了《商业银行信息科技风险管理指引》，对银行信息科技风险管理提出了系统性的要求。在此之下，商业银行通过加大投入，完善基础设施建设，从管理和技术层面提升了应对相关风险的能力。不过，面对飞速发展的内外部环境，商业银行（尤其是农村银行机构）在信息科技风险管理方面仍存在较多不足，需要持续改进和完善。

第一，信息科技治理不到位。具体到银行，信息科技治理需要实现以下目标：确保银行的信息科技战略目标和银行整体战略目标一致；促进银行业务的发展，并使银行收益最大化；负责任、可靠地利用各种信息科技资源；管理和控制与信息科技相关的各类风险，等等。到2014年为止，许多银行的决策管理层由于对信息科技现状和趋势的理解有限，很难根据银行的战略需要来进行相应的科技规划，过度发展和投入不足的问题广泛存在。

第二，信息科技管理机制仍不完善。在管理上，许多银行存在科技风险回报路线和决策机制不明确、管理路径不清晰的问题。少数银行虽然建立了管理信息科技风险的专门机构，但管理制度和流程并不完整，缺乏有效的汇报、沟通以及纠正机制。

第三，缺乏有效的信息科技风险管理理念和工具。现有的信息科技风险管理理念更多侧重的是信息科技风险的控制及应对，并未针对银行业务特点和风险特征，形成有针对性的管理理念和方法。而在银行监管领域，巴塞尔协议虽然确立全面风险管理的理念和方法，但并未将信息科技风险单列，而只是将其视为操作风险的一种。如前文所述，信息科技风险不完全等同于一般意义上的操作风险，现有方法难以准确估量其真实水平以及银行需要为之准备的风险资本。

第四，人才资源匮乏。与其他银行相比，农村金融机构的科技基础和人力资源都更薄弱，对信息科技的了解以及其发展趋势的掌握也不足。在银行科技投入、技术升级加快的背景下，人力资源瓶颈愈发突出，这不仅制约着信息技术应用的效果，也可能隐藏了更多的操作风险隐患。

三 对策与建议

针对以上问题，完善农村银行机构信息科技风险管理的路径应包括以下几个方面。

从监管的角度，应借鉴发达国家和地区信息科技风险监管的实践和经验，进一步完善相关风险的监管体系。一是建立和完善银行信息科技风险监管的法律法规；二是根据我国商业银行信息科技风险的现状和特点，设计与之相适应的风险评估体系；三是根据不同类型的信息系统所面临的风险复杂性差异，对信息科技风险实施分类、分级监管；四是建立银行信息科技风险预警数据库，并对风险事件进行科学分类，采用数据挖掘技术和方法，对风险进行监测和预警，等等。

而从农村银行自身来讲，其则有以下一些工作要做。

第一，完善信息科技风险治理。在明确信息科技发展战略的同时，完善信息科技风险治理架构，从不同角度、不同纬度，对风险进行管理和防范。

第二，健全信息科技风险管理制度体系。建立健全信息科技管理制度和业务操作流程并严格执行。应建立制度执行的监督评价机制，商业银行的董事会、监事会、高级管理层以及审计部门要切实监督评价信息以及各项制度的执行情况，对制度执行不到位的责任人要进行问责或处罚。

第三，制订业务连续性计划。要在全行层面建立和完善可操作性强、覆盖各信息科技系统的业务连续性计划和应急预案，包括业务恢复机制、风险化解和转移措施、数据备份以及应对媒体的统一策略等。针对新发生的突发事件以及新发现的薄弱环节，要及时对预案进行总结更新。加强应急预案演练，以保障银行在突发重大事件面前，能从容应对，迅速恢复生产运营，尽可能降低损失。

第四，推进科技队伍建设，提升能力。要明确岗位职责，因岗定人，岗位匹配，并落实岗位制衡。完善激励约束机制，以激发员工的主观能动性。此外，应加强员工培训，培养员工风险防范意识和风险防范能力，提高员工的信息科技业务水平。

防范信用风险上升不应止于降息

中国社会科学院金融研究所　曾　刚

受经济增速下滑、结构调整持续深入等因素影响，我国部分行业、部分地区的信用风险持续上升。2014 年 11 月 21 日，中国人民银行两年来首次下调存贷款基准利率，反映出货币政策已开始进行防范金融风险升级的调整。

实际信用风险上升

根据银监会近期发布的数据，截至 2014 年第三季度末，商业银行不良贷款余额为 7669 亿元，比 2013 年年末增加了 1749 亿元；不良贷款率为 1.16%，比 2013 年年末上升了 0.17 个百分点。2014 年第三季度末，商业银行正常类贷款余额为 63.3 万亿元，占比为 96.05%；关注类贷款余额为 1.8 万亿元，占比为 2.79%。

如果只从上述数据看，银行业的信用风险似乎不特别令人担忧。不论是与国内早期的还是和其他国家的银行业相比，1.16% 的不良率算是相当温和的水平。但若做一些结构和动态上的分析，情况可能就不那么乐观了。

第一，不良贷款数据本身或被低估。在监管当局严控风险以及绩效考核与资产质量高度挂钩的现实条件下，银行有一定粉饰资产质量的动机。由于五级分类方法存在模糊性，在实践中一些事实上已经形成风险的瑕疵贷款（如逾期90天以内）并未被计入不良贷款，而是被暂时归入关注类贷款。从可获得的数据看，2014年以来银行业关注类贷款占比从第一季度末的2.5%上升到了第三季度末的2.79%。此外，在实际操作过程中也有通过展期将原本可能发生的风险往后推移，从而将其暂时掩盖的情况；还需要指出的是，银监会公布的统计数据只涉及商业银行，并不包含2000多家仍未改制的信用社，这些机构的资产质量一般低于商业银行。综合以上因素推测，我们认为，目前的不良率数据或许被低估。

第二，局部地区和行业风险相对突出。在整体风险依然可控的情况下，部分地区企业破产、跑路的现象有所抬头。特别是在小微企业领域，由于银行大量使用联保贷款制度，一家企业违约很容易产生连带负面效应，造成风险扩散和上升。目前，周期性行业、产能过剩行业以及小微企业，信贷领域风险状况尤值得警惕。更令人担忧的是，随着风险成本的显著上升，部分地区的银企关系明显恶化，这愈加强化了"融资难、融资贵"的难题，短期内难有根本解决之道。

第三，信用风险持续上升且有加速迹象。2011年9月底至今，银行业不良贷款率和不良贷款余额已经连续12个季度"双升"，不良贷款率从0.9%提高到1.16%，不良贷款余额则从4078亿元上升至目前的7669亿元。从变化率来看，不良贷款余额同比增速在过去3年中基本上都维持在15%以上，2013年第三季度以来则超过20%，并且逐季加快，2014年第三季度的同比增速达到了36%。此外，不良贷款环比增速从2013年第三季度以来也在迅速上升，从4%左右上升到了10%以上。2014年以来，银行业普遍加大了坏账核销力度（根据不完全统计，上半年16家上市银行核销不良贷款约709.93亿元）。如果将这部分坏账计入，经调整后的增速会更高。

从总体来看，尽管银行业整体的信用风险仍在可承受的范围，但由于经济结构调整远未结束，不良贷款持续上升趋势在短期内很难得到扭转。预计在未来一两年中，银行业将继续受到利率市场化和坏账损失双重夹击，压力与挑战与日俱增。

亟待政策托底和风险分担

当前风险上升主要源于实体经济转型调整，有一定的系统性特征，单靠商业性机制可能无法有效化解，必须辅之以适度的公共政策。要通过宏观政策的托底和风险分担机制创新来降低风险成本，促进金融与实体经济良性互动。具体而言，有如下几个方面的工作。

一是保持适度宽松的宏观政策，宏观政策（特别是货币政策）需要在"去杠杆"与防风险之间取得平衡，同时保持政策的稳定性和连续性。从发展的角度看，随着经济结构调整的逐步深入，部分行业、局部地区甚至部分金融机构均出现某种程度的风险，这是市场化机制发挥效力的途径。因此，应允许适度、有序的风险暴露，以逐步消解经济周期中的正常损失以及前期遗留问题。但在此过程中，需要严防金融风险恶化和升级，适时、适度的稳增长措施，对防止风险扩散和扭转市场预期至关重要。当前稳增长重点不在于维持某个既定 GDP 增速或就业水平，而在于防止潜在金融风险升级和扩散。

中国人民银行两年来首次下调存贷款基准利率，反映出货币政策已开始进行这样的调整。尽管存贷款利率调整不对称，短期内有压低银行净利差的可能，但从长远看，降息不仅能有效引导融资成本下行，改善企业生存环境，而且也向市场发出了积极的政策信号，对稳定实体经济以及市场预期会产生积极影响，有助于信用风险的化解。我们预计，适度宽松的政策趋向还将继续，直至风险预期得到扭转以及信贷、社会融资规模恢复到相对正常的状态。

二是优化金融监管政策。首先，要强化对风险的管理，适时完善监管规则，将各种创新和套利活动风险纳入统一监管框架。从国际经验看，金融市场化过程必须辅之以适当的再监管（re‑regulation），方能避免出现巨大风险。在这个意义上，市场化既非简单取消监管，也非对金融创新听之任之，而是要根据风险特征的变化，在放松原有管制措施的同时，及时建立新的监管规则。目前，众多基于监管套利的金融创新飞速发展，在规避监管、降低监管有效性的同时，制造了相当大的潜在风险。未来，监管当局应根据"实质重于形式"的原则，对银行各种创新业务进行规范，并设置与之相适应的监管要求。此外，还应对不同监管规则（尤其是不同政策部门制定的规则）进行系统的梳理，加强协调、保持监管一致性，以减少监管套利空间。

其次，要进行逆周期监管创新。在信用风险上升期，加强对风险监管是题中应有之义，但过于严格的监管有可能会造成银行风险规避情绪上升，加大实体经济"融资难、融资贵"的问题。而企业融资困难则会放大实体经济下滑的程度，反过来导致银行信用风险进一步上升，这就是所谓的金融监管顺周期效应。目前，在实践中，监管政策以及银行自身考核对信用风险的过度强调，事实上已经导致银行信贷偏紧，对实体经济产生了一定负面影响。对此，我们建议监管部门借鉴国际比较成熟的经验并结合中国实际，在逆周期监管方面进行尝试和创新，在一些对银行行为有重大影响的政策上（如存贷比、合意贷款规模、风险容忍度等），根据实体经济运行的需要，保持一定的弹性并进行动态调整。当然，考虑到我国地区间差异较大，这种逆周期调整的权限，应尽可能下放到地方一级监管部门，以便其因地制宜地进行操作。

三是完善风险分担机制。在信用风险相对突出的情况下，风险分担机制是分散风险，降低融资门槛的重要机制。但现有的以担保、保险以及互保等方式进行的风险分担，基本上都基于商业化运作，尽管能起到一些风险分散作用，但无助于降低企业融资成本。在信用风险不断上升的情况下，上述担保机制大都陷入困境。破产倒闭的担保公司不在少数，而在联保体系下，借款人的违约更是造成了风险迅速扩散。

对此，政府应考虑在适度的范围内进行创新，直接或间接地参与风险损失的分担和处置。目前，一些地方政府通过设立转贷基金和风险基金，为企业贷款展期提供便利，或直接分担部分信贷损失，远在一定程度上优化了企业（尤其是小微企业）的融资环境。此外，在部分风险相对突出的地区，政府还积极介入不良信贷的催收和处置，在化解地区的金融风险、维护金融稳定方面，发挥了相当积极的作用。

稳步推进医疗试点为医改探路

中国社会科学院金融研究所　阎建军

城乡居民大病医保的愿景是与三项基本医保合并、实现基本医保的全部民营化。但大病医保的当务之急是先探索出成功模式，不可急于全面铺开。

我国城乡居民大病保险（以下简称"大病保险"）于 2012 年 8 月开始在全国试点，其初衷是为了提高城乡居民医疗保障水平，在基本医疗保障的基础上对城乡居民患大病产生的高额医疗费用给予进一步保障的一项制度性安排。具体做法是政府从基本医保基金中划出一定比例或额度作为大病保险资金，通过招投标方式向符合经营资质的商业保险公司购买大病保险。

走强制与民营结合之路

从我国大病保险制度探索的方向来看，整体上是符合国际医改大趋势的。大病保险是基本医疗保障制度的拓展和延伸，其目标有两个。一是提升城乡居民基本医保的保障程度，减轻人民群众大病医疗费用负担；二是提高基本医保的经办效率，规范医疗行为，控制医药费用膨胀。为了实现第一个目标，筹资来源于基本医疗保险基金，由政府统一来完成，符合资格要求的参保人必须参加。为了实现第二个目标，由商业保险机构运营大病保险项目，以加强对相关医疗服务和医疗费用的监控。可以说，我国大病保险制度改革走的是强制保险与民营化结合之路。

此外，基本医保由民营保险机构经办，走强制保险与民营化结合之路，这在国际上已经成为主流。截至 20 世纪末，国际基本医疗保险制度主要有三种代表性模式，即以英国为代表的政府主导模式、以美国为代表的市场主导模式、以德国为代表的社团主导模式。前者代表了政府主导的全民医保道路，后两者则代表了民营化的医保道路。进入 21 世纪后，2007 年德国颁布《法定健康保险强化竞争法》，2010 年美国奥巴马医改法案被签署为法律，2012 年英国卡梅伦政府推动的《健康与社会医疗法案》获签成为法律，三个代表性国家的基本医疗保险制度已不存在纯粹的政府主导或是纯粹的私人领域主导，而是二者有机结合，走"强制保险与民营化结合之路"。

诸多问题影响未来发展

必须要正视的是，大病保险是一种制度的创新，在创新的过程中必然产生种种新问题。首先就是涉及政府部门的利益冲突。大病保险资金源于政府人力资源和社会保障部门（以下简称"人社部门"）管理的基本医保基金，对六省份调研的结果显示，各地人社部门中相当大的比例（超过了70%）不愿意把基本医保基金的经办管理权让给保险公司，其认为是从自己身上"割肉"。当一部分地区人社部门对保险公司经办大病保险抱有抵触情绪，又负责操盘大病保险招标方案时，方案的科学性缺乏有效的保证。此外，大病保险政策的制定由全国医改办负责，政策的实施主要由人社部门负责，当政策实施部门的利益冲突问题尚未解决时，现行制度框架难以保证政策目标实现。

其次是"招标制"的诸多问题都在大病保险领域得以重生。大病保险招标偏重价格竞争，某些地方政府部门在实施招标的过程中，将大病保险招标视为一般政府采购，对于保险公司必要的经办管理费用不予认可。更有甚者，招标没有底线，盲目压低报价，违背了保费至少应当弥补赔款这一基本原则。个别地方招标设立了高额履约保证金、车辆购置、人员配备等相当苛刻的隐性价格条件。一部分保险公司抢占市场主导权、巩固先发优势的市场策略，也使得竞争主要转入医疗保险的价格战。政策目标希望保险公司加强对相关医疗服务和医疗费用的监控，为此需要大量的人力、物力投入，但是保险公司在打价格战时根本没有考虑还需要对医疗服务和医疗费用进行监控，因而偏离了政策制定的初衷。

再次，大病保险的控费机制尚未形成。大病保险民营化的目的是希望商业保险机构要充分发挥医疗保险机制的作用，加强对相关医疗服务和医疗费用的监控，但这些目标目前还难以落实。究其原因，一是由于保险公司缺乏与医院的谈判能力。大病保险基金数额一般不超过城乡居民基本医保基金的5%，缺乏对医院利益的影响力。保险公司无法单独与医院谈判大病保险诊疗项目、医疗服务设施和用药范围以及支付标准等。二是因为保险公司缺乏政府部门的有力支持，难以介入医疗管理。全国医改办负责制定大病保险政策目标，但无权对定点医院和保险公司进行监督，难以对保险公司介入医疗管理提供有力支持。三是因为大病保险对医院的监管涉及人社部门和卫生行政部门，需要整合两部门的力量，但现在看起来，让相关部门达成大病保险改革共识、步调一致地推进改革并非易事。

模式探索为当务之急

完善大病保险制度，首先应该完善领导体制。近年来，人社部与国家卫计委两部委之间在由谁来管理"大医保"上博弈不断，城镇职工医保、城镇居民医保、新农合的管理职责难以整合。随着大病保险制度改革不断推进，对部门利益的触及将越来越深，建议在中央全面深化改革领导小组下设医改办公室，与国务院医改办合并。一是统筹考虑包括大病保险在内的医改战略、战役、战斗层面的问题，做好政策统筹、方案统筹、力量统筹、进度统筹工作。二是抓方案，出台包括大病保险在内的改革方案。三要抓落实，要有时间表和目标管理，一项一项抓落实，以多种形式督促检查，指导和帮助各地区各部门分解任务、落实责任。

城乡居民大病医保的愿景是与三项基本医保合并、实现基本医保全部民营化。但大病医保的当务之急是先探索出成功模式，不可急于全面铺开。在广东湛江，保险公司已经同时经办"城乡居民基本医疗保险""城镇职工基本医疗保险""城乡居民大病保险"，并与人社部门一体化合署办公，建议当地政府成立卫生行政部门、人社部门等参加的医疗管理综合办公室，引导保险公司对医院实施精细化管理，尝试推行总额预付管理，探索按病种分组付费 DRG 等路径。

当然，在鼓励大病保险民营化的同时切不可"一刀切"。当地政府人社部门不愿意保险公司经办的，可以由人社部门自己经办大病保险。在人社部门不情愿和不配合的情况下，会出现刻意压低标价的情况，导致保险公司退出竞标或者亏损以后退出以及保险公司无力单独和医院谈判进而无力影响医疗行为，使得大病保险民营化流于形式。此外，大病保险应逐步取消招标制，尝试引入健康保险交易所作为大病保险交易平台，从而实现大病保险民营化与强制保险的结合，让参保人有多家保险机构和多层次大病保险计划可以选择。

存款保险制度的国际比较及
我国的路径选择

中国社会科学院金融研究所　安国俊　曹　超

目前，存款保险推出的时机及路径选择引发了政策部门、监管部门和市场参与者的广泛关注。本文将借鉴国际经验，探讨我国建立存款保险制度的关注点和路径，以期为银行业金融机构和存款人构建"安全屏障"，有效防范金融风险，发挥市场的资源配置功能，更好地促进我国金融稳定与创新进程。

存款保险制度的国际经验

现代意义上的存款保险制度是美国在 20 世纪 30 年代经济大萧条时期建立的。当时经济危机严重，大量金融机构倒闭，严重损害了存款人的权益。为了维持社会公众对银行的信心，防止因为个别银行业金融机构的倒闭而发生挤兑，维护银行体系的稳定发展，从而尽早摆脱危机的影响，1933 年，美国联邦政府颁布了《格拉斯—斯蒂尔法》，并以该法案为依据，创立了联邦存款保险公司（FDIC），正式建立了存款保险制度。此后，大多数西方国家和部分发展中国家，如印度、哥伦比亚等，纷纷借鉴美国的经验，并结合本国的国情，相继在本国的金融体系中引入了存款保险制度。但由于世界各国的经济发展进程、经济体制、财税体系、金融体制、法律体系不同，存款保险制度也存在较大差异性。

（1）存款保险机构体制的设置。存款保险机构在体制的设置上有两种不同形式：第一种是高度集中的单一式，在这种形式下，为金融机构提供服务的只有一套保险系统，美国的 FDIC 就是这种形式的典型代表；第二种是复合式，分别为不同类型的金融机构提供不同的存款保险服务，例如日本从 1971 年开始实施的存款保险制度就是复合式的典型范例，两套存款保险系统分别服务于一般金融机构和合作社。但不管采用的是哪种形式，存款保险制度都应是全国性的，而不应是地方性的。

（2）存款保险机构的基本职能。存款保险机构的基本职能不因各国存款保险体制的不同而存在差异，一般都具有两种职能：一是通过分散风险，保持社会公众的信心，维护存款者的利益；二是通过处理破产存款机构，降低银行类金融机构的风险，从而维持金融系统的稳定。美国 FDIC 在具体贯彻存款保险政策、办理保险业务时，都是通过下属的 6 个分公司来完成，它们同时还负有对投保银行进行风险监管的职能。

（3）存款保险的组织形式。各国存款保险的组织形式主要存在三种不同模式：一是以政府为主体建立存款保险制度，用政府的信誉来分担存款者的风险，政府承担的金融管理职责也最多，目前大部分国家都采用这种形式，如英国、加拿大和美国；二是由政府和金融机构共同出资，以商业化形式参与运作，实行自行监管、自助决策，政府对其控制性比较弱，但其能有效利用民间资本，采用这种模式的代表国家有荷兰和日本等；三是完全由金融机构自己出资建立，其所受政治压力较小，从而能自由选择被保险对象，采用这种模式的代表国家有德国和法国等。

（4）存款保险制度的营运机制。目前，从世界各国情况来看，存款保险机构对可能或实施市场退出的投保机构主要有三种不同的参与方式：不参与、有限参与和全面参与。大多数国家采取的是全面参与的模式，即由存款保险机构全面参与市场退出机构的风险监管与破产清算，对市场退出银行机构进行风险监管和追责。

（5）存款保险的对象和方式。大多数国家都是根据银行的所在地来确定保险对象，这种原则被称为"属地论"。在该原则下，保险对象包括本国的全部银行、外国银行的分支机构和附属机构，一般不包括本地银行在国外的分支机构，但德国将本国银行在国外的分支机构也包括在保险对象内。存款保险制度一般采用三种方式：自愿保险、强制保险和自愿与强制保险相结合。例如德国实行自愿保险，日本实行强制保险，美国实行强制与自愿保险相结合的方式。

我国实行存款保险制度的必要性

应该说，存款保险制度对于防范系统性风险、保护存款者利益、促进银行稳健经营，加强金融监管、维护金融系统的稳定至关重要，在目前我国利率市场化改革加速推进的背景下，构建适合我国国情的存款保险制度刻不容缓。

（1）有效降低金融风险。建立存款保险制度，可以提高社会公众对风险的了解程度，提高其对银行类金融机构的信心，有效避免挤兑风潮的发生，最大限度减弱个别破产银行对金融体系的不利影响，进一步完善我国金融风险监管机制，并通过稳定银行的资金来源，化解潜在的系统性金融风险。

（2）消除政府隐性担保的弊端。业内普遍认为，现在我国一直实行的是隐性存款保险制度，一旦银行发生破产，问题银行在退出的过程中，其遗留的债务无论数额大小实际上都是由中央银行和各级政府承担的，这就为危机的发生埋下了隐患。随着我国金融改革和财税体制改革的不断深化，由中央银行或各级政府"埋单"模式的弊端日益暴露，这种制度不仅会使问题银行的债务转为财政负担，而且会严重影响央行货币政策的有效实施。建立存款保险制度，可以彻底改变政府隐性担保的现状，消除政府隐性担保的弊端。

（3）提高金融监管水平的需要。存款保险制度不应只体现在危机发生后的及时补救，事前防范更应该关注。存款保险机构应特别重视对银行业金融机构日常经营活动的风险监管。一旦银行由于管理不善或经营风险较大的业务而面临破产的危险时，存款保险机构可以向危机银行提供帮助以化解破产风险。此举作为金融监管的必要信息来源和重要补充手段，对提高金融监管、稳定金融体系起重要促进作用。

（4）维护中小存款人的利益。由于金融活动信息不对称，中小存款人可能缺乏足够的风险规避能力，因此，政府在设计制度时应给予其特别关注。建立存款保险制度，通过设定合理的存款保险赔付上限，在存款机构因破产关闭时存款者能及时得到全额补偿，避免损失，可以增强存款人对银行的信心，进而可以避免由个别银行金融机构倒闭引发的连锁反应，导致存款挤兑的发生，从而有效防范系统性金融风险。

（5）银行业金融机构市场退出机制的需要。随着我国金融改革和利率市场化改革的逐步推进，建立竞争退出机制势在必行。存款保险机构应该尽早介入面临破产风险的银行业金融机构，通过对风险进行及时有效的控制来降低成本。一旦银行最终破产，存款者能从存款保险机构得到赔付；同时，通过清算处理破产银行，优化金融资源配置，为我国金融机构的市场退出提供良好的制度保障，从而稳定金融秩序、提高金融运行效率。

我国建立存款保险制度应关注的几个问题

借鉴存款保险制度的国际经验，建立适合我国国情的存款保险制度，要妥善解决以下几个问题。

（1）存款保险机构的风险管理职能。存款保险机构的作用能否充分发挥，风险处置职能是关键因素。对存款保险机构的监督，可以在降低其经营风险的同时，还可以发挥协助央行和银监会对金融活动加强监管的作用。建立存款保险制度后，如果投保机构面临危机，那么资金偿付责任将由存款保险机构承担。存款保险机构以最小化成本和最低风险为目标，并通过激励机制和动力机制，对银行业金融机构的风险状况进行有效监管。因此，将监管权赋予存款保险机构，在运作中对保险业务加强监管，能及时有效地了解和控制投保机构的风险情况，对银行业金融机构的冒险行为进行约束，最大限度降低存款保险机构的处置成本，从而保持金融体系的稳定。当然，对银行业金融机构的风险监控是存款保险机构监管的重点。存款保险机构能"实时纠正"问题银行，为央行和银监会分担一部分监管职能，减小其监管压力，使监管作用得到更好的发挥。

（2）存款保险制度的核心问题——保险费率的确定。大多数国家对不同类型的金融机构制定统一的保险费率，从某种程度上来说，这实际上等于当危机发生时，让稳健的银行出资救助脆弱的银行。随着存款保险制度的不断发展，为体现公平性的原则，防止和疏导金融体系的风险，越来越多的国家采用差别保险费率，并根据金融体系实际运行情况对存款保险费率进行调整。如果保险费率太高，不仅会引起银行业金融机构的不满，也会对银行的资金形成压力，这反而会加大银行的经营风险，最终增加存款保险机构的成本负担；如果保险费率太低，存款保险基金的积极性将受到影响，这又会大大影响监管机构处理问题银行的决心和力度。因此制定不同的风险差别费率，可以通过正向激励机制，加强对金融机构盲目扩张和冒险经营的约束，促使银行加大对风险的监控力度。但在实际操作过程中，风险差别费率的确定，需要较强的技术性和专业性，并且有很多难题需要解决。建议在存款保险制度建立初期，要尽快根据《巴塞尔协议》等相关规定完善银行业金融机构的稳健性指标，根据不同银行机构的风险状况实施不同的存款保险费率，并定期跟踪评估和适当调整，从而保证存款保险制度的有效运作。

（3）自愿保险还是强制保险的问题。现阶段，存款保险制度的投保方式有三种：一是强制形式，代表国家有日本、英国等；二是自愿方式，以德国、法国最为典型；三是自愿和强制相结合的方式，比如美国。不管采取自愿保险还是强制保险模式，保险机制始终存在信息不对称，不仅逆向选择和道德风险两方面的问题无法完全解决，而且会导致由于只重视一方面的问题而使另一方面的问题更加凸显。因此，如何解决好这一难题，相关政策制定者要全盘考虑、权衡各方利益。

（4）存款保险制度推出的时机选择。存款保险制度建设要选择合适的推出时机，如果时机不当，则不但不能起到原有的积极作用，可能还会对金融市场造成损害。目前，我国金融改革特别是银行业改革不断深化，尤其是次贷危机发生后，国家加大了对银行业金融机构不良资产的处置力度，对于风险较大的金融机构依法强制关闭，基本化解了金融体系的风险，使金融体系总体得以平稳运行；同时，逐步规范了金融相关法律，为存款保险制度的建立和稳定运行提供了法律保障。

考虑到存款保险制度关系到宏观环境、金融生态环境、信用环境、风险管理、成本核算、制度衔接等各个方面，政府出台相关政策时，应选择金融环境稳定的时期，避免金融机构的退出导致挤兑而形成系统性风险；应制定"早处置、早纠正"的方案，保证市场有充分的流动性，为存款保险制度的顺利出台奠定基础。

发展我国存款保险制度的路径选择

（1）不断完善相关金融法规体系建设。存款保险制度的建立要以法律为依据。应尽快征求相关部门的意见和建议，出台相关法律，对参保保险费率、机构范围、问题银行处置、存款保险限额，以及存款保险机构的相关职责和权益都予以明文规定。

随着存款保险制度的推进，相关部门需要及时制定相关法律法规，对存款保险制度的原则、目标定位、运行机制进行明确规定，这主要包括两方面。一是存款保险基金的筹集和运作方式，包括存款保险基金的筹资方式、存款保险的额度、运作流程、管理模式、保险费率、监管细则等，都要进行明确规定。二是存款保险机构的职责和管理方面，建议实行强制保险的模式，保险范围可最大程度覆盖所有储蓄用户，包括国有银行、城市商业银行、民营银行、村镇银行等。另外，也要明确规定对问题银行的处置措施、赔付比例，实行有序的市场化退出机制和灵活的专业化处置，降低金融风险处置成本，有效防范系统性风险。立法在先，制度在后，一旦出现问题，处理起来才能做到有法可依，有据可查。

（2）建立相应的存款保险组织机构。从国际市场上看，存款保险组织机构对于加强管理十分重要，并有利于相关监管机构建立协调机制。我国应借鉴国外的成功经验，建立具有独立法人地位的中央存款保险公司，并按区域和职能设立分公司。中央存款保险公司的职能，要扩展到能提供清偿能力、紧急援助、风险识别、风险监管等，而不仅仅满足于补偿存款的利益损失。另外，国外的相关做法证明，存款保险法律要明确中央存款保险公司的多重职能，规定其在接受保监会的监管与指导下要与央行、银监会有机协调，发挥其应有的作用。

（3）完善金融机构信用评级制度。为减弱存款保险制度产生的负面影响，应实行基于风险的差别费率制。但是，实行差别费率制，必须先对参加存款保险的金融机构进行信用评级，用定量和定性分析相结合的方法，对金融机构的财务状况、外部环境、经营管理状况、资产质量、筹资能力、清偿能力、发展前景以及潜在的风险进行客观准确的评价。信用评级制度的建设，可结合我国的实际情况，借鉴穆迪和标普公司对银行和银行控股公司的资信评级经验，建立一套适合我国国情的信用评价体系。

（4）完善金融机构的信息披露制度。央行、银监会、保监会、证监会等相关监管部门要对信息披露的范围进行明确规定，包括银行资产负债表、现金流量表、损益表以及银行经营中兼并、收购等重大事件，并要确保披露信息的真实性、时效性和完整性，为信息披露提供制度保障。建立金融企业的资信评级制度和信息披露制度，不仅可为将来金融机构在市场上融资定价奠定基础，而且也有助于推动利率市场化的进程。

（5）建立相应的金融协调处理机制。存款保险制度的建立涉及央行、相关金融监管机构、地方政府存款人的利益和职责，牵一发而动全身，存款保险机构的良好运行跟这些机构部门的分工协调密切相关。因此，构建与存款保险制度营运相配套的金融协调机制迫在眉睫。具体来说，可以尝试设立金融监管协调联席委员会，通过搭建信息共享平台，加强相关部门之间的沟通与合作，从而有效减小监管成本，及时处置危机，缩短我国与国际金融市场之间的金融监管差距，进而提高我国的金融监管效率，维护金融体系的健康稳定。

结束语

在经济和金融日益全球化的今天，存款保险制度显然已成为一国金融安全网的重要组成部分，在保护存款人、投资人利益和维护金融稳定方面起重要作用。随着利率市场化改革、民营银行、村镇银行等金融创新的日益深化，适时推出存款保险制度，不仅可为防范金融风险奠定坚固的制度保障，而且可以有效完善金融监管机制，推进金融改革服务实体经济的进程。

国际金融体系与金融对外开放

实现金融交易可兑换时机尚未成熟

中国社会科学院金融研究所　王国刚

中共中央十八届三中全会在《关于全面深化改革若干重大问题的决定》（以下简称《决定》）中指出，完善金融市场体系应"推动资本市场双向开放，有序提高跨境资本和金融交易可兑换程度"。这不仅明确指出了中国资本市场开放的取向（即双向开放），而且精准突出了中国资本和金融交易账户可兑换的重点在于"金融交易可兑换"，路径是通过"有序提高"来实现。不难理解"金融交易可兑换"是一个需要相当时间才能逐步实现的目标。换句话说，中国目前实现金融交易可兑换的时机并不成熟，需要通过深化改革和金融实践逐步推进使其成熟。在各种条件中，哪个条件具有决定性作用？《决定》强调，要"使市场在资源配置中起决定性作用"。与此对应，也应使市场机制在金融交易配置相应资源中起决定性作用。这意味着，在实现金融交易可兑换所需的各种条件中，关键是要弄清应促使哪些市场条件成熟。

现有产品难以满足境内居民金融投资需求

"金融交易可兑换"以有充分的可交易金融对象为前提。内在成因是在缺乏金融交易对象的条件下，金融交易不能发生，也就谈不上"可兑换"的问题。金融交易可兑换指的是海外非居民投资中国境内金融产品过程中，一方面，在以外币进入中国境内金融市场时可自由地将外币兑换为人民币；另一方面，在退出中国境内金融市场时可自由地将人民币兑换为所需的外币。不难看出，要实现这种可兑换，首先需要有金融产品可供海外非居民进行金融投资运作。

2002 年，中国人民银行和中国证监会联合出台了《合格境外投资者境内证券投资管理暂行办法》，由此拉开了中国境内金融市场对外开放的帷幕，以 QFII（即合格的境外机构投资者）方式使一部分海外非居民可投资中国境内的股票市场和债券市场。到 2013 年 10 月 31 日，国家外汇管理局批准的 QFII 额度已达 811.82 亿美元。虽然通过 QFII 机制，已有一部分海外非居民投资中国境内金融市场，但这并不意味着中国已实现金融交易可兑换。

具体来看，在 QFII 机制安排下，海外投资者需要通过国家外汇管理局的行政审批，才可按照审批范围内的数额将外币兑换成人民币进入境内金融市场，当他们需要将资金撤离中国境内金融市场时，也需要通过类似的行政审批程序方能再将人民币兑换为所需外币。因此，尽管 QFII 机制已实行了 10 余年，但对中国境内的金融交易可兑换而言，它依然是一个带有"序幕"特点的现象。一个值得寻味的问题是，2002 年以后，QFII 的可批总额度不断扩展，到 2013 年 7 月 12 日扩展到了 1500 亿美元，但如前所述，到 2013 年 10 月底才使用了 811.82 亿美元，即 54.12%。个中缘由是什么？这也许有多种成因，但缺乏足够的交易对象即可交易的金融产品，是最基本的成因。

在中国境内的金融体系中，金融产品以存贷款为主体。"各项存款"占金融机构资金来源的比重长期在 90% 左右，"各类贷款"占金融机构资金使用的比重在 60% 左右。这实际上意味着三个情形的发生。

其一，在以存贷款为金融产品主体的条件下，金融市场的发展受到严重挤压，金融市场是一个缺乏充分竞争的不成熟市场。一个突出的现象是，在中国境内，2012 年 6 月和 7 月连续两次下调存款基准利率（1 年期存款基准利率从 3.5% 下降到 3%），但当年城乡居民新增储蓄存款创下了历史新高，达到近 5.6 万亿元，实体企业存款增加了 4 万多亿元，二者相加高达 10 万亿元。这种现象之所以会出现，一个主要成因在于，城乡居民消费剩余的资金和实体企业闲置的资金除了"存款",很难有其他的金融投资渠道。另一个突出的现象是,2001年12月中国加入世界贸易组织以后,按理说,商业银行等金融机构进入了"与狼共舞"的时期,业务转型必然伴随展开。但10余年过去了,这些商业银行不仅没有1家在竞争中被淘汰,而且业务结构并没有发生实质性转变,并且集中在存贷款方面的负债规模、资产规模以及业务规模不断扩大,盈利数额快速增加,以至于在2011年媒体有"银行业垄断暴利"一说。

其二,金融市场成为金融机构之间彼此交易的市场。中国境内的金融市场主要由银行间市场和股票市场构成。各种债券和债务工具主要在银行间市场交易。由于银行间市场的参与者被限制为商业银行、非银行金融机构和外资金融机构,实体企业不能直接进入其中开展金融交易,所以,这一市场实际上属于商业银行等金融机构彼此之间进行金融产品交易的市场。进入21世纪以来,中国加大了各种债券的发行力度。按理说,债券属于直接金融工具,它直接连接着资金供给者和资金需求者,对商业银行的存贷款有关键的替代作用,但在中国境内,各类债券几乎完全由金融机构所持有(个人和实体企业持有的份额可以忽略不计),而金融机构的资金来源于城乡居民和实体企业,由此债券成了间接金融工具。在债券成为间接金融工具的条件下,债券规模的扩大并没有引致金融脱媒现象的发生,对商业银行等金融机构也没有形成业务转型的压力。

其三,在直接金融产品与间接金融产品之间存在一系列错配,其中包括主体错配、性质错配、期限错配、产品错配和市场错配等,再加上金融产品的种类和同种金融产品的时间序列存在一系列不足,各种金融产品之间的替代性和互补性严重降低,由此要通过组合方式来化解金融产品投资中的投资风险相当困难。

中国境内居民(即实体企业和城乡居民个人等)尚严重缺乏可投资的金融产品,以至于他们的闲置资金几乎只能以存款方式(即在金融的角度看效率最低的方式)存入商业银行等金融机构。在他们与商业银行等金融机构之间难以有效展开竞争的条件下,又何谈海外非居民进入中国境内金融市场进行金融投资(即金融交易)的可能性?换句话说,只有在中国境内各种金融产品足以满足境内居民进行金融投资的各种需求的条件下，讨论金融交易可兑换才具备最基本的条件。

亟待完善 "三位一体" 的境内金融价格体系

《决定》中关于"金融交易可兑换"的完整论述是："完善人民币汇率市场化形成机制，加快推进利率市场化，健全反映市场供求关系的国债收益率曲线。推动资本市场双向开放，有序提高跨境资本和金融交易可兑换程度，建立健全宏观审慎管理框架下的外债和资本流动管理体系，加快实现人民币资本项目可兑换。"从中不难看出，"完善人民币汇率市场化形成机制，加快推进利率市场化，健全反映市场供求关系的国债收益率曲线"，强调的是完善和健全中国境内金融产品价格体系，这是实现金融交易可兑换的又一前提条件。

1. 人民币汇率市场化形成机制存在五大问题

从人民币汇率的市场化形成机制看，要展开金融交易可兑换，在具体操作过程中，对任何非居民都必然涉及以何种汇价兑换人民币（或将人民币兑换为所需外汇），由此汇率形成机制也就成为各方关心的一个关键问题。迄今为止，中国境内的人民币汇价反映的是国家外汇交易中心的行情。这一行情在形成中存在五个方面的问题。

第一，在人民币与美元比值趋于升值的背景下，这一外汇市场有众多的美元卖家，但缺乏足够的买家。由于买卖双方的实力严重不对称，很难形成合理的人民币与美元之间的汇价，所以，中国人民银行实际上成为这一外汇交易市场的最主要买家。由于身份不同，在购汇目的、购汇数额、汇价精算、购汇用途和时间成本计算等方面，中国人民银行与一般企业有诸多差别，这决定了国家外汇交易市场的汇价是一个并未充分按照市场机制形成的价格。

第二，在实行意愿结汇以后，虽然一些企业在账户上留存了一部分外汇（2005 年以后，"企业存款"从 694.77 亿美元增加到 2013 年 10 月的 3501.77 亿美元），但运用外汇进行境外投资依然需要经过审批的限制，企业用汇和购汇的非交易成本（即行政审批程序中的成本）在外汇交易之外发生，使得企业在获得外汇时，实际耗费的成本明显高于交易成本，而这些成本很难直接反映在外汇交易价格中，由此国家外汇交易市场的交易价格难以反映外汇需求者（企业）的真实交易成本。

第三，国家外汇交易中心的外汇交易价格是在境外汇市投资者难以直接且自由进出的条件下形成的，它集中反映的是境内符合条件的金融机构等的交易意向，与国际汇市的交易价格并不充分接轨。

第四，尽管在 2003~2013 年，中国外汇信贷收支数额快速增长，外汇交易数额不断扩大，但与中国的经济体量和金融体量相比依然显得过小。2013 年 10 月，从"来源方项目"看仅为 4461.05 亿美元（以人民币与美元的汇价计算大约为 2.7 万亿元人民币），但同期《金融机构人民币信贷收支表》中的"各项存款"数额为 102.69 万亿元；从"运用方项目"看仅为 7665.74 亿美元（大约为 4.68 万亿元人民币），但同期《金融机构人民币信贷收支表》中的"各项贷款"数额为 70.79 万亿元。二者相比不难看出，外汇交易量对中国境内经济金融活动的影响力甚小。另外，中国每年有 3 万多亿美元的进出口贸易，"外汇买卖"项目中所反映的数额到 2013 年 10 月也仅有 3364.92 亿美元，二者明显不对称。这些不对称反映了外汇交易市场融入中国境内经济金融活动的程度太低。

第五，一国外汇资产本应由政府外汇资产、企业外汇资产和居民个人外汇资产构成，与此对应，一国外汇资产应分别配置在政府、企业和居民手中。但在中国的外汇管理方面，有关部门依然贯彻 30 余年来形成的"宽进严出"思路，在政府持有外汇储备已达 3.8 万亿美元的条件下，继续将巨额外汇控制在政府行政部门手中，缺乏国家外汇资产的管理理念，以各种理由限制外汇出境，这不免引致外汇交易市场中的买方难以反映真实需求。如果这种外汇管理体制机制不改革，则外汇市场价格难以充分体现市场机制的决定性作用，金融交易可兑换也就难免受到制约。

2. 人民币利率市场化之路相当遥远

2013 年 7 月 20 日，中国人民银行出台了《中国人民银行关于进一步推进利率市场化改革的通知》，强调"全面放开金融机构贷款利率管制"，取消金融机构贷款利率 0.7 倍的下限、取消票据贴现利率管制和取消农村信用社贷款利率 2.3 倍的上限，似乎人民币存贷款利率市场化仅剩一步之遥（即只要将存款利率上限管制放开就可完成）。但事实上，人民币利率市场化之路还相当遥远。

第一，在这一通知中，"放开"一词与"取消"有明显的区别。尽管中国人民银行取消了对贷款利率下限的行政管制，但并没有取消对贷款基准利率的行政管制，同时，在继续实行对新增贷款规模行政管制的条件下，贷款属于稀缺性金融资源，其利率上行是一个趋势性现象，在此条件下，放开它的下限缺乏市场化的基本效应。与此对应，即便中国人民银行将存款利率上限放开了，只要存款基准利率的调控权还在中国人民银行手中，那么，由政府部门运用行政机制调控商业银行等金融机构的存贷款利率状况（即政府给企业定价）还将延续。

第二，即便中国人民银行不再管控存贷款基准利率，也只是存贷款利率的"去行政化"，并不直接意味着存贷款利率的市场化机制形成。在一个完全竞争的市场中，价格应由买卖双方在竞争中形成。在中国境内的存贷款市场中，商业银行等金融机构是存款单和贷款单的卖出方，与他们竞争的对手是以城乡居民和实体企业为主的存款人，以实体企业为主的借款人。但在这一市场上，不论是实体企业还是城乡居民均处于买方弱势地位，与此对应，商业银行等金融机构处于卖方垄断地位。在中国境内的城乡居民存款和实体企业存款带有明显的"被迫存款"或"强制存款"特点的条件下，要按照市场机制来形成存贷款的市场利率几乎不可能。

第三，利率对汇率有明显的影响力。在利率尚难以市场化的条件下，汇率形成机制要按照市场规则来形成也受到制约，由此金融交易可兑换进程依然受到利率市场化的牵制。

3. 需形成反映供求关系的国债收益率曲线

从健全反映市场供求关系的国债收益率曲线来看，这实际上是确定金融产品价格体系的市场基准价格过程。在市场经济中，金融产品的价格体系通常以国债收益率为基准利率（即无风险无套利的利率），其他各种金融产品因其风险程度高于国债收益率曲线，所以价格水平高于国债。但要形成反映供求关系的国债收益率曲线，需要解决五个问题。

第一，通过各种期限（尤其是短期，如30天、60天和90天等）国债的充分发行，以推进国债收益率曲线在各种期限方面的完整形成。这对于中国境内以中长期为主的国债市场来说，并非易事。其内在机理是，它直接取决于国家财政预算内资金的安排使用、变国债发行的财政性安排为财政与金融协调安排、协调好财政政策与货币政策的调控机制等一系列问题。

第二，建立多层次国债交易市场体系，促进国债交易的活跃。一方面，需要降低长期以来存在的买入国债以持有到期为目的的投资者（包括商业银行、保险等金融机构）所占的比重，提高以交易为目的的投资者占比。需要采取必要的政策措施，刺激国债交易市场投资者的投资行为。另一方面，需要建立国债交易的无形市场，降低国债交易的成本，以满足大型机构投资者的交易需求。

第三，发展国债交易的衍生产品，包括国债期货交易、国债期权交易等，以熨平国债交易中的价格波动，给投资者国债交易中的对冲工具。

第四，完善国债收益率曲线的编制技术。根据国债和其他债券等债务性工具的交易价格走势，编制国债收益率曲线，并根据存贷款利率市场化改革的进程及其对国债交易价格的影响程度，适时调整国债收益率曲线的编制方法，使得这一收益率曲线成为各种金融产品价格的基准。

第五，适时对外开放国债市场。在各期限和各类国债规模能够满足境内各类投资者需求的条件下，适时开放国债市场，以满足海外投资者对中国国债市场投资的需求，推进中国境内金融产品交易市场与人民币汇率市场的对接。

健全反映市场供求关系的国债收益率曲线、加快推进利率市场化和完善人民币汇率市场化形成机制，是"三位一体"的系统工程，它直接决定了中国境内金融市场价格体系的完善程度。在此基础上，才可能谈得上"金融交易可兑换"。换句话说，在这一金融产品价格体系尚有较大缺陷的条件下，要实现金融交易可兑换是比较困难的。

实行负面清单基础上的金融监管

《决定》强调，要"建立公平开放透明的市场规则。实行统一的市场准入制度，在制定负面清单基础上，各类市场主体可依法平等进入清单之外的领域。探索对外商投资实行准入前国民待遇加负面清单的管理模式"。现代金融市场是一个法制条件的金融市场，它离不开金融监管。对中国境内金融市场而言，金融监管理念、监管制度和监管方式等的转型，是实现金融交易可兑换的一个重要市场条件。要实行负面清单基础上的金融监管，需要做好以下几项工作。

第一，变正面清单思维为负面清单思维。长期以来，中国境内的金融监管以正面清单为基本规范。正面清单监管的基本含义是，只有法律和相关制度规定准许做的事才是合法的，否则，均为不合法。由于在相关法律所规定的可做之事和禁止之事之外有大量的空间，所以，监管部门就有了对应的监管运作空间。在正面清单思维中，金融监管部门形成"唯我独尊""我即为法"等一系列思维习惯。与此不同，负面清单要求实行"法无禁止即可为"的思维方式，监管部门的行为限定在依法行事和打击违法活动范围内，由此要求改变正面清单中形成的监管随意性。要转变这种思维方式并将在负面清单基础上的监管落到实处，并非一朝一夕所能实现，这个过程包含众多的磨合。

第二，建立负面清单管理制度。在长期正面清单监管方式中，中国境内金融监管部门形成了一系列与审批制相对应的管理制度。这些制度中存在大量与负面清单不一致、不协调的条款、内容、程序和处罚规则，需要逐一厘清。另外，在清理正面清单各项制度的过程中，需要对负面清单的条款、内容和程序等进行深入研讨并在此基础上形成负面清单的制度体系。这些工作并非短期所能完成。

第三，金融市场的各方参与者适应负面清单监管。负面清单监管要求介入金融市场的各类参与者自己承担金融投资活动的各种后果，不得再寻求监管部门的特殊政策和特例支持。由此在形成负面清单监管过程中，相关信息公开披露、各项金融活动的真实性审查、市场公平待遇和风险自担等成为这些金融市场参与者必须习惯和认真对待的问题；各类市场主体可依法平等进入负面清单之外领域、金融产品创新和金融运作方式创新等的变化也是市场参与者需要适应的。另外，有进入就有退出，金融市场同样贯彻优胜劣汰的市场规则，由此对金融机构和其他的市场参与者（如资信评级公司、律师事务所、会计师事务所和咨询公司等）的违法处罚力度就需加大，破产清算也需落到实处。这一系列变化对金融市场参与者来说，在客观上需要一段逐步适应的时间。

毫无疑问，在从正面清单监管转变为负面清单监管尚未充分实现之前，中国境内的金融监管部门和金融市场参与者并未做好按照市场机制决定金融资源配置方面的准备，要实现金融交易可兑换的市场条件并不成熟。

由上不难看出，金融交易可兑换要求中国境内的金融市场条件达到与国际金融市场相近的条件。从中国境内目前的金融市场状况看，这些条件并不成熟，因此，还需要深化各方面的改革，以及相当一段时间的努力。在相关市场条件趋于成熟之前，贸然推行金融交易可兑换，不仅难以达到预期目的，而且可能引致预期之外的种种风险。眼下的关键问题不在于急于实现金融交易可兑换，而在于为实现金融交易可兑换创造各种必要的条件，使金融交易可兑换"水到渠成"。

自贸区的价值在于创新金融体制

中国社会科学院金融研究所　王国刚

2013 年 7 月 3 日，国务院常务委员会批复了"建立中国（上海）自由贸易试验区"（以下简称"上海自贸区"）的总体方案；8 月 27 日，中央政治局会议强调，"建立中国（上海）自由贸易试验区，是党中央从国内外发展大势出发，统筹国内、国际两个大局，在新形势下推进改革开放的重大举措，对加快政府职能转变、积极探索管理模式创新、促进贸易和投资便利化，为全面深化改革和扩大开放探索新途径、积累新经验，具有重要意义"。自此，以上海自贸区为抓手的新一轮"以开放促改革"的帷幕已经拉开。

此轮改革贯彻着顶层设计与"摸着石头过河"相结合的机理，既有对中国未来发展各方面情势和期待的认识，又有以实践为基点的考量，是我国自 1979 年开始 35 年来再次释放改革红利的重大举措。它不仅直接关系着上海的国际货运物流业中心和国际金融中心的建设步伐，也不仅直接关系着全国经济和金融的未来发展态势，而且关系着全球经济的未来发展格局。

中共中央十八届三中全会在《决定》中指出："建立中国上海自由贸易试验区是党中央在新形势下推进改革开放的重大举措，要切实建设好、管理好，为全面深化改革和扩大开放探索新途径、积累新经验。"如何链接上海自贸区在制度和体制机制方面由开放促改革所引致的各种效应，是一个刚刚破题、有待实践探索且极为复杂的论题。

上海自贸区体制机制改革的新定位

对中国来说，以开放促改革已有 30 余年历史。1980 年，第五届全国人大常委会批准设立深圳、珠海、汕头和厦门等经济特区，从此迈开以开放促改革的步伐。在 30 余年间，全国各地先后设立了众多享受某些优惠政策的各种各样的试验区，其中包括保税区、经济技术开发区、高新技术产业开发区、综合改革试验区和金融综合改革试验区，等等。如果说上海自贸区的改革开放只是重复这些试验区走过的路径，那么它至多只是中国在各种试验区的基础上又多增加了一个试验区而已，由此设立与不设立这个自贸区对中国经济的进一步发展可以说"无关大局"。要使上海自贸区的设立和日后运作能够成为推进改革和提高开放型经济水平的"试验田"，上海自贸区就必须在体制机制改革方面有突破创新。由此对上海自贸已进行明确定位就成为万事之先的论题。

"以开放促改革"的一个主要含义是，运用开放所带来的国际要求推进国内的体制机制调整，使其更加适合市场经济的规则。始于 1978 年年末的中国体制机制改革，大致可分为三个层面。第一个层面是与体制机制直接相关的制度改革。这一改革的直接表现方式是，一系列受到计划经济制约（或影响）的具体制度（包括法律、法规和部门规章等），按照市场规则的要求进行重新调整。这一调整的核心问题是处理好政府与市场的关系，即凡是可由市场解决的问题都交给市场解决；政府部门的职能在于依法行政、提供公共服务，解决好市场失灵和市场不能解决的问题。第二个层面是与资源配置相关的改革。第三个层面是与突破某个特定政策限制相关的改革。

与体制机制直接相关的制度创新（即前述第一个层面）应是上海自贸区的基本定位。其内在机理是，体制机制改革的过程就是解放生产力、重新进行资源配置的过程。改革红利将在这个过程中被释放和创造。对建立上海自贸区而言，要发挥"推进改革和提高开放型经济水平的'试验田'，形成可复制、可推广的经验，发挥示范带动、服务全国的积极作用，促进各地区共同发展"的功能，就要以体制机制改革为建设的重心。毋庸赘述，对上海自贸区而言，首要问题不是争取多少政策上的优惠，而应是全力展开制度创新。

由于上海自贸区是以4个保税区为基础而建立的，保税区制度属于现存状态，同时上海自贸区不可能完全实行类似中国香港、新加坡等的自由港制度，所以从与体制机制直接相关的制度改革看，可供选择的范围只能在以保税区为下限、以自由港为上限的制度区间。

在上海自贸区体制机制改革中，有三个因素有至关重要的影响。第一，上海经济社会发展中的体制机制改革。上海经济社会发展中的体制机制改革状况必然制约着自贸区体制机制在制度层面上的形成。第二，中国经济社会发展中的体制机制改革。自贸区的许多制度不可能完全游离于国内体制机制，国内的体制机制状况将制约着上海自贸区的各项制度。第三，国际规则的变化。自2008年美国金融危机爆发后，全球经济金融格局发生了重大变化，美国对现有的国际经济关系并不满意，由此提出了"跨太平洋战略经济伙伴关系协定"（TPP）、"跨大西洋贸易和投资伙伴关系协定"（TTIP）和"服务贸易协定"（TISA）等新规则。这些贸易协定有的还在形成过程中，有的具体条款尚未成形，这将影响上海自贸区的体制机制改革在制度上准确定位。在这些因素的制约下，上海自贸区体制机制的选择和定位就不再简单是28.78平方公里之内的事。它是不同于国际上任何一个自贸区的带有鲜明中国特色的自贸区。

链接自贸区的金融发展

从各国和地区的自贸区来看，它们为了便于自由贸易和自由投资，在自贸区内全面开放金融服务业。

国务院批准的总体方案指出了上海自贸区在金融方面展开制度创新的几个相互关联的关键性要点。第一，加快探索资本项目可兑换。中国经过 30 余年的改革开放，其资本项目中的大多数项目已经开放，尚未开放的项目主要集中在"金融项目"方面，具体内容包括金融产品的发行和交易。第二，金融服务业全面开放。这实际上意味着在金融机构设置、金融产品发行和交易、金融市场运作等方面不再实行中国境内长期存在的审批制，由此在客观上要求已习惯于以审批制为基础的金融监管理念的全面转变。第三，推进政府管理由注重事先审批转为注重事中、事后监管。第四，逐步允许境外企业参与商品期货交易。这实际上意味着逐步探索自贸区内的境外企业介入中国境内的商品期货交易。由此自贸区内外的链接就成为一件需要认真研究探讨之事。第五，建立试验区金融改革创新与上海国际金融中心建设的联动机制。上海自贸区并非一个完全封闭的试验区。对中国而言，建立这一自贸区的真实含义，不在于增加多少贸易量和引进多少外资，而在于全面推进"以开放促改革"的进程，强化中国经济运行中的体制机制创新。要做到这一点，自贸区内形成的体制机制创新首先应在上海经济金融运行中逐步展开，由此联动机制的设立必不可少。

上海自贸区的运作和发展面临着一对矛盾：一方面，自贸区的地理范围已经界定，几乎不可能将它延伸到整个上海（更不可能将自贸区增加到中国全境），由此自贸区内实行的各项自由化制度带有明显的"境内关外"特征；另一方面，自贸区内实行的这些自由化制度又必须"形成可复制、可推广的经验"，以产生示范带动效应和服务于全国的效应。要破解这一矛盾，既需要在制度创新中细化相关条款和流程，又需要充分利用现代信息技术和互联网技术，以达到地理空间不突破但各种交易却能够有效拓展到全上海甚至全中国的效应。

以转变观念为先导的上海自贸区创新

如果说市场链接是发挥上海自贸区功能的重要机制，那么在上海自贸区建立乃至今后相当长一段时间内，更重要的将是思想观念的转变。

中国的改革开放起步于思想解放，上海自贸区的建设也以解放思想为先导。这种解放思想直接决定了上海自贸区试验什么、如何试验、试验速度和试验成果。事实上，自贸区的模式已经提供了解放思想的依据，它具体表现在三个方面。

第一，负面清单机制。负面清单机制是指针对外资的与国民待遇、最惠国待遇不符的管理措施、业绩要求、高管要求等方面均以清单方式列明，以规范自贸区内的各种商业和非商业活动。它的实际含义是：只要不属于负面清单范畴内的经济社会行为均属合法行为，即"法无禁止皆可为"，均应受到法律的保护。实行负面清单机制应贯彻三个理念：其一，无罪推定的法治理念。中国的行政机制长期贯彻"有罪推定"的理念，这是导致审批制盛行的一个观念成因。其二，依法行政的理念。在中国实践中，行政部门常常既是规则制定者又是规则的执行者，使得依法行政在许多场合成为依行政部门立规展开行政活动，市场主体陷入无奈境地。负面清单机制将行政部门管理限定在负面清单之内（所列负面清单的事项应具有充分理由），由此限制了行政管理部门运用行政权力自我立规的行为。其三，创新理念。在中国，金融产品创新受到体制机制的严重制约。只有在金融监管部门认同的条件下，新的金融产品才可能问世。但负面清单机制与此不同，只要是未列入负面清单范畴的金融产品，均可以直接面世，不需要再经过行政监管部门的批准。这将引致金融监管机制和金融市场主体的创新理念的转变。

第二，准入前国民待遇。在加入世界贸易组织以后，中国对外商独资企业实行了国民待遇，但这种国民待遇仅适用于投资建立之后的阶段。与此不同，准入前国民待遇则将国民待遇延伸至投资发生和建立前的阶段，这是开放经济中的投资体制的特点。它意味着，外商投资活动不再是按照我们自己的标准和要求进行国际接轨，而是接受国际通行规则。这将引致两个方面的观念转变。其一，变本土观念为国际观念。在实行"准入前国民待遇"的条件下，入驻上海自贸区的外资企业和金融机构，原先曾获得何种国民待遇，上海自贸区就应给予其这些待遇。其二，全球观念。尽管2001年中国进入了世界贸易组织，在"狼来了"的呼声下曾有过一阵紧张，但毕竟外资进入中国需要遵守中国规则，所以其10余年来处于一种有惊无险的市场格局中。上海自贸区的建立在客观上要求突破这种非全球眼光的经营运作，要求中资企业真正进入全球市场竞争，由此要求其将眼光放到国际竞争之中。

第三，金融根植于实体经济。长期以来，中国形成了一种外植型金融格局，它的突出特点是，实体经济部门的企业和居民严重缺乏金融选择权，金融运作的权利被金融机构和金融监管部门所控制。在市场经济发达的国家和地区内，实体经济部门从来就没有丧失过金融选择权，内生性金融长期存在。由此，在上海自贸区建立过程中，行政管理部门和中资金融机构将面临从外植性金融向内生性金融的观念转变。几个重要的实例是：供应链金融并非由金融机构向供应链上的每家（或主要企业）提供"一对一"的金融服务而形成，而应由供应链中的核心（或主干）企业向上下游企业提供金融服务而形成；消费金融并非由银行提供信用卡而形成，而应由商家给顾客提供商业信用卡而形成；实体企业进行长期投资所需资金不应由商业银行贷款提供，而应通过发行债券来解决，如此等等。由此，在上海自贸区的金融市场实验中，各种金融运作将与中国境内形成相当大的反差。要适应这种反差，首先需要了解国际金融运作的规则和特点，实现观念上的转变。

国际视角下的人民币
跨境市场建设

中国社会科学院金融研究所　杨　涛

当前，人民币跨境市场建设已经取得了较大进展，并为人民币国际化进程提供了重要助力。一方面，经常项下人民币贸易结算量保持较快增长。2009年7月至2014年6月底，跨境贸易人民币累计结算金额为13.4万亿元，在2013年对外贸易总额中使用人民币结算的比重已经上升到15%。另一方面，人民币跨境投融资方面也取得了较大进展。例如，为适应新形势发展，进一步促进投资便利化，2011年商务部就发布政策来推动跨境人民币直接投资。此外，上海自贸区的跨境人民币融资已经启动，而前海的跨境人民币贷款自2012年启动，至2014年8月份已累计办理备案金额为440亿元。

在一系列措施的推动下，人民币国际化已经初步取得成效。例如，根据环球同业银行金融电讯协会（SWIFT）发布的最新数据，人民币在国际支付的市场占有率，从2012年1月的0.25%上升至2014年7月的1.57%，在国际支付的排名亦由第20位上升至第7位，而且，人民币在过去人民币国际化"短板"的欧洲地区的支付额已占全球人民币支付总额的10%，在美国的支付额也大幅度上升。

当前国内外经济金融形势不断发生重大变化，人民币国际化和跨境市场建设也到了关键转折期，此时有必要在充分借鉴国际经验的基础上，进一步审视发展思路和重点。

货币国际化中的经验镜鉴

所谓货币国际化，根据其程度不同通常有两类理解：一是把货币国际化定义为货币的跨境使用；二是把其界定为在世界经济和国际货币体系中具有突出地位和重要性。就全球主要货币的发展历程看，一国货币往往都是从跨境交易和使用起步，逐渐成为国际货币市场的主角。

关于主要货币国际化的研究可谓汗牛充栋，在此我们选择其中值得借鉴的某些方面，为我国跨境人民币市场建设提供参考。在美元走向跨境交易和国际化的历程中，有几点值得关注。一是激烈的货币竞争，美元国际化的另一面就是"去英镑化"。二是美国政府"有形的手"起重要促进作用，这体现在其当时主导国际货币市场的游戏规则制定、成立美联储等众多方面。三是国内金融市场的重要性，在美元崛起之前，其面临的主要制约就是缺乏有流动性和竞争力的贸易票据市场，因此直到美国金融改革完成，美元国际化才具备了"内在基础"，这表明货币国际化在很大程度上取决于内部金融市场的发达程度。四是包括支付结算在内跨境基础设施建设，成为支撑货币国际化的"道路与桥梁"。例如，自欧洲美元市场形成以来的近 20 年，美国一直不准本国银行在国内经营欧洲美元业务，从而造成大量国际银行业务外流。为增强美国银行的竞争力，突出纽约国际金融中心的地位，美联储于 1981 年 12 月在纽约建立境内本币离岸市场，即国际银行设施（IBF）。IBF 增强了美国对外国银行来美开展业务的吸引力，改善了美国在国际银行业中的竞争地位，同时也吸引了大量美元资金回流美国。此后，美元国际化在很大程度上就依托于伦敦欧洲美元市场和境内 IBF 市场。

日元国际化的历程主要由日本金融市场的迅速发展所带动。与美元国际化的进程有所区别，日元更多依靠其在金融市场中的作用，而作为国际贸易计价货币的发展则相对落后。货币国际化的过程，往往是首先在国际贸易活动中获得交易和定价基础的地位，然后在这种贸易结算需求的基础上，再产生金融交易和投资方面的需求。但是日本的情况比较特别，与贸易计价货币的角色相比，日元在国际市场上作为价值储藏的功能较为突出，于是日元成为在国际上广为接受的投资货币和外汇储备货币。由此来看，在一国货币走向国际化的过程中，贸易结算、金融交易、价值储备这些功能的实现，也并不一定有先后次序；而在国内金融市场练好"内功"，同样非常重要。当然，在1997年亚洲金融危机之后，由于经济泡沫的破裂，加上经济结构性问题，日元国际化被认为趋于失败，未能取得理想成果，其在国际支付中的比重亦停滞不前。这反过来也表明，虽然在起步阶段一国货币国际化可以依靠在某些方面的优势而"跳跃式"地发展，但是如果脱离了实体经济和贸易的支撑，最终还是难以实现货币功能的协调发展，难以成为国际货币主角。

人民币跨境市场建设与 "去美元化"

人民币跨境市场建设是为了促进人民币国际化。从国际视野看，这必然会面临与其他货币的激烈竞争。对此，我们首先需要明确的基本目标并非是简单"去美元化"，否则容易进入误区。因为在推动跨境人民币贸易结算的进程中，替代美元往往被当作人民币国际化的"代名词"。

所谓美元化，就是指在非美国家大量使用美元，从而具备货币的全部或部分功能并逐渐取代该国货币。随着这一概念的流行，其背后又逐渐被赋予了丰富的政治含义，并且用来指代对现有国际货币规则及美国强势地位的不满。反之，"去美元化"的本质是美元信用与信心的弱化，也是对既有货币体系的挑战。在美元稳定和强势之时，美元化的好处在于降低交易成本、稳定汇率、抑制通货膨胀等；其不好之处则是对所在国政策的独立性、金融体系的稳定性带来隐患。20世纪末期，诸多国家都处于"美元化"和"去美元化"的纠结之中。在1997年的亚洲金融危机之际，相关国家就开始考虑在名义货币定锚时，应弱化美元而增加日元和欧元的分量。与此同时，拉美国家"美元化"潮流却一度涌动，巴拿马、萨尔瓦多和厄瓜多尔相继实行"美元化"。

进入 21 世纪，由于多种因素的变化，"美元化"的负面影响日益明显。2006 年以来，部分拉美国家在贸易和融资等领域出现了明显的"去美元化"倾向，表现为减少美元在外贸和金融体系中的比例，加强本币的地位和作用。2008 年金融危机之后，美元主导型货币体系的弊端进一步显现，新兴经济体去美元化的愿望进一步增强，不论是跨国区域自贸区建设还是多边、双边货币协议，都进行了这种尝试。归根结底，"去美元化"的原因在于，布雷顿森林体系崩溃后全球陷入新的货币战国时代，但是旧的美元主导型国际金融体制却没有多大变化，加上弱势美元实际上成为美国转嫁危机的手段之一，由此带给各国更多的错配风险与外部冲击。同时，货币金融格局的背后应该是经济实力的体现，新兴经济体的崛起进一步使矛盾凸显。

"去美元化"只是意味着要改变美元的"一股独大"，短期内要彻底颠覆美元的地位既不太现实，也不符合多数国家的利益。其重点：一是在各国经济贸易往来之中，减少对美元的依赖；二是在国际金融市场的交易中，尤其是石油等大宗商品定价中，提升非美元货币的计价地位；三是促进储备货币资产的多元化；四是提升美国之外的国家，尤其是新兴经济体的货币"游戏规则"话语权。客观地说，当前"去美元化"虽热热闹闹，但仍处于起始阶段。美元在国际经济贸易、金融活动中的地位尚未发生根本性变化，"去美元化"更多表达的是各国的极度不满情绪。归根结底是因为短期内美国的综合实力仍难以被超越，并且其他货币亦难"挑大梁"，如欧元自诞生后就备受困扰，而日元国际化更是踯躅不前。需要强调的是，"去美元化"与人民币化的联系并非人们想象中那样紧密，太过激进的人民币国际化热情也是弊大于利的。

我们需要看到，在一定时期内，一国货币在国际市场的崛起，必然伴随其他货币竞争力的下降与衰落。因此，当一国货币走上国际化道路之后，其将会面临他国货币的强烈反击。当然，在"去美元化"的长期大势下，人民币国际化可以大有作为，一方面可以此减少过度依赖美元的风险与成本，另一方面也可构建与经济相应的金融影响力，从而努力成为国际货币体系的"主角"之一。此外，人民币国际化最为现实的目标，就是争取先超越日元的地位，但与欧元和美元抗衡则仍然遥远。人民币与美元完全脱钩而走出"独立"的国际化行情，这显然在短期内并不现实。

当前需重点关注的问题

加快人民币跨境市场建设、推动人民币国际化，需要抓住几个重点环节，理清发展思路。

第一，各国货币在"争先恐后"走向国际化的过程中，由于采取了不同的模式，因此也体现了各有特色的路径和发展阶段。例如，英镑和美元是通过国际货币制度的中心货币演变为国际货币的，其国际化首先是由内部经济实力所决定，然后凭借大国在政治经济上的优势以国际协议的形式确定下来。再比如，欧元模式的典型特点是在推动区域经济金融一体化的基础上，有计划地培养区域内货币，然后发展成为国际货币。另外，日元模式则是通过货币可兑换的若干阶段成为国际货币，其在国际化的不同阶段有不同的特点、动力和目标。虽然其国际化成效有限，但许多新兴市场国家也在通过这一途径使本币走向国际化。无论表现为怎样的模式，一国货币国际化过程中有两个基本特点是不变的：其一，首先要打造国内基础，然后走向区域化，最终迈向全球化。其二，政府政策推动与市场选择同时并进。

第二，人民币跨境市场建设重点是解决人民币双向流动问题，应充分注重国内金融市场的建设。一方面，人民币流出可以通过贸易逆差输出，但也可能带来严重的国际收支失衡，这对于大国经济体来说是一把"双刃剑"。同时，促进人民币的资本输出似乎是更加重要的方向。例如，在金本位时代，英国通过资本输出向世界各国提供了巨额英镑；20 世纪80 年代，日本通过大规模跨国投资向各国提供了日元资金。另一方面，人民币怎样才能回流，这取决于资本管制以及国内市场的活跃度。我国金融市场化程度还较低，除资本项目尚未实现可兑换之外，金融市场对外联系程度已落后于整个改革开放进程，而且也没有支持交易活跃的金融工具。从美元国际化的经验看，美元的大规模输出在世界上形成了石油美元、欧洲美元和亚洲美元，而这些美元又通过美国的金融市场回流到美国，不仅为美国的发展提供了必要的资金支持，而且也为这些资金提供了投资保值的渠道。显然，即便是加快放开资本项目，国内金融市场也无法为人民币跨境投融资交易和国际化提供充分支撑，尚需大力促进创新与发展。

第三，人民币跨境市场建设并非"一帆风顺"，需深入认识背后的风险和挑战。随着人民币跨境流动的加快，人民币不论是流出境外，还是回流到国内资本市场，都会使资产价格泡沫、热钱问题、洗钱问题等变得更加难以监管，这也对我国的金融监管部门提出了更高要求。此外，从长远来看，人民币国际化也可能使我们面临"特里芬"难题。再就是增加了货币政策操作的难度，理论上讲会影响国内货币政策调控的有效性。推动人民币跨境流动、加快人民币国际化，还意味着我国必须承担更多的国际责任，在维护国际金融市场正常运行、国际货币体系稳定上担负更多的义务。在特定的情况下，人民币的国际与国内责任可能会产生一定的冲突，例如美国采取量化宽松货币政策时就面临类似的难题。

应该说，推动人民币国际化是我国必然的选择，人民币跨境市场建设则是其必要条件。虽然面临一定的风险与挑战，但只要充分认清发展目标和实质，依托于中国经济影响力的上升，把握好改革的路径、重点与节奏，就能获得利大于弊的效果。

耶伦的学术思想、政策取向及经济影响

中国社会科学院金融研究所　郑联盛　郑智理

2013 年 11 月，作为美联储主席的唯一候选人，耶伦出席了美国参议院银行业委员会的任命确认听证会，并于 11 月 21 日顺利通过了参议院的提名投票。2013 年 12 月 20 日，耶伦以 59∶34 通过了参议院的测试性投票。2014 年 1 月 31 日，耶伦接替退休的伯南克成为美联储第 15 位主席和首位女主席。

美联储未来的货币政策取向引发高度关注。耶伦被认为是美联储货币政策制定中的"鸽派"，耶伦当选将使美国货币政策持续维持宽松状态，甚至宽松程度及时间会高于市场的预期。在耶伦被奥巴马总统提名之后，美元指数脉冲式下跌，黄金价格则明显反弹，因此耶伦被市场誉为"黄金之友"。虽然美联储政策的制定采取投票制度，其政策制定具有长效机制，但是美联储主席在美国货币政策决定中基本处于核心位置。从长期来看，耶伦执掌美联储之后，其学术思想、政策取向将潜在地影响美联储的政策走势。

耶伦的学术思想

耶伦具有扎实的经济学功底，是美国最杰出的经济学家之一。她获得了布朗大学经济学学士学位和耶鲁大学经济学博士学位，先后任教于哈佛大学、伦敦经济学院和加利福尼亚大学伯克利分校。其导师为托宾教授。1981 年，托宾教授获得诺贝尔经济学奖，其因阐述和发展了凯恩斯的系列理论及财政与货币政策的宏观模型以及在金融市场及相关的支出决定、就业、产品和价格等方面的分析而对经济学做出了重要贡献。耶伦的丈夫为阿克洛夫，因在信息不对称领域做出巨大贡献而于 2001 年获得诺贝尔经济学奖。

由于其良好的学术背景和学术环境，耶伦在学术研究和政策实践中，逐步加深了对就业市场、金融市场和凯恩斯政策框架等的深刻理解。她是忠实的凯恩斯主义者、坚定的"预期"学派、理性的市场尊崇者和开放的政策沟通者。

1. 凯恩斯主义者：坚持政府的必要干预

耶伦秉承凯恩斯主义，认为政府在经济衰退中应该扮演"绝对必要"的角色。不管是身为经济学教授，还是白宫经济顾问委员会主席，或是美联储官员，耶伦一贯坚持政府政策的必要性，认定政府政策的能动反应及其长期政策趋势的延续对总需求的改善是实质性的。1980 年，她在对新凯恩斯主义的学术观点和政策框架，特别是工资和价格黏性的微观基础方面进行梳理的同时，提出了自己在产出、收入分配、通货膨胀以及财政货币政策等领域的凯恩斯主义认知，认为价格对需求短期变动可能是不敏感的，但是对长期成本变动是极为敏感的，而长期成本的变动受制于总需求的"波谱"，政府的作用是将总需求的"波谱"拉大拉长，从而使总需求的提升"更久更高"。她曾在 2013 年 11 月 14 日的任命听证会淡定自如地表示，政府绝对有必要采取力所能及的行动，促进经济强劲复苏。

2. "预期"学派：将预期引导至政策方向

耶伦强调预期在政策传导效应中的实质作用，是典型的"预期"学派。虽然耶伦的学术和政策思维不属于理性预期学派，但是她十分重视理性预期对政策制定及传导的影响，强调政策的制定应该在"亲预期"的同时引导预期向政策目标方向发展。当然，理性地形成预期是新凯恩斯主义的关键假设。她认为，20 世纪 90 年代早中期以来，货币政策影响经济产出的前提假设日益弱化，政策决策者实际上无法回答为什么只要基准利率调整 25 个基点经济产出就会顺风而动这个问题，实际上这与公众对政策调整信号性特别是未来长期政策走势预期相关，因为私人部门的支出决策主要取决于收入、就业、长期利率等重要指标的长期预期。每 6 周一次的议息会议并不重要，重要的是公众对会议决定的经济影响及其长期走势的预期。为此，她强调，美联储的能力不能只体现在对各次政策节奏和力度的把控上，更主要的是需要对未来预期进行"塑造"，引导公众对政策趋势准确理解并适当应对。虽然耶伦将新凯恩斯主义的关键假设作为货币政策制定与传导机制的前提在学术上是否合理是存在争议的，但是尊重预期对市场、对政策的影响是具有积极意义的。

3. 市场尊崇者：市场是一个纽带

耶伦是理性的市场尊崇者，认为市场所释放的信息对于政策的理解、预期的形成和政策效果的达成具有实质性作用。货币政策的传导成效与金融市场的有效性是紧密相关的，市场在一定意义上是政策框架与实体经济之间的纽带。央行调整基准利率首先产生效果的地方是金融市场，因为金融市场的预期更加迅速且有效。美联储一次议息会议声明就几百个字，但市场在几个小时的揣摩中就可以较好地捕捉政策的意图与趋势，而这正是央行所乐见的。同时，金融机构将金融市场的价格反馈给私人部门，并经常做出预期判定，这对于私人部门的支出决策是有益的，这个过程实际上就是政策发挥效力的过程，其顺畅与否决定了政策效应的大小。特别是当央行出台非常规政策时，由于市场对此不了解，因此央行更需要尊重市场并与之沟通，否则市场与公众将受制于过去数十年的传统思维和应对模式。

4. 沟通革命：透明度是关键

从政策制定和传导的角度看，耶伦是一个开放的沟通者，她坚持美联储需要实行透明、公开原则，强化与市场及公众的沟通。她指出，2008 年金融危机对美国经济和金融体系的重创，使得经济和金融救援需要非常规的政策框架和工具，而这种政策框架需要进行一场从"不解释原则"（Never Explain）到透明公开的"沟通革命"（Communication Revolution）。公开市场操作委员会通过联邦基金利率来影响短期利率以及长期利率，极大地依赖于公众对政策意图的理解和领会，而透明度则是最好的沟通方式。美联储需要为其政策解释正言并确信市场预期与美联储的就业及物价目标相契合。

耶伦的货币政策取向与风险

（一）耶伦的货币政策取向

1. 就业目标是首要的

耶伦对就业的关切度强于当前其他美联储理事，就业促进是其货币政策取向的主基调。如果我们将伯南克主席称为坚定的货币主义者的话，那么耶伦则是"偏执"的凯恩斯主义者；市场将伯南克称为"直升机"，那么耶伦的市场昵称或许可以是"推土机"。她的凯恩斯主义思想和 20 余年的学术职业生涯奠定了其成为"就业推土机"的基础。

到美联储任职之前，耶伦教授对劳动力市场特别是失业的原因及机制进行了 20 余年的学术研究。由于非自愿失业是凯恩斯主义的一个重要前提，她在诸多文章中论述这个命题的微观机制，并认为资本主义经济不可能通过内生机制解决非自愿失业问题。她在"非理性行为的理性模型"中指出，如果存在持续性的非自愿失业，那么资本主义经济是可以处在一个均衡水平的，但是在微观的行为方式中，非理性行为使得整个均衡显得极其脆弱，特别是当需求市场价格下跌的负面效应显现之后，非自愿失业可能会更加严重而不是内生消除；与此相反的是，由于存在一个真实的平衡效应，劳动力需求曲线实际上不是垂直的，通过政府需求扩张是可以改善非自愿失业状况的。她甚至认为，如果失业是非自愿的，那么顺周期的失业潮是非市场出清的症状，而市场本身是无法消除这个痼疾的。

2. 非常规政策框架是理性且有效的

非常规货币政策框架具有合理性，它是一种理性的政策应对机制，回归正常化货币政策框架需要扎实的就业基础。美国 2008 年金融危机之前，货币政策主要关注一个政策工具，即短期利率。央行具有两个传统的政策目标：一是物价稳定；二是充分就业。这是当时"一个工具两个目标"的政策模式。但是，金融危机之后，货币政策的挑战在于基准利率降低至零之后仍然面临严重的通货紧缩和失业风险，央行需要有替代性或补充性的政策框架。耶伦指出，美联储的非常规政策框架是理性应对危机和通货紧缩的理性反应，并且目前看来是有效的，其收益高于成本，不能运用"拇指法则"认为货币政策应该尽快回归"正常化"，否则利率可能更低且持续时间更长。当然，非常规政策是有成本的，不可能长期持续，而其退出的前提是就业市场的实质性改善且前景明确。

货币政策对就业促进是明显有效的，但离充分就业仍有距离，货币政策应该继续促进就业改善。美国金融危机之后，美联储常规和非常规的货币政策框架得到市场的广泛认同，同时对促进经济增长和就业的效果也是显著的。然而，2011 年美国经济实现复苏之后，美联储内部于2011 年 6 月实际上就开始讨论政策退出的问题。耶伦却表示，美联储的政策对于经济增长和就业促进是有效的，在经济临近充分就业之前退出政策是不明智的，美联储需要用"最可靠"的政策举措来促进就业的改善。她引用美联储 FRS – US 模型的结论指出，维持"零利率"和资产购买计划可能会实行至 2016 年年初，因为长期潜在失业率为 5.2% ~6%。美联储只有践行最可靠的道路，才能重返正常化货币政策框架。她认为，金融危机之后，央行的挑战在于基准利率调低到零水平之后如何应对严重的失业和衰退。只有通过非常规的货币政策手段，才能帮助美国从大萧条以来最严重的危机中摆脱出来，才能缓解和克服可能的过度通货紧缩。目前，美国经济复苏较为稳定，但仍没有改变耶伦继续维持宽松政策的立场。在 2013 年 11 月 14 日的听证会上，耶伦坚持认为美联储的行动对经济增长及前景好转是有实质性贡献的。

3. 阈值指引优于时间指引

2012 年以来，美联储在量化宽松政策的目标指引从时间指引（Calendar Guidance）转变为阈值指引（Threshold Guidance），这是美联储强化政策目标和政策战略的重大举措，也是"沟通革命"的结果。美联储需要明确的货币政策目标和政策框架，最好是有指标指引体系的支撑，否则市场不清楚美联储资产购买计划是短期的还是长期的。如果市场预期美联储今天买入明天卖出，那么市场预期就是不变，对经济产出的影响几乎为零。只有明确的政策信号和趋势预期，才能有效地降低私人部门未来对短期利率及长期利率的预期水平，从而降低真实利率，同时提高资产价格，最后刺激总需求。

美联储宽松政策的退出将遵循目标指引原则，目标指引将是美联储政策调整的先决条件。自从 2012 年 1 月美联储声明首度将时间指引转变为阈值指引之后，失业率和通货膨胀率就成为决定美联储政策维持或退出的两大核心指标。如果通货膨胀在未来 1～2 年内预期不会超过政策中枢 2% 水平 0.5 个百分点，并且长期通货膨胀预期保持稳定，同时失业率保持在 6.5% 以上，那么美联储仍将维持现有政策框架。耶伦认为，对潜在行动设定门槛是对前瞻指引的重大改进，阈值指引使得市场消除了不确定性，提升了政策的公信力，同时也为政策退出提供了市场预期与准备，这是政策退出的先决条件。如果从美联储宏观经济运行模型的结论看，美联储加息或真正退出宽松政策的时点可能比现在市场预期的要更晚，目前市场预期在美联储 2015 年第 3～4 季度就可能加息，但从模型的结论看，到 2016 年第 1～2 季度美国经济才可能接近充分就业的水平。耶伦强调，美国就业市场复苏疲弱，存在供给与需求的错配，不仅是一个简单的周期问题，而且存在一个结构性因素（这里耶伦不再是一个纯粹的凯恩斯主义者，固执地坚持失业仅是一个周期性问题），经济均衡的实际联邦基金利率，即与中期充分就业相一致的利率可能远低于历史平均水平，接近目前简单政策规则下的水平。

4. 政策框架最终是一个平衡过程

虽然耶伦极其强调美联储政策的就业目标，其政策取向中基本没有物价目标的影子，但是耶伦也坦承，美联储没有将就业目标凌驾于物价稳定之上，美联储政策框架最终实际上是一个平衡过程（Balanced Approach）。这种平衡主要体现在两个方面：一是充分就业与物价稳定的平衡；二是非常规政策的收益与风险的平衡。从这个角度看，耶伦也属于平衡派。

在非常规政策的风险收益上，耶伦认为目前非常规货币政策框架有三个目标：一是降低长期利率；二是提高资产价格；三是改善就业市场。从数据看，这三个目标基本实现了，但耶伦强调政策效果仍然是持续有效的且复苏的基础仍然不可靠，不能确定目标都完全实现，因为美国经济复苏面临三大困难：一是财政政策受到约束，过去经济衰退之后财政政策每年贡献 1 个百分点增长的历史或不能重现；二是房地产市场仍处在复苏初期，房地产市值仍比最高水平低 40%；三是外部环境的不确定性，比如欧洲债务问题以及新兴经济体的增长动力不足等。为此，美国经济仍然需要非常规的货币政策框架实现未来可靠的、持续的复苏及增长。

在充分就业与物价稳定的平衡上，耶伦不承认就业目标比物价目标更具优先性，她认为物价稳定仍然是更重要的。目前有 27 个国家实行通货膨胀目标制的货币政策框架，美国不是其中之一。但是通货膨胀目标仍然是美联储政策框架的核心，其通货膨胀指标指引为 2%。耶伦指出，美国的货币政策框架实际上是一种柔性通货膨胀目标制（Flexible Inflation Targeting），美联储将通过透明公开的沟通、独立可信的政策工具，保障物价长期处在较低水平且保持稳定，锚定的通货膨胀预期是货币政策框架最巨大的财富或资产。在物价稳定的前提下，货币政策对产出促进和就业改善有更大的影响空间。

在应对通货膨胀问题上，耶伦可能比伯南克更加幸运和轻松。伯南克上台之初，面临着原油价格和资产价格（特别是房地产价格）高企的双重通货膨胀压力。目前，美国房地产市场仍然处在复苏的初步阶段，美国房价离 2006 年的最高水平还有 20% 左右的空间（以 20 大城市住房价格指数为参照），而美国实行的独立能源战略使美国成为全球能源价格最为低廉的国家之一，这为美国未来的物价稳定提供了基本面基础。耶伦对锚定的通货膨胀预期进行了深入分析，她基于私人部门的预测统计及模型分析，结合美国的经济结构政策，认为未来 5 ~ 10 年美国通货膨胀预期会保持良好的锚定状态。

(二) 耶伦货币政策取向面临的风险

虽然耶伦坚定地认为美国现有的货币政策框架对促进美国经济和充分就业是有效的，而且不会产生明显的通货膨胀风险，但是作为非传统货币政策框架，美联储"零利率"政策和持续的资产购买计划仍然具有负面作用。耶伦也坦承政策存在风险，只是目前政策框架收益高于成本，其风险尚未明显暴露。这些风险涉及美联储资产负债表风险、金融体系风险以及未来潜在的金融市场冲击三大风险。但是，财政框架的不确定性是耶伦所没有特别关注的风险领域。

1. 美联储资产负债表风险

对于资产负债表风险，耶伦认为其不是根本性风险。一是因为美国货币发行量并没有因量化宽松政策而爆炸式增长，资产购买计划对货币供给的影响在中长期内几乎是中立的；二是资产负债表扩张导致的美联储收益剧增并不会影响货币政策框架的独立性，而且将收益转给财政部是常规性的而不是为财政赤字"蓄意"买单；三是美联储政策框架不带有营利性、政治性，资产的处置将是独立的；四是美联储的资产规模计划对资产价格是有支撑作用的而不是冲击，而未来资产卖出产生的冲击由于政策退出存在目标指引，市场将会提前做合理安排。

2. 金融市场冲击风险

对于美联储未来资产购买计划的退出导致的金融市场冲击，耶伦认为风险是存在的，但可能不会是系统性风险。耶伦指出，早在 2011 年 6 月的美联储会议上，理事会就讨论了美联储政策退出的可能影响与冲击，并对其是否会产生系统性风险进行评估，同时制定了退出的基本原则 (Exit Principles)：一是将出售资产的规模与联邦基金利率的上调进行累积性联动，如果上调基点少，则卖出规模小，实际上是逆风而动，与市场风险承担水平 (Risk - taking) 相匹配，这时将考虑市场的风险承担能力；二是会根据市场的实际情况和经济条件弹性调整，不一定是单向的卖出策略。

3. 金融体系风险

耶伦承认宽松政策对金融体系风险之所在，但坚定地认为目前没有明显的金融脆弱性。金融体系可能因过度宽松导致金融风险：一是过度的风险承担；二是过高的杠杆率；三是对收益率的离谱预期。但是，目前整个金融体系的风险仍然不明显，美国没有出现高速的信贷膨胀，信贷水平整体温和增长，主要用以满足企业和家庭部门的投资信贷和消费信贷；企业部门没有明显的再杠杆化，2012 财年，美国上市公司资产负债率处在近十年的最低水平，比危机之前下降了约 10 个百分点，为 62%；房地产市场没有明显的资产泡沫，房地产市场总价值仍处在 20 年来的较低水平，与最高水平相比仍有 40% 的差距。为此，从风险收益角度上看，目前收益是明确的，风险是较低的，没有必要调整政策框架。当然这也需要观察市场的变化，特别是风险的累积情况。

4. 财政框架风险

值得注意的是，美国财政框架的风险并没有引起耶伦的高度关注，至少在可获得的资料上，她没有表现出对美国财政框架不确定性特别是过度政治化导致的货币政策框架风险的关注。她虽然强调巨大的赤字对长期经济健康发展是一种威胁，而且也认为财政政策不可能像在以往危机应对中那么富有弹性和有效性，但是她似乎没有对诸如债务上限问题引发的主权信用风险进行评估。如果美国债务上限问题致使美国政府违约，使美国国债的天然抵押品或无风险资产的信用地位动摇，那么美联储将面临巨大的资产负债表以及政策框架的调整压力，这可能是一种根本性的系统性冲击。

5. 联储政策框架的风险：外部视角

虽然耶伦认为联储政策风险不大，这主要是对美国经济金融体系内部而言的，但是如果从外部观察，美国持续的量化宽松政策可能蕴藏着巨大的内在风险。一是美国目前总需求水平复苏较为温和，量化宽松政策增加的流动性可能被"窖藏"，无法真正进入实体经济，这导致股票和房地产的"虚假繁荣"，2012 年以来美国房地产价格的报复性上涨与此相关。二是美国经济复苏的制约因素主要是美国经济结构的问题，经济复苏应该是经济结构自我调整和优化的过程，美联储以货币工具应对结构难题，该政策难以长期持续。三是量化宽松政策的主要工具是购买长期国债，美联储实际上是在为财政赤字融资，纵容了赤字财政。而美国财政政策框架面临的诸如公共债务上限等政治化问题，可能引发意外的系统性风险。四是美联储自身的资产负债表问题，截至 2013 年 11 月底，美联储以 3.7 万亿美元资产成为美国金融体系的最大"地主"，本来分散的金融风险被美联储集于一身。如果美国国债在极端情况下出现违约问题，美联储的资产将不得不重估，可能会由此引发系统性甚至全球性危机。五是持续的量化宽松将加大美联储政策退出的成本与风险，比如在经济复苏取得实质性进展之后，"窖藏"货币将会发威，通货膨胀压力将剧增；同时，美联储操作将深刻地影响市场，比如要回收流动性并大量出售证券（目前其持有 2.1 万亿元政府债券、1.6 万亿元抵押贷款支持证券），将冲击资产价格，同时接受方的资金要求极高，由此美联储的退出将是艰难的长期过程。

在理论和情感上，耶伦对非常规政策情有独钟，"零利率"加资产购买计划的政策框架将延续较长的时间。此前，美联储不顾量化宽松的负面风险、逆市场预期而动以及对目标指引的设置，显示了美联储的量化宽松政策实际上已经常态化，量化宽松政策已作为常态化的政策工具为经济增长和就业服务，而不仅仅是危机应对的非常规政策工具。这些都反映了美联储政策框架可能延续。

但是，从现实的角度出发，极度宽松货币政策也必然保持一定的弹性。耶伦亦表示，量化宽松政策对经济增长和就业具有正面作用，美联储将遵从目标指引行动。但是，美联储资产负债表非常庞大，潜在的金融风险在累积，美联储预计会评估经济增长和就业的趋势。平衡美联储资产负债表风险，在适当时候（比如失业率降低至 7%）改变每月上限购买证券的情况，稳步降低每月购买规模，逐步关上量化宽松政策的"水龙头"，经过较长的资产负债表整固之后才加息，这是美联储最可能的政策选择。从目前美国国债收益率和信用违约掉期等指标看，美联储减少量化宽松规模的时点可能会来得比各界预期的要早。

（三）货币政策与金融稳定的协调

1. 金融稳定成为货币政策目标之一

在美国金融危机之前，货币政策的两个目标是就业与物价，金融稳定似乎不是央行的职责所在。耶伦亦指出，金融危机之前，金融稳定的目标仅仅是货币政策决定的"小伙伴"。金融监管体系使金融体系存在一个自我纠偏机制（Self - correcting），货币政策对于金融稳定而言，似乎是"钝刀割肉"。但是，金融危机之后，虽然金融稳定仍然不是央行的核心目标，但已经成为重要目标之一，在央行的政策决策考虑中，在系统性风险防范下的金融稳定成为一个多元化的目标，而不再是可有可无的"小伙伴"。

2. 货币政策与宏观审慎的融合

在未来的政策框架中，耶伦可能需要考虑货币政策与宏观审慎框架的融合。虽然耶伦强调金融体系稳定性更多地依赖宏观审慎和微观监管，而不是货币政策，但是货币政策却是宏观审慎框架的基础。为此，美联储或货币政策框架如何在管理系统性风险中发挥作用，同时监管体系如何服务于宏观审慎目标，这是未来美国金融体系的一个重大议题。特别是从金融危机的教训看，系统性风险已不仅局限于顺周期效应，而更多地体现在金融体系内部的关联性上。

3. 联储的三大金融稳定任务

在系统性风险防范和金融稳定的任务上，美联储应该发挥三个重要作用：一是宏观经济和金融体系的动态监测功能；二是研判系统性风险的水平和关键环节并做出应对；三是提高金融体系应对风险的内在能力。

但是，耶伦强调金融稳定目标的达成，微观监管是基础性工作。美国应该关注四大领域的监管改革。其一，银行体系的宏观审慎与微观监管框架，重点把控资本金要求、基础损失吸收率以及短期批发性货币市场风险。其二，系统化重要机构的监管体系，重点加强各种监管以降低违约或破产概率，要求 1% ~2.5% 的附加资本金，建立违约或破产的处置机制（比如破产遗嘱），强化对外资银行的监管标准。其三，增强金融市场的弹性，主要是加强金融基础设施特别是金融市场的风险吸收能力，提高 OTC 市场的透明度和稳定性，加强市场基础设施的日常监控以及货币市场与再回购市场的深化与监管。其四是"影子银行"体系的监管，重点把控杠杆率、期限错配以及透明度，加强对短期批发资金市场以及短期证券融资交易的监管，甚至需要实行机制化的资本或流动性指标管理。

宽松货币政策演进的宏观影响

耶伦是"鸽派"代表，是量化宽松政策的坚决推行者，量化宽松政策得以延续的可能性是很大的，由此美国经济复苏和就业改善将持续。但该政策框架仍将保持一定的弹性，兼顾政策的经济增长与就业效应以及负面风险。对于新兴经济体而言，美联储政策框架的演进在中长期更多的是弊大于利。

1. 政策框架维持的增长效应

从耶伦坚持宽松货币政策框架不变的立场看，未来 1～2 年内美国的货币政策整体是宽松的，政策框架的实质转向时点可能要到 2015 年年底或 2016 年年初，这为美国经济增长和就业促进提供了较为扎实的货币基础和基本面基础。

其一，个人消费的持续复苏是美国经济增长的最大动力。家庭"去杠杆"的基本结束，为美国未来经济增长夯实了基础。在量化宽松政策之下，居民净资产的逐步上升，特别是房地产价格的上涨，将带来较大的财富效应，居民将由"危机模式"转入"正常模式"，私人部门将持续加杠杆，消费对美国的贡献将平稳增长。

其二，房地产部门的复苏是美国经济持续复苏的又一推动力。2012年以来，美国房地产行业快速复苏并高速扩张。2012 年，住宅投资同比增长高达 16%，2013 年继续维持高速增长，该年第 1～2 季度住宅投资分别增长 12.5% 和 14.2%，全年增长保持在 12% 以上。在宽松的政策环境下，由于私人部门负债率低、房价整体仍处在较低水平，预计房地产部门将持续扩张较长的时间，在 2015 年之前房地产部门持续复苏。

其三，制造业回流和振兴是美国复苏的第三大动力。由于美联储宽松政策的继续维持，资金成本和人力成本将保持低水平，企业杠杆率处于较低水平，同时现金流状况良好，这使美国企业有增加投资的空间。同时，页岩气革命和独立能源战略使美国能源成本大大降低。政府"再工业化"支持也是制造业振兴的基础之一。

简而言之，在耶伦执掌美联储之后，货币政策将保持较长时间的宽松状况，美国经济复苏存在较为扎实的基本面基础和政策基础。美国经济在未来 1～2 年将保持较好的增长态势。

但是，从量化宽松未来逐步退出的现实选择看，其对经济的负面冲击将在长期视野中有所显现。一是在政策开始退出之后，利率水平将上升，其对总需求将是紧缩性的；二是私人消费因受制于信贷成本而有所放缓，经济最大的支持力量将有所弱化；三是企业部门将面临更高的资金成本和整体萎缩的需求环境，资本形成将有所降低；四是量化宽松退出、美联储资产负债表整固和利率上市将使资产价格面临冲击，进而对实体经济造成冲击，比如居民部门的财富效应将明显减小。这从一个侧面反映出美国经济增长受到货币政策的制约，难以实现高速增长，但量化宽松政策的退出不会影响美国经济复苏的整体趋势。

2. 美联储政策框架演进的外溢效应

从美国货币政策的外溢效应看，如果量化宽松政策能延续更长时间，那么其在短期内对外围经济体特别是新兴经济体具有一定的利好。美国经济复苏趋势向好，有利于全球经济的复苏，有利于国际金融体系的稳定，也有利于新兴经济体的稳定与复苏。

但是，中长期而言，在美国经济再平衡、独立能源政策、再工业化、太平洋及大西洋两岸自由贸易谈判等的政策安排下，全球经济秩序正从以美国为中心、制造国和资源国为外围的"中心－外围"体系，逐步演变为美国相对独立的格局。持续的宽松政策使美国制造业回流带动了资本和技术的回流，并使包括中国在内的新兴经济体面临出口需求降低、资本流出和技术输入萎缩的困局，其对外围经济体的影响则存在较大的不确定性。

从长期视角出发，美国极度宽松的政策逐步退出是必然的，耶伦亦表示，该政策框架是一个平衡过程，不可能长期持续。政策退出之后，其对外围经济可能带来较为实质的冲击。美联储政策开始退出之后，美元资产将升值，美国国债收益率将上升，资本回流美国的趋势将更加明显，其对新兴经济体的资本冲击将进一步显现。特别是面临房地产泡沫压力或货币高估压力的经济体，资本持续的流出可能会引发房地产泡沫破灭或货币大幅贬值。美国政策退出的外溢效应可能会使新兴经济体等面临资产泡沫破灭风险甚至货币风险。

图书在版编目（CIP）数据

中国金融发展与改革.2015／程炼，王国刚主编.—北京：
社会科学文献出版社，2015.6
（中国金融论坛丛书）
ISBN 978 - 7 - 5097 - 7386 - 4

Ⅰ.①中…　Ⅱ.①程…　②王…　Ⅲ.①金融事业 - 经济发展 -
研究 - 中国 - 2015②金融改革 - 研究 - 中国 - 2015　Ⅳ.①F832

中国版本图书馆 CIP 数据核字（2015）第 076205 号

·中国金融论坛丛书·

中国金融发展与改革（2015）

主　　编／程　炼　王国刚

出 版 人／谢寿光
项目统筹／周　丽
责任编辑／许秀江　于　飞

出　　　版／社会科学文献出版社·经济与管理出版分社（010）59367226
　　　　　　地址：北京市北三环中路甲 29 号院华龙大厦　邮编：100029
　　　　　　网址：www.ssap.com.cn
发　　　行／市场营销中心（010）59367081　59367090
　　　　　　读者服务中心（010）59367028
印　　　装／三河市东方印刷有限公司

规　　　格／开　本：787mm × 1092mm　1/16
　　　　　　印　张：19.75　字　数：293 千字
版　　　次／2015 年 6 月第 1 版　2015 年 6 月第 1 次印刷
书　　　号／978 - 7 - 5097 - 7386 - 4
定　　　价／78.00 元